Die einheitliche Auslegung von Beihilfen- und Vergaberecht als Teilgebiete des europäischen Wettbewerbsrechts

Veröffentlichungen des Instituts für deutsches und europäisches Wirtschafts-, Wettbewerbs- und Regulierungsrecht der Freien Universität Berlin

Herausgegeben von Franz Jürgen Säcker

Band 26

PETER LANG

Frankfurt am Main · Berlin · Bern · Bruxelles · New York · Oxford · Wien

Susanne Wende

Die einheitliche Auslegung von Beihilfen- und Vergaberecht als Teilgebiete des europäischen Wettbewerbsrechts

PETER LANG
Internationaler Verlag der Wissenschaften

Bibliografische Information der Deutschen Nationalbibliothek
Die Deutsche Nationalbibliothek verzeichnet diese Publikation in der Deutschen Nationalbibliografie; detaillierte bibliografische Daten sind im Internet über http://dnb.d-nb.de abrufbar.

Zugl.: Berlin, Freie Univ., Diss., 2010

Gedruckt auf alterungsbeständigem,
säurefreiem Papier.

D 188
ISSN 1863-494X
ISBN 978-3-631-61336-8

www.peterlang.de

Vorwort

Die vorliegende Arbeit wurde im Frühjahr 2009 an der Freien Universität Berlin als Dissertation vorgelegt. Für die Veröffentlichung wurde sie überarbeitet und berücksichtigt Rechtsprechung und Literatur bis Ende 2010.

Diese Arbeit konnte nur entstehen, weil ich so viel Unterstützung erfahren durfte. Dafür möchte ich mich an dieser Stelle ganz herzlich bedanken. Mein besonderer Dank gilt dabei meinem Doktorvater, Herrn Prof. Dr. Dr. Dr. Franz Jürgen Säcker, nicht nur für die Unterstützung dieses und anderer Projekte, sondern auch für wunderschöne Jahre am Institut, die wissenschaftliche Freiheit und den juristischen Diskurs. Bedanken möchte ich mich auch bei Herrn Prof. Dr. Kurt Markert für die schnelle Zweitkorrektur.

Mein größter Dank gilt allerdings meinen Eltern, die mir das Studium ermöglicht haben und mir immer mit Rat und Tat zur Seite stehen, sowie meiner Schwester Nadja und meinem Mann Peter für die geduldige und kritische Auseinandersetzung mit meinen Thesen und Launen. Ihnen und meiner lieben Freundin Jule danke ich auch für das schnelle und gründliche Korrekturlesen.

Inhalt

Literaturverzeichnis

Kommentare

Boesen, Arnold,
Vergaberecht, Kommentar zum 4. Teil des GWB, Bundesanzeiger Verlag Köln, 2000

Calliess, Christian/Ruffert, Matthias,
Das Verfassungsrecht der Europäischen Union, Beck-Verlag, 3. Aufl. 2007, zitiert als Calliess/Ruffert/*Bearbeiter*

Geiger, Rudolf,
EUV/EGV, Vertrag über die Europäische Union und Vertrag zur Gründung der Europäischen Gemeinschaft, C.H.Beck Verlag München, 4. Aufl. 2004, zitiert als: *Geiger*, EUV/EGV

Grabitz, Eberhard/Hilf, Meinhard/Nettesheim, Martin (Hrsg.),
Das Recht der Europäischen Union, Band I-III: EUV/EGV, C.H. Beck Verlag München, 37. Ergänzungslieferung – Stand November 2008, zitiert als: Grabitz/Hilf/*Bearbeiter*

Immenga, Ulrich/Mestmäcker, Ernst-Joachim (Hrsg.),
Wettbewerbsrecht. Kommentar zum Europäischen Kartellrecht, C. H. Beck Verlag München, 4. Auflage 2007, zitiert als: Immenga/Mestmäcker/*Bearbeiter*

Kulartz, Hans-Peter/Kus, Alexander/Portz, Norbert,
Kommentar zum GWB-Vergaberecht, Werner Verlag, 2. Auflage 2009, zitiert als: Kulartz/Kus/Portz/*Bearbeiter*

Maunz, Theodor/Dürig, Günter (Begründer)/Herzog, Roman/Herdegen, Matthias/Scholz, Rupert/Klein, Hans H. (Hrsg.),
Grundgesetz. Kommentar, C. H. Beck Verlag München,
53. Auflage 2009, zitiert als: Maunz/Dürig/*Bearbeiter*

Motzke, Prof. Dr. Gerd /Prieß, Dr. Hans-Joachim/Pietzcker, Prof. Dr. Jost,
Beck'scher VOB-Kommentar, Verdingungsordnung für Bauleistungen Teil A, Verlag C. H. Beck München, 2001, zitiert als: Beck'scher VOB-Komm./*Bearbeiter*

Musielak, Hans-Joachim,
Kommentar zur Zivilprozessordnung mit Gerichtsverfassungsgesetz, Verlag Franz Vahlen GmbH München, 7. Aufl. 2009, zitiert als: *Musielak/Bearbeiter*, ZPO

Schoch, Friedrich/Pietzner, Rainer/Schmidt-Aßmann, Eberhard,
Verwaltungsgerichtsordnung, Kommentar, C. H. Beck Verlag, Loseblattsammlung, Stand: 17. Ergänzungslieferung, Oktober 2008

Schwarze, Jürgen/Becker, Ulrich/Hatje, Armin/Schoo, Johann (Hrsg.),
EU-Kommentar, Nomos Verlagsgesellschaft Baden-Baden, 2. Auflage 2009, zitiert als: Schwarze/*Bearbeiter*

Stehlkens, Paul/Bonk, Heinz Joachim/Sachs, Michael (Hrsg.),
Verwaltungsverfahrensgesetz, Kommentar, C. H. Beck Verlag München, 7. Auflage 2008, zitiert als: Stelkens/Bonk/Sachs/*Bearbeiter*

Von der Groeben, Hans/Schwarze, Jürgen (Hrsg.),
Kommentar zum Vertrag über die Europäische Union und zur Gründung der Europäischen Gemeinschaft, Nomos Verlagsgesellschaft Baden-Baden, 6. Auflage 2003, zitiert als: von der Groeben/Schwarze/*Bearbeiter*

Willenbruch, Klaus/Bischoff, Kristina,
Kompaktkommentar Vergaberecht, Werner Verlag (Wolters-Kluwer Deutschland GmbH), 2008

Monographien

Benedict, Christoph,
Sekundärzwecke im Vergabeverfahren. Öffentliches Auftragswesen, seine teilweise Harmonisierung im EG/EU-Binnenmarkt und die Instrumentalisierung von Vergaberecht durch vergabefremde Aspekte, Axel Springer Verlag, 2000

Bultmann, Peter Friedrich,
Beihilfenrecht und Vergaberecht, Mohr Siebeck Tübingen, 2004

Bungenberg, Marc,
Vergaberecht im Wettbewerb der Systeme, Mohr Siebeck Tübingen, 2007

Dittmer, Nora,
Öffentliche Unternehmen und der Begriff des öffentlichen Auftraggebers, Nomos Verlag, 2008

Lipka, Ron,
Beihilferechtliche Anforderungen an Vergabeverfahren, Nomos-Verlag, 2005

Reichert, Friedhelm,
Vergaberechtlicher Zwang zur Zahlung von Tariflöhnen, Berliner Wissenschafts-Verlag, 2007

Tietjen, Maik,
Die Europäische Beihilfekontrolle im Vergaberecht und bei der Privatisierung, Stäpfli Verlag AG Bern, 2004

Wallerath, Maximilian,
Öffentliche Bedarfsdeckung und Verfassungsrecht, Nomos Verlagsgesellschaft, 1988

Aufsätze

Bartosch, Andreas,
Schnittstellen zwischen öffentlicher Auftragsvergabe und europäischem Beihilfenrecht, WuW 2001, 673-686

Bartosch, Andreas,
The Relationship between Public Procurement and State Aid Surveillance – The toughest Standard applies?, 39 Common Market Law Review (2002), 551-576.

Bauer, Kilian,
Das Bietverfahren im EG-Beihilfenrecht bei der übertragenden Sanierung rechtswidrig begünstigter Unternehmen, EuZW 2001, 748-756

Berger, Henning,
Die Auschreibungspflicht bei der Veräußerung von Unternehmensanteilen durch kommunale Körperschaften, ZfBR 2002, 134-138

Bitterich, Klaus,
Kündigung vergaberechtswidrig zustande gekommener Verträge durch öffentliche Auftraggeber, NJW 2006, 1845-1850

Braun, Christian/Hauswaldt, Christian,
Vergaberechtliche Wirkung der Grundfreiheiten und das Ende der Inländerdiskriminierung? - Zugleich eine Anmerkung zum EuGH-Urteil Coname, EuZW 2006, 176-178

Bungenberg, Marc,
Die Berücksichtigung des Umweltschutzes bei der Vergabe öffentlicher Aufträge, NVwZ 2003, 314-317

Burgi, Martin,
Die Beleihung als kartellvergaberechtlicher Ausnahmetatbestand (am Beispiel des Subventionsmittlers nach § 44 III BHO), NVwZ 2007, 383-388

Burgi, Martin,
BauGB-Verträge und Vergaberecht, NVwZ 2008, 929-936

Burgi, Martin,
Die Bedeutung der allgemeinen Vergabegrundsätze Wettbewerb, Transparenz und Gleichbehandlung, NZBau 2008, 29-34

Cremer, Wolfram,
Das Verhältnis der Beihilferegeln gemäß Art. 92 f. EGV zur Warenverkehrsfreiheit, EuR 1996, 225-237

Deckert, Martina R./Schroeder, Werner,
Öffentliche Unternehmen und EG-Beihilfenrecht, EuR 1998, 291-301

Dörr, Oliver,
Infrastrukturförderung (nur) nach Ausschreibung?, NZBau 2005, 617-623

Dreher, Meinrad,
Öffentlich-rechtliche Anstalten und Körperschaften im Kartellvergaberecht - Der Auftraggeberbegriff vor dem Hintergrund von Selbstverwaltung, Rechtsaufsicht und Finanzierung durch Zwangsbeiträge, NZBau 2005, 297-304

Ehlers, Dirk,
Anmerkung zu EuGH, Urt. v. 20.03.1990 – C-21/88, JZ 1992, 198-200

Eilmannsberger, Thomas,
Überlegungen zum Zusammenspiel von Vergaberecht und Beihilfenrecht, WuW 2004, 384-392

Everling, Ulrich,
Rechtsvereinheitlichung durch Richterrecht in der Europäischen Gemeinschaft, RabelsZ 50 (1986), 193-232

Endler, Jan,
Privatisierungen und Vergaberecht, NZBau 2002, 125-136

Fiebelkorn, Vera/Petzold, Hans Arno,
Durchführungsverbot gemäß Art. 88 III 3 EG, Rückforderungsverpflichtung und Nichtigkeitsfolge: Ist die BGH-Rechtsprechung praxisgerecht?, EuZW 2009, 323-328

Fischer, Hans Georg,
Öffentliche Aufträge im Spannungsverhältnis zwischen Vergaberecht und europäischem Beihilfenrecht, VergR 2004, 1-16

Frenz, Walther,
Öffentlich-rechtliche Rundfunkanstalten als Beihilfenempfänger und öffentliche Auftraggeber, WRP 2007, 264-273

Friedrich, Roland O.,
Die Nichtausschreibung öffentlicher Aufträge aus wettbewerbsrechtlicher Sicht, WRP 1998, 291-295

Häberle, Peter,
Grundrechtgeltung und Grundrechtsinterpretation im Verfassungsstaat, JZ 1989, 913-919

Hailbronner, Kay,
Die Unionsbürgerschaft und das Ende rationaler Jurisprudenz durch den EuGH?, NJW 2004, 2185-2189

Hailbronner, Kay/Kau, Marcel,
Die Erreichung vergaberechtlicher Zielsetzungen in der Beschaffungspraxis – Rechtstatsächliche Untersuchung zu den Veränderungen im öf-

fentlichen Auftragswesen durch europäisches und internationales Recht, NZBau 1996, 16-23

Heidenhain, Martin,
Rechtsfolgen eines Verstoßes gegen das Durchführungsverbot des Art. 88 III 3 EG - Bemerkungen zu BGH, EuZW 2003, 444 und EuZW 2004, 252, EuZW 2005, 135-139

Heuninckx, Baudouin,
Defence Procurement: The most effective way to grant illegal state aid and get away with it ... or is it?, 46 Common Market Law Review (2009), 191-211

Heuvels, Klaus/Kaiser, Christoph,
Die Nichtigkeit des Zuschlags ohne Vergabeverfahren, NZBau 2001, 479-481

Huber, Bertold,
Kommunale Förderung von Pflegeeinrichtungen, NVwZ 2010, 1169-1172

Huber, Peter M./Wollenschläger, Ferdinand,
Post und Vergaberecht, VergR 2006, 431-442

Jaeger, Thomas,
The CELF-Judgement: A Precarious Conception of the Standstill Obligation, EStAL 2008, 279-289

Jennert, Carsten,
Die Berücksichtigung des Empfängerverhaltens im europäischen Beihilfenrecht, EuR 2003, 343-355

Jennert, Carsten,
Finanzierung und Wettbewerb in der Daseinsvorsorge nach Altmark Trans, NVwZ 2004, 425-431

Kaiser, Christoph,
Die Nichtigkeit sogeanntner De-Facto-Verträge oder: „In dubio pro submissione publica", NZBau 2005, 311-316

Kese, Volmar/Lukasik, Tanja,
Friktionen des europäischen Vergaberechts mit dem EG-Beihilfenrecht, VBlBW 2003, 226-231

Koenig, Christian,
Funktionen des Bietverfahrens im EG-Beihilfenrecht, EuZW 2001, 741-747

Koenig, Christian,
Die neuen EG-beihilfenrechtlichen Kompensationsmaßstäbe in der Daseinsvorsorge – das Altmark-Trans-Urteil in der Praxis. ‚Nettomehrkosten minus Monopolabschlag'?, BB 2003, 2185-2188

Koenig, Christian/Engelmann, Christina,
Das Festbetrags-Urteil des EuGH: Endlich Klarheit über über den gemeinschaftsrechtlichen Unternehmensbegriff im Bereich der Sozialversicherung?, EuZW 2004, 682-686

Koenig, Christian/Haratsch, Andreas,
Die Rundfunkgebühren auf dem Prüfstand des Altmark Trans-Urteils des Europäischen Gerichtshofs, ZUM 2003, 804-812

Koenig, Christian/Hentschel Kristin,
Beihilfenempfänger als Bieter im Vergabeverfahren, NZBau 2006, 289-295

Koenig, Christian/Kühling, Jürgen,
Grundfragen des EG-Beihilfenrechts, NJW 2000, S. 1065-1074

Koenig, Christian/Kühling, Jürgen,
How to cut a long story short: Das PreussenElektra-Urteil des EuGH und die EG-Beihilfenkontrolle über das deutsche Rundfunkgebührensystem, ZUM 2001, 537-547

Koenig, Christian/Kühling, Jürgen,
Diskriminierungsfreiheit, Transparenz und Wettbewerbsoffenheit des Ausschreibungsverfahrens - Konvergenz von EG-Beihilfenrecht und Vergaberecht, NVwZ 2003, 779-786

Koenig, Christian/Kühling, Jürgen,
Infrastrukturförderung im Ausschreibungsverfahren, DVBl 2003, 289-298

Kühling, Jürgen/Huerkamp, Florian,
Ausschreibungsverzicht und Europäische Grundfreiheiten – Das Vergaberecht in der (Wirtschafts-)krise, NVwZ 2009, 557-562

Koenig, Christian/Sander, Claude,
Die verbrauchervermittelte Unternehmensbegünstigung auf dem Prüfstand des EG-Beihilfenrechts, EuR 2000, 743-767

Leupold, Henning/Weidenbach, Georg,
Neues zum Verhältnis von Art. 81 Abs. 1 und Art. 81 Abs. 3 EG-Vertrag?, WuW 2006, 1003-1011

Lumma, Moritz,
Die Stellung Dritter in der Beihilfenkontrolle, EuZW 2004, 457-461

Müller-Graff, Peter-Christian,
Die Erscheinungsformen der Leistungssubventionstatbestände aus wirtschaftsrechtlicher Sicht, ZHR 152 (1988), 403-438

Nowak, Carsten,
Die Entwicklung des EG-Beihilfenkontrollrechts in den Jahren 1998, 1999 und 2000, EuZW 2001, 293-306

Opitz, Marc,
Vergaberechtliche Staatgebundenheit des öffentlichen Rundfunks?, NVwZ 2003, 1087-1091

Opitz, Marc,
Marktabgrenzung und Vergabeverfahren, WuW 2003, 37-45

Parish, Matthew,
On the private investor principle, 28 European Law Review (2003), 70-89

Pechstein, Matthias,
Nichtigkeit beihilfengewährender Verträge nach Art. 93 III 3 EGV, EuZW 1998, 495-498

Pechstein, Matthias,
BGH: Rückwirkende Kaufpreiserhöhung als Beihilfenrückforderung in neuen Bundesländern verfassungsgemäß (Urteilsanmerkung zu BGH, Urt. v. 04. 04. 2003 - V ZR 314/02), EuZW 2003, 444-448

Pielow, Johann-Christian,
Anmerkung zu EuGH, Urt. v. 09.06.2009, Rs. C-480/06 – Stadtreinigung Hamburg, EuZW, 529-532

Pieper, Stefan Ulrich,
Gemeinschaftsrechtliche Anforderungen an Umweltsonderabgaben unter Berücksichtigung der Verwendung ihres Aufkommens, DÖV 1996, 232-240

Pietzcker, Jost,
Grenzen des Vergaberechts, NVwZ 2007, 1225-1232

Pietzcker, Jost,
Grundstücksverkäufe, städtebauliche Verträge und Vergaberecht, NZBau 2008, 293-300

Pietzcker, Jost,
Die neue Gestalt des Vergaberechts, ZHR 162 (1998), 427-473

Pöcker, Markus,
Der EuGH, das Beihilferecht und die Prozeduralisierung, EuZW 2007, 167-171

Prieß, Hans-Joachim/Gabriel, Marc,
Beendigung des Dogmas durch Kündigung: Keine Bestandsgarantie für vergaberechtswidrige Verträge, NZBau 2006, 219-222

Quardt, Gabriele/Nielandt, Dörte,
Nichtigkeit von Rechtsgeschäften bei Verstoß gegen das Durchführungsverbot des Art. 88 III 3 EG, EuZW 2004, 201-205

Sauer, Ralf/Hollands, Martin,
Mangelnder Rechtsschutz im Unterschwellenbereich – Verfassungsrechtliche Zweifel und politischer Handlungsbedarf, NZBau 2006, 763-768

Schima, Bernhard,
Wettbewerbsfremde Regelungen - falsche Signale vom Europäischen Gerichtshof?, NZBau 2002, 1-7

Schmidt-Ränsch, Jürgen,
Zivilrechtliche Wirkungen von Verstößen gegen das EU-Beihilfenrecht, NJW 2005, 106-109

Sinnaeve, Adinda,
Der Kommissionsvorschlag zu einer Verfahrensverordnung für die Beihilfenkontrolle, EuZW 1998, 268-273

Sinnaeve, Adinda,
Sate aid procedures: Developments since the entry into force of the procedural regulation, 44 Common Market Law Review (2007), 965-1033

Storr, Stefan,
Fehlerfolgenlehre im Vergaberecht, SächsVBl 2008, 60-67

Struve, Tanja,
Durchbruch für die interkommunale Zusammenarbeit, EuZW 2009, 805-809

Vetter, Andrea/Bergmann, Tina,
Investorenwettbewerbe und Vergaberecht - Eine kritische Auseinandersetzung mit der Ahlhorn-Entscheidung des OLG Düsseldorf, NVwZ 2008, 133-138

Von Bogdandy, Armin,
Grundrechtsgemeinschaft als Integrationsziel?, JZ 2001, 157-171

Von Gehlen, Hans,
Vertragsnichtigkeit bei unzulässiger De-facto-Vergabe, NZBau 2005, 503-505

Zeiss, Christopher,
Das vergaberechtliche Bestbieterprinzip, EWS 2003, 114-121

Ziekow, Jan,
Vegabefremde Zwecke und Europarecht, NZBau 2001, 72-78

Sonstige Literatur

Boesche, Katharina/Füller, Jens/Wolf, Maik,
Variationen im Recht, Berliner Wissenschafts Verlag, 2006

Dauses, Manfred A. (Hrsg.),
Handbuch des EU-Wirtschaftsrechts, C.H. Beck Verlag München, Stand: März 2009 (24. Ergänzungslieferung), zitiert als: *Verfasser*, in: Dauses (Hrsg.), Hdb. EU-WirtschaftsR

Dichtl, Erwin/Issing, Otmar,
Vahlens Großes Wirtschaftslexikon, Verlag Franz Vahlen München, 2. Auflage 1994

Egger, Alexander,
Europäisches Vergaberecht, Nomos Verlag, 2008

Ehlers, Dirk (Hrsg.),
Europäische Grundrechte und Grundfreiheiten, De Gruyter Verlagsgesellschaft Berlin, 3. Auflage 2009, zitiert als: *Autor*, in: Ehlers, EuGR

Frenz, Walter,
Handbuch Europarecht, Band 3: Beihilfe- und Vergaberecht, Springer Verlag, 2007, zitiert als: *Frenz*, Handbuch EuropaR

Heidenhain, Martin,
Handbuch des Europäischen Beihilfenrechts, C. H. Beck Verlag München, 2003, zitiert als: Heidenhain/*Bearbeiter*

Koenig, Christian/Kühling, Jürgen/Ritter, Nicolai,
EG-Beihilfenrecht, Verlag Recht und Wirtschaft Heidelberg, 2. Auflage 2005

Larenz, Karl,
Methodenlehre der Rechtswissenschaft, Springer-Verlag, 6. Auflage 1991

Mestmäcker, Ernst-Joachim/ Schweitzer, Heike,
Europäisches Wettbewerbsrecht, C. H. Beck Verlag München, 2. Auflage 2004

Noch, Rainer,
Vergaberecht Kompakt, Werner Verlag (Wolters-Kluwer Deutschland GmbH), 2008

Prieß, Hans-Joachim,
Handbuch des europäischen Vergaberechts, Carl Heymanns Verlag, 3. Auflage 2005

Quigley, Conor,
European State Aid Law and Policy, Oxford Publishing, 2. Auflage 2009

Schwarz, Jürgen,
Der Aufbau Europas, Pläne und Dokumente, 1945-1980, Osang Verlag, 1. Auflage 1980

Problemaufriss und Gang der Untersuchung

Sowohl die Gewährung von Beihilfen an private Unternehmen als auch die Vergabe öffentlicher Aufträge an private Unternehmen können Instrumente der staatlichen Wirtschaftslenkung sein.[1] Beide nahmen in der deutschen Rechtsordnung lange Zeit eine Stellung im Haushaltsrecht ein und wurden der Haushaltshoheit des Staates zugeschrieben. Rechtsschutz für Konkurrenten gab es nicht, denn das Haushaltsrecht gewährt keine subjektiven Rechte für Dritte.[2] Lediglich die Selbstbindung der Verwaltung über Art. 3 GG vermochte hier ein Einfallstor darzustellen. Aus der Sicht des Gemeinschaftsrechts sind beide Instrumente jedoch wettbewerbsrelevant. Aus der ursprünglichen Natur des EG-Vertrages als Grundlage einer Wirtschaftsgemeinschaft folgt die Konsequenz, dass alle staatlichen Handlungen, also auch die Beihilfengewährung und die öffentliche Auftragsvergabe, auf ihre Wirkung hinsichtlich der Herstellung und Aufrechterhaltung des Gemeinsamen Marktes beurteilt werden. Dabei wurde die Gewährung von Beihilfen schon beim Aushandeln des EWG-Vertrages als staatliche Maßnahme erkannt, die den freien Wettbewerb innerhalb der Gemeinschaft beeinträchtigen kann und daher gesondert geregelt werden muss. Für das Recht der öffentlichen Aufträge finden sich hingegen keine Sondervorschriften. Die Anforderungen hieran wurden vom EuGH aus den Grundfreiheiten hergeleitet. Bei der fortlaufenden Entwicklung des Europäischen Wettbewerbsrecht tauchten mit zunehmender Systematisierung und Konkretisierung der Vorschriften häufig Abgrenzungsfragen auf, wie z. B. diejenige, ob das Kartellrecht (Art. 81ff. AEUV) die Anwendbarkeit der Grundfreiheiten ausschließt oder in welchem Verhältnis Kartell- und Beihilfenrecht zueinander stehen. In letzter Zeit ist in der Rechtsprechung des EuGH ein neues Problem aufgetaucht. In einigen Fällen stellte sich die Frage, ob neben den primär- und sekundärrechtlichen Vorgaben des Gemeinschaftsrechts für die öffentliche Auftragsvergabe auch das Beihilfenrecht anwendbar ist. Kann z. B. ein Fehler im Vergabeverfahren dazu führen, dass die öffentliche Hand dem den Zuschlag erhaltenden Unternehmen eine Begünstigung im Sinnde des Art. 107 Abs. 1 AEUV gewährt? Auch umgekehrt traten Fälle auf, die bisher nur beihilfenrechtlich beurteilt wurden, nunmehr aber auch vergaberechtliche Relevanz erhalten. Ist z. B. ein Vertrag, in dem sich die öffentliche Hand zur Übereignung eines Grundstücks an einen Privaten verpflichtet und der Private sich dafür verpflichtet, das Grundstück in einer bestimmten Weise zu bebauen, ein öffentlicher Auftrag im Sinne des Vergabe-

---

1 Immenga/Mestmäcker/Ehricke, Art. 107 Abs. 1 EGV Rn. 3; Bultmann, Beihilfenrecht und Vergaberecht, S. 177ff.

2 Boesen, Vergaberecht, Einl. Rn. 1.

richtlinien?[3] Schon an diesen Beispielen wird deutlich, dass sich nicht nur die Frage der parallelen Anwendung der Rechtsvorschriften stellt, sondern eventuell sogar der Verstoß gegen die eine die Anwendbarkeit der anderen Vorschrift auslöst. Zudem wird deutlich, dass für die Festlegung der Anwendungsbereiche beider Normenkomplexe die Festlegung der zutreffenden juristischen Bezugspunkte eine zentrale Rolle spielt. So stellt sich zum Beispiel die Frage, ob das günstigste Angebot einfach dasjenige mit dem niedrigsten Preis ist oder ob hier nicht eine Verbindung zum Inhalt der Ausschreibung des Auftrags hergestellt werden muss. Es kommt eine Fülle von Fragen zusammen.

Ziel dieser Arbeit ist es, den Anwendungsbereich des Beihilfenrechts und des Vergaberechts zu untersuchen. Dabei wird gezeigt, dass beide vollständig aus den Grundfreiheiten herzuleiten sind, weshalb eine Auflösung scheinbarer Widersprüche über die Untersuchung des jeweiligen Verhältnisses zu den Grundfreiheiten erfolgen wird. Weitergehend werden die Tatbestände und Rechtsfolgen beider Rechtsgebiete auf europäischer Ebene gegenüber gestellt und gezeigt, dass beide nebeneinander anwendbar sind und sein müssen, um den Binnenmarkt mit einem System des unverfälschten Wettbewerbs aufrecht zu erhalten. Dabei wird auch dargestellt, dass die Unterschiede der Rechtsfolgen nicht so gravierend sind, wie häufig vertreten. In diesem Zusammenhang wird auf das viel beachtete EuGH-Urteil Altmark Trans eingegangen und untersucht, ob es in der Systematik des europäischen Wettbewerbsrechts eine konsequente Weiterentwicklung oder ein Systembruch ist. Dafür wird auf die zu Art. 81ff. AEUV entwickelten Grundsätze zurückgegriffen und ihre Anwendbarkeit auf das Beihilfenrecht hergeleitet. Schließlich wird noch die Bedeutung des Art. 106 AEUV im Beihilfe- und Vergaberecht untersucht und auch hierbei werden Harmonisierungsansätze aufgezeigt.

Der gesamte Komplex der sog. „vergabefremden Kriterien", an dem sich die Auseinandersetzung mit dem Verhältnis von Beihilfen- und Vergaberecht erst entzündete, soll bei der Untersuchung angesichts der bereits existierenden umfassenden Behandlung im Schrifttum[4] und in der Rechtsprechung[5] außen vor gelassen werden.

---

3 Vgl. hierzu unten Hauptteil, B. II. 1. a) aa).

4 Vgl. nur Calliess/Ruffert/Cremer Art. 87 Rn. 15ff.; Frenz, Handbuch EuropaR, Rn. 310, 1776ff.; Benedict, Sekundärzwecke im Vergabeverfahren; Reichert, Vergaberechtlicher Zwang zur Zahlung von Tariflöhnen; Schima, NZBau 2002, 1ff.; Burgi, NZBau 2008, 29, 31; Bungenberg, NVwZ 2003, 314, 316f.; Ziekow, NZBau 2001, 72ff.

5 Urt. v. 10.03.1987, Rs. 199/85, Slg. 1987, S. 1039 Rn. 12ff. – Komm/Italien; Urt. v. 20.09.1988, , Rs. 31/87, Slg. 1988, S. 4635 Rn. 14ff. – Gebroeders Beentjes; Urt. v. 17.09.2002, Rs. C-513/99, Slg. 2002, S. I-7213 Rn. 43ff. – Concordia Bus Finland; Urt. v. 26.09.2000, Rs. C-225/98, Slg. 2000, S. I-7445 Rn. 46ff. – Nord-Pas-de-Calais.

Entwicklung des europäischen Vergabe- und Beihilfenrechts

„State aid rules are part of the solution – not of the problem.“

Nellie Kroes, März 2009

A. Das europäische Vergaberecht

I. Hintergründe und Grundzüge des europäischen Vergaberechts

Der Begriff Vergaberecht bezeichnet nach allgemeiner Ansicht die Gruppe von Vorschriften, die die Auftragsvergabe des Staates zum Zweck seiner Bedarfsdeckung regelt.[6]

Das betriebswirtschaftliche Ziel jeder Beschaffung lautet: Zur richtigen Zeit am richtigen Ort über Güter in der richtigen Qualität und Quantität zu geringen Kosten zu verfügen. Dazu kommt für den Staat das Ziel der wirtschaftlichen und sparsamen Haushaltsführung.[7]

Bis in die 1990er Jahre hinein war das Vergaberecht in Deutschland Teil des Haushaltsrechts. Ziel dieser speziell für die öffentliche Hand geschaffenen Bestimmungen über das Verfahren der Auftragsvergabe war der preisgünstigste, wirtschaftliche Einkauf. Rechtsschutz für die Bieter und damit gerichtliches Einschreiten in laufende Vergabeverfahren gab es praktisch nicht, da das Haushaltsrecht nicht als drittschützend interpretiert wurde.[8]

Eine wichtige Eigenschaft der öffentlichen Auftragsvergabe ist die Tendenz zur Marktabschottung und zu protektionistischen Maßnahmen.[9] Mitunter wird als Rechtfertigung das sicherheitspolitische Interesse des Staates oder die Theorie des gerechten Ausgleichs (Beschaffung beim Steuerzahler) angeführt. Zudem fehle es bis heute an einem Nachweis dafür, dass nicht andere Hindernisse die Marktöffnung verhinderten (z.B. die Marktstruktur einzelner Vergabebereiche).[10] Das Ziel des europäischen Vergaberechts ist es jedoch, dieser Marktab-

6 Beck'scher VOB-Komm./Motzke, Syst III Rn. 51; Wallerath, Öffentliche Bedarfsdeckung und Verfassungsrecht, S. 21.

7 Egger, Europäisches Vergaberecht, Rn. 7.

8 Pietzcker, ZHR 162 (1998), 427, 430.

9 Prieß, Handbuch des europäischen Vergaberechts, S. 3f.

10 Vgl. Egger, Europäisches Vergaberecht, Rn. 12, 16.

schottung entgegenzuwirken und einen gemeinschaftsweiten Wettbewerb zwischen den verschiedenen Anbietern zur Liberalisierung des öffentlichen Auftragswesens und zur weiteren Verwirklichung der Marktfreiheiten in der Europäischen Union zu gewähren.[11] Darüber hinaus soll auch die Entlastung der öffentlichen Hand in der EU durch Ermittlung des besten Angebots für den Auftraggeber erreicht werden.[12]

Einen Beitrag zum Erreichen der Ziele und Ausschalten der Gefahren der öffentlichen Auftragsvergabe kann das Vergaberecht leisten. Darüber hinaus kann es zur Verminderung von Betrug und Korruption infolge nicht diskriminierender und transparent durchgeführter Vergabeverfahren, die auf echtem Wettbewerb beruhen und nachprüfbar sind, führen.[13] Dies kommt dann sowohl der öffentlichen Hand als auch den beteiligten Unternehmen als auch dem Steuerzahler zu Gute.

Der AEUV enthält keine ausdrücklichen Vorschriften über die Vergabe öffentlicher Aufträge. Allerdings hat der EuGH gerade wegen der Marktabschottung dieses Wirtschaftsbereichs aus den Grundfreiheiten die ersten Vergaberechtsgrundsätze der Diskriminierungsfreiheit und der Transparenz hergeleitet.[14]

Die Vergabe öffentlicher Aufträge ist einerseits staatliches Handeln, gleichzeitig aber auch wirtschaftliche Teilnahme des Staates am Marktgeschehen durch Nachfrage. Diese Nachfrage spielt sich in den Formen des Privatrechts ab, während für das staatliche Handeln das öffentliche Recht maßgebend ist. Dadurch unterliegt die öffentliche Auftragsvergabe öffentlich-rechtlichen Bindungen, verlangt aber gleichzeitig als wirtschaftliches Handeln nach Flexibilität. Das Vergaberecht muss daher die notwendigen bürokratischen Hindernisse schaffen, um politische Einflüsse zurückzudrängen und den günstigen Einkauf herbeiführen, gleichzeitig aber auch die Chancengleichheit der Bieter sichern. Das Vergaberecht ist demnach als Haushaltsrecht Innenrecht und gleichzeitig als

---

11 Kommission der Europäischen Gemeinschaften, Vollendung des Binnenmarkts – Weißbuch der Kommission an den Europäischen Rat, 28./29. Juni 1985, KOM (1985), 310 endg, S. 23f.; Prieß, Handbuch des europäischen Vergaberechts, S. 5.

12 Mitteilung der Kommission an den Rat, das Europäische Parlament, den Europäischen Wirtschafts- und Sozialausschuss und den Ausschuss der Regionen – Bericht über die Umsetzung der Binnenmarktstrategie (2003-2006), KOM (2004) 22 endg., S. 12f.; Mitteilung der Kommission an den Rat, das Europäische Parlament, den Europäischen Wirtschafts- und Sozialausschuss und den Ausschuss der Regionen – Binnenmarktstrategie vorrangige Aufgaben 2003-2006, KOM (2003) 238 endg., S. 18f.

13 Vgl. Egger, Europäisches Vergaberecht, Rn. 6f.

14 EuGH, Urt. v. 07.12.2000, Rs. C-324/98, Slg. 2000, S. I-10745 Rn. 61f. – Telaustria; Urt. v. 21.07.2005, Rs. C-231/03, Slg. 2005, S. I-7287 Rn. 17 - Coname; Urt. v. 13.11.2007, Rs. C-507/03. Slg. 2007, S. I-9777 Rn. 30f. – Komm/Irland; Urt. v. 21.02.2008, Rs. C-412/04, NVwZ 2008, 397 Rn. 66 – Komm/Italien.

Wirtschaftsrecht Außenrecht und wird daher in der Literatur als zwitterhaft bezeichnet.[15]

An vielen Stellen wird betont, dass die europarechtlichen Vorgaben an die öffentliche Auftragsvergabe nur für die Phase nach der wirtschaftlichen und organisatorischen Entscheidung, eine Aufgabe an einen Dritten zu übertragen, zu berücksichtigen seien. Die Entscheidung, ob die Bereitstellung einer Dienstleistung der öffentlichen Hand ausgelagert werde, liege im Ermessen des Mitgliedstaates.[16] Wie weit diese Entscheidungsfreiheit reicht und ob sie überhaupt einen Inhalt hat – oder es sich nur um eine Phrase zur formalen Wahrung der Kompetenzregelungen des AEUV handelt, wird im Verlauf dieser Arbeit zu untersuchen sein.

II. Die Grundsätze des Wettbewerbs, der Transparenz und der Gleichbehandlung im Vergaberecht

1. Diskriminierungsfreiheit

Das Vergaberecht ist wie oben dargestellt im AEUV nicht ausdrücklich geregelt, europarechtliche Vorgaben hierfür hat der EuGH aus den Grundfreiheiten hergeleitet. Daher war das erste Prinzip für dieses Rechtsgebiet das Diskriminierungsverbot, verstanden als das Verbot, EU-ausländische potentielle Auftragnehmer aufgrund der Staatsangehörigkeit – auch nur mittelbar – zu diskriminieren.[17] Davon zu unterscheiden ist der Gundsatz der Gleichbehandlung aller Bieter, der eine Diskriminierung unabhängig von der Staatsangehörigkeit verbietet.[18] Inzwischen hat der Gleichbehandlungsgrundsatz Eingang in das Sekundär-

---

15 Pietzcker, ZHR 162 (1998), 427, 428.

16 So z.B. Kommission, Grünbuch zu öffentlich-privaten Partnerschaften und den gemeinschaftsrechtlichen Rechtsvorschriften für öffentliche Aufträge und Konzessionen, KOM(2004) 327 endg., S. 8, Tz. 18.

17 EuGH, Urt. v. 20. 9. 1988, Rs. 31/87, Slg. 1988, 4635 Rn. 30 – Beentjes; Urt. v. 05.12.1989, Rs. 3/88, Slg. 1989, S. 4035 Rn. 6ff. – Kommission/Italien; Urt. v. 20.03.1990, Rs. 21/88, Slg. 1990, S. I-889 Rn. 11ff. – Dupont de Nemours Italiana SpA; Urt. v. 22.06.1993, Rs. C-243/89, Slg. 1993, S. I-3353 Rn. 23 – Kommission/Dänemark.

18 EuGH, Urt. v. 27.11.2001, verb. Rs. C-285/99 u. C-286/99, Slg. 2001, S. I-9233 37, 69ff. – Impresa Lombardini SpA/ANAS; Urt. v. 13.10.2005, Rs. C-458/03, Slg. 2005, S. I-8585 Rn. 48 – Parking Brixen; Egger, Europäisches Vergaberecht, Rn. 151.

recht gefunden. Er ist in Art. 2 Vergabekoordinierungsrichtlinie (VKR)[19] sowie in Art. 10 Sektorenkoordinierungsrichtlinie (SKR)[20] ausdrücklich aufgeführt. Auch die deutsche Umsetzungsnorm, § 97 Abs. 2 GWB, enthält den Grundsatz der Gleichbehandlung. Terminologisch herrscht auf europäischer Ebene keine Einheitlichkeit. Teilweise wird im Zusammenhang mit den Grundfreiheiten von „Diskriminierungsverbot"[21] gesprochen, teilweise von „Gleichbehandlungsgrundsatz" oder „Gleichheitssatz"[22]. Genauso werden in Bezug auf den vergaberechtlichen Gleichbehandlungsgrundsatz beide Begriffe gebraucht.[23] Da es jedoch einen unterschiedlichen Bedeutungsinhalt gibt und insbesondere wegen des Problems der Inländergleichbehandlung[24] die Grundsätze nicht identisch sind[25], sollen in der vorliegenden Arbeit die Begriffe unterschieden werden. Schließlich sind sie Ausprägungen verschiedener Mechanismen zur Herstellung des Binnenmarktes. Das aus den Grundfreiheiten folgende Diskriminierungsverbot ist Teil der negativen Integration. Nationale Handelshemmnisse werden hierdurch beseitigt. Das Gleichbehandlungsgebot ist als durch Richtlinien geschaffener Grundsatz Ausdruck der positiven Integration. Davon erfasst sind alle aktiven legislativen Maßnahmen der Harmonisierung, die zur Verwirklichung des Binnenmarktes beitragen sollen.[26] Diskriminierungsverbot wird hier also benutzt als Begriff für die aus den Grundfreiheiten fließende Verpflichtung der Mitgliedstaaten, alle Maßnahmen zu unterlassen, die den Zugang von EU-ausländischen Wettbewerbern zu inländischen öffentlichen Auftragsvergaben erschweren. Das

---

19 Richtlinie 2004/18/EG v. 31.03.2004 über die Koordinierung der Verfahren zur Vergabe öffentlicher Bauaufträge, Lieferaufträge und Dienstleistungsaufträge, ABl. 2004 L 134/114.

20 Richtlinie 2004/17/EG v. 31.03.2004 zur Koordinierung der Zuschlagserteilung durch Auftraggeber im Bereich der Wasser-, Energie- und Verkehrsversorgung sowie der Postdienste, ABl. 2004 L 134/1.

21 Prieß, Handbuch des europäischen Vergaberechts, S. 19.

22 So zB. über Art. 18 Abs. 1 AEUV als besonderer Gleichheitssatz noch: Kingreen, Gleichheitsrechte, in: Ehlers, EuGR, 1. Aufl. 2003, § 17 Rn. 16, jetzt als „allgemeines Diskriminierungsverbot", vgl. Kingreen, Gleichheitsgrundrechte und soziale Rechte, in: Ehlers, EuGR § 18 Rn. 2.

23 Vgl. hierzu EuGH, Schlussanträge v. 28.06.2001, Rs. C-92/00, Slg. 2002, S. I-5553 Rn. 19ff. – HI.

24 Die Pflicht des Mitgliedstaates zur Inländergleichbehandlung richtet sich nach dem nationalen Verfassungsrecht, vgl. EuGH, Urt. v. 28.01.1992, Rs. C-332/90, Slg. 1992, S. I-341 Rn. 9 – Stehen/Deutsche Bundespost; zu den immer geringeren Voraussetzung für das Vorliegen eines grenzüberschreitenden Bezugs vgl. Braun/Hauswaldt, EuZW 2006, 176, 177.

25 So auch Koenig/Kühling, NVwZ 2003, 779, 781.

26 Näher hierzu Calliess/Ruffert/Kingreen, EGV Art. 28 Rn. 2ff.

Gleichbehandlungsgebot beschreibt die Verpflichtung der Mitgliedstaaten aus den Harmonisierungsvorschriften der Vergaberichtlinien, alle Wirtschaftsteilnehmer bei der öffentlichen Auftragsvergabe gleich zu behandeln, unabhängig von ihrer Staatsangehörigkeit.

Der vom EuGH entwickelte Grundsatz des Diskrimininierungsverbots bezieht sich auf alle Phasen des Vergabeverfahrens.[27]

2. Transparenzgebot

Auch das vergaberechtliche Transparenzgebot leitete der EuGH aus den Grundfreiheiten und Art. 18 AEUV her.[28] Es ist logische Konsequenz des Diskriminierungsverbotes.[29] Um allen potentiellen Bietern den gleichberechtigten Zugang zum Vergabeverfahren zu gewähren, müssen zunächst alle gleichermaßen informiert werden. Die Transparenzpflicht besteht daher darin, einen ausreichenden Grad an Öffentlichkeit sicher zu stellen. Dadurch soll der Wettbewerb geöffnet und die Nachprüfung eines unparteiischen Vergabeverfahrens ermöglicht werden.[30] Davon umfasst ist nicht nur die Veröffentlichung der Auftragsvergabe an sich, sondern auch die Veröffentlichung der Voraussetzungen, die der Auftragnehmer zwingend erfüllen muss. Allerdings führt das Transparenzgebot nicht dazu, dass eine Ausschreibung entsprechend den Vorschriften der Vergaberichtlinien stattfinden muss.[31] Vielmehr muss der Inhalt im jeweiligen Einzelfall aus den Grundfreiheiten abgeleitet werden und hängt von verschiedenen Faktoren ab.[32] Es muss immer so viel Transparenz sichergestellt sein, dass ein EU-ausländischer potentieller Bieter die gleiche Chance hat, den Zuschlag zu erhalten wie ein inländischer Bieter.

Eine mit diesem Grundsatz konforme Auftragsvergabe bewirkt, dass das Vergabeverfahren in allen Stadien und für alle beteiligten Parteien gleichermaßen durchschaubar und nachvollziehbar ist. Dem Transparenzprinzip wird vom EuGH ein hoher Stellenwert zugesprochen.[33] Auch die aktuellen europäischen

---

27 Egger, Europäisches Vergaberecht, Rn. 837.

28 Vgl. hierzu insbesondere EuGH, Urt. v. 18.11.1999, Rs. C-275/98, Slg. 1999, S. I-8291 Rn. 31 - Unitron Scandinavia; Urt. v. 07.12.2000, Rs. C-324/98, Slg. 2000, S. I-10745 Rn. 61f. – Telaustria.

29 EuGH, Urt. v. 06.04.2006, Rs. 410/04, Slg. 2006, S. I-3303 Rn. 21 – ANAV/Bari.

30 EuGH, Urt. v. 06.04.2006, Rs. 410/04, Slg. 2006, S. I-3303 Rn. 21 – ANAV/Bari.

31 Vgl. hierzu ausführlich unten Hauptteil B.

32 EuGH, Schlussanträge, Rs. 532/03, Slg. 2007, S- I-11353 Rn. 74 – Rettungstransportdienste.

33 Vgl. nur EuGH, Urt. v. 12.12.2002, Rs. C-470/99, Slg. 2002, S. I-11617 Rn. 85ff. – Universale-Bau AG.

Vergaberichtlinien statuieren eine ausdrückliche Pflicht der öffentlichen Auftraggeber zur transparenten Vorgehensweise.[34] Dabei kommt der Transparenz des Vergabeverfahrens vor allem bei der Ausschreibung und bei der Zuschlagserteilung eine besondere Bedeutung zu.[35] In der ersten Phase des Vergabeverfahrens, der Ausschreibung, dient sie dazu, eine Marktöffnung überhaupt zu ermöglichen. In der Zuschlagsphase dient sie dazu, effektiven Primärrechtsschutz und damit die Durchsetzung des Vergaberechts zu ermöglichen. Im deutschen Kartellvergaberecht ist das Transparenzgebot in § 97 Abs. 1 GWB an zentraler Stelle verankert. Denn § 97 Abs. 1 GWB ist die erste Vorschrift im Vierten Teil des GWB, dem Abschnitt über das Vergabeverfahren.

3. Wettbewerbsoffenheit

Dieser Grundsatz wird vom EuGH für das Vergaberecht im Urteil *Telaustria* lediglich angedeutet.[36] Der Gerichtshof führte hierzu aus, dass die Transparenz der Ausschreibung einen angemessenen Grad an Öffentlichkeit sicherstelle, wodurch zugleich eine Öffnung des betreffenden Marktes gegenüber dem Wettbewerb ermöglicht werde.[37]

In den Vergaberechtsrichtlinien findet sich der Wettbewerbsgrundsatz explizit lediglich an versteckter Stelle in Art. 3 II lit. a SKR wieder. Dort ergeht die Aufforderung an die Mitgliedstaaten, dafür zu sorgen, dass „jeder Auftraggeber den Grundsatz [...] der wettbewerbsorientierten Auftragsvergabe bei der Vergabe der Liefer-, Bau- und Dienstleistungsaufträge beachtet“. Allerdings kann das eindeutige Bekenntnis des Gemeinschaftsgesetzgebers zu diesem Steuerungsprinzip auch den Präambeln der Vergaberichtlinien entnommen werden, die u.a. das Entstehen von Wettbewerb um die Auftragsvergabe als das Ziel der jeweiligen Richtlinie ausweisen.[38] Der Wettbewerbsgrundsatz geht von der Prämisse aus, dass ein Wettbewerb regelmäßig die beste Garantie dafür bietet, dass die zur sparsamen Haushaltsführung verpflichteten öffentlichen Auftraggeber ihre Waren und Dienstleistungen zu den vorteilhaftesten Konditionen beschaffen können und gleichzeitig allen potenziellen Unternehmen der ungehinderte Zugang zu den staatlich dominierten Beschaffungsmärkten eröffnet wird.[39]

---

34 Art. 2 VKR; Art. 10 SKR.

35 Vgl. RL 2004/17/EG, ErwGr. (22) u. (55); RL 2004/18/EG, ErwGr. (2), (39), (46)

36 EuGH, Urt. v. 07.12.2000, Rs. C-324/98, Slg. 2000, S. I-10745 Rn. 62. – Telaustria.

37 EuGH, Urt. v. 07.12.2000, Rs. C-324/98, Slg. 2000, S. I-10745 Rn. 62. – Telaustria; hierzu Koenig/Kühling, NVwZ 2003, 780, 783.

38 RL 2004/18/EG, ErwGr. 2; RL 2004/17/EG, ErwGr. 9.

39 Kulartz/Kus/Portz/Bauer, § 97 Rn. 7ff.

B. Das europäische Beihilfenrecht

I. Entwicklung und Hintergründe des europäischen Beihilfenrechts

Im Spaak-Bericht, der Grundlage der Ausarbeitung des EWG-Vertrages und des EURATOM-Vertrages war[40], heißt es:

> „Eine der wesentlichsten Garantien, die den Unternehmen gegeben werden muß, ist, daß der Wettbewerb nicht dadurch verfälscht wird, daß ihre Konkurrenten künstlich geschaffene Vorteile besitzen. Daher sind die von staatlicher Seite gewährten Beihilfen genau zu prüfen, gleichgültig, in welcher Form sie gewährt werden."[41]

Die europäische Beihilfenkontrolle war ursprünglich ein bilaterales verwaltungsrechtliches Verhältnis zwischen den Mitgliedstaaten und der Kommission, das auch schon kontradiktorische Elemente enthielt.[42] Es wurde dann jedoch schnell deutlich, dass das Beihilfeverfahren nicht nur das Verhältnis der Kommission als „Hüterin der Verträge" und dem Mitgliedstaat mit seinen Interessen betrifft, sondern auch das die Beihilfe erhaltende Unternehmen und seine Wettbewerber. Daher wurden diesen im Laufe der Zeit mehr und mehr Verfahrensrechte eingeräumt.[43]

Die mit der Beihilfenaufsicht verfolgten Ziele werden vielfach mit dem „Prinzip der negativen Integration" beschrieben.[44] Die Beihilfenaufsicht sei darauf beschränkt, gemeinschaftsrechtswidrige staatliche Beihilfen abzuwehren, um den Wettbewerb innerhalb der Gemeinschaft vor Verfälschungen zu schützen. Es werde also nur die Institution des Wettbewerbs geschützt. Dabei sei die Gemeinschaft nicht befugt, eigene politische Ziele, insbesondere strukturpolitischer, sozialpolitischer oder wirtschaftspolitischer Art zu verfolgen. Vielmehr sei es den Mitgliedstaaten nach wie vor unbenommen, mit der Gewährung staatlicher Beihilfen an Unternehmen in den Wettbewerb einzugreifen und die damit verfolgten politischen Ziele selbständig festzulegen und durchzuführen. Die Beschränkung der Funktion der Beihilfenaufsicht auf die Abwehr gemeinschafts-

---

40 Schwarz, Der Aufbau Europas, S. 277.

41 Spaak-Bericht: Bericht der Delegationsleiter des von der Konferenz von Messina eingesetzten Regierungsausschusses an die Außenminister v. 21. April 1956, abgedruckt in: Schwarz, Der Aufbau Europas, S. 277, 302.

42 Immenga/Mestmäcker/Ehricke, Art. 87 Abs. 1 EGV Rn. 6; König/Kühling/Ritter, EG-Beihilfenrecht, Rn. 361.

43 Lumma, EuZW 2004, 457, 458.

44 V. der Groeben/Schwarze/Mederer, EG Vorb. zu Art. 87 bis 89 Rn. 4.

rechtswidriger staatlicher Beihilfen ist jedoch nicht gerechtfertigt.[45] Zum einen verweist Art. 107 AEUV selbst mehrfach auf das bei der Genehmigung staatlicher Beihilfen zu beachtende „gemeinsame Interesse", das allein von der Kommission auf der Grundlage der Politiken der Gemeinschaft bestimmt werden kann. Zum anderen hat die Kommission in vielfältiger Abstimmung mit den Mitgliedstaaten und mit Billigung der Gemeinschaftsgerichte in den letzten Jahrzehnten ein umfangreiches Regelwerk zur Beurteilung regionaler, sektoraler und horizontaler Beihilfen aufgestellt, dem klar umschriebene politische Ziele der Gemeinschaft zu Grunde liegen. Das europäische Beihilfenrecht hat sich also von einem bloßen Abwehrrecht gegenüber wettbewerbswidrigem Verhalten weiterentwickelt zu einem Recht zur Herstellung von Marktgleichheit innerhalb des gemeinsamen Marktes und zum Schutz der Marktstruktur.[46] Damit ist es nunmehr der postiven Integration, nämlich dem auf Harmonisierung der mitgliedstaatlichen Rechtsordnungen basierenden Teil des Europarechts zuzuordnen, das auf Herstellung und Intensivierung des gemeinsamen Marktes gerichtet ist.

Eine extensive Auslegung des Beihilfenbegriffs ist geboten, weil den Art. 107 ff. EGV die Funktion einer Lückenschließung zukommt, um durch Kombination mehrerer, isoliert nicht zu beanstandender Maßnahmen versuchte Umgehungspraktiken der Mitgliedstaaten zu verhindern.[47]

II. Die Grundsätze des Wettbewerbs, der Transparenz und der Gleichbehandlung im Beihilfenrecht

1. Diskriminierungsfreiheit

Im Beihilfenrecht spielt die Diskriminierungsfreiheit nach dem Wortlaut des Art. 107 Abs. 1 AEUV zunächst keine Rolle. Allerdings hat die Vorschrift durch die Rechtsprechung des EuGH eine Konkretisierung im Sinne einer Auslegung nach Sinn und Zweck der Norm erfahren, die eben auch darauf abstellt, dass Art. 107 AEUV Störungen des Wettbewerbs im Binnenmarkt verhindern soll. Dabei hat der EuGH festgestellt, dass das Tatbestandsmerkmal der Begünstigung nicht erfüllt ist, wenn die Zuwendung, die ein Privater vom Staat erhält, nur die marktübliche Gegenleistung für eine Ware oder eine vom Zuwendungsempfänger erbrachte Dienstleistung ist. Die Frage der Marktüblichkeit ist in vielen Fäl-

45 Heidenhain/Heidenhain, § 1 Rn. 9.

46 V. der Groeben/Schwarze/Mederer, EUV/EGV, Vorb. Art. 87 bis 89 Rn. 4; Immenga/Mestmäcker/Ehricke, Art. 87 Abs. 1 Rn. 6.

47 Koenig/Sander, EuR 2000, 743, 745.

len sehr schwierig zu bestimmen. Es gibt dazu eine Fülle an EuGH- und Kommissionsentscheidungen, die im weiteren Verlauf dieser Arbeit analysiert werden. Besondere Diskussion rangt sich dabei um den sogenannten Private Investor Test[48]. An dieser Stelle soll nur darauf hingewiesen werden, dass der EuGH jedenfalls für den Nachweis der Marktüblichkeit einer Gegenleistung genügen lässt, wenn ein diskriminierungsfreies Ausschreibungsverfahren stattgefunden hat und aufgrund dessen der Auftrag vergeben wird. Unsicherheiten entstehen dabei, weil die Kommission z.B. im Bereich der Unternehmensverkäufe auf das Kriterium der „Bedingungsfreiheit" abstellt, dessen Inhalt unklar ist.[49] Es könnte mit den Anforderungen an das Diskriminierungsgebot aus der Dogmatik der Grundfreiheiten oder auch mit dem vergaberechtlichen Gleichbehandlungsgebot identisch sein.

2. Transparenzgebot

Art. 107 Abs. 1 AEUV selbst enthält keine Hinweise auf beihilfenrechtliche Anforderungen an die Transparenz bei Gewährung einer staatlichen Beihilfe. Allerdings gelten die oben zum Vergaberecht dargestellten Grundsätze jedenfalls teilweise auch für das Beihilfenrecht. Zwar wird die Transparenz als logische Folge des Diskriminierungsverbotes wiederum nur im Rahmen der vom EuGH entwickelten Theorie der marktüblichen Gegenleistung relevant, aber ein zweiter Aspekt des Transparenzgebots trifft das Beihilfenrecht direkt. Nur eine für den Konkurrenten transparente Beihilfengewährung ermöglicht die tatsächliche Inanspruchnahme der Rechtsschutzmöglichkeiten, da ohne Kenntnis des Verfahrens eine Geltendmachung eigener Rechte unmöglich ist.

Nach einer Ansicht in der Literatur[50] stimmen die vom EuGH für das Beihilfenrecht entwickelten Voraussetzungen – insbesondere für die Bekanntmachung einer Auftragsvergabe – weitgehend mit denen des Vergaberechts überein. Das Vergaberecht sei in einigen Punkten jedoch genauer und strenger (z.B. Fristen), so dass grundsätzlich anzuraten sei, diese Vorschriften einzuhalten.[51] Nur bezüglich der Frage, ob eine europaweite Ausschreibung getätigt werden müsse, könne das Beihilfenrecht bisweilen striktere Anforderungen stellen, da es hier nur darauf ankomme, ob der ausgeschriebene Auftrag (wenn er den Schwellenwert

48 Siehe dazu ausführlich unten Hauptteil B. III. 2.
49 Vgl. hierzu Koenig/Kühling, NVwZ 2003, 780, 781.
50 Fischer, VergR 2004, 1, 9; Koenig/Kühling, NVwZ 2003, 780, 786.
51 Koenig/Kühling, NVwZ 2003, 780, 783.

des europäischen Beihilfenrechts überschreitet), potentiell auch für Bewerber aus anderen EU-Mitgliedstaaten interessant sein kann.[52]

3. Wettbewerbsoffenheit

Dem Beihilfenrecht ist der Wettbewerbsgrundsatz ganz offensichtlich immanent. Schon seine Verortung in Art. 107ff AEUV macht deutlich, dass das Beihilfenrecht von Anfang an als Teil des Wettbewerbsrechts verstanden wurde.[53]

In der Ausgestaltung der Anforderungen an die Offenheit eines die Beihilfeneigenschaft ausschließenden Ausschreibungsverfahrens hat der EuGH ähnliche Kriterien entwickelt wie oben für das Vergaberecht dargestellt.[54]

C. Die Diskussion über das Verhältnis von Vergabe- und Beihilfenrecht

I. Der Meinungsstand

Teilweise wird vertreten, Vergabe- und Beihilfenrecht ergänzten sich gegenseitig. In beiden Bereichen spiele neben dem speziellen Sekundärrecht auch das primäre Gemeinschaftsrecht eine entscheidende Rolle. An letzterem zu messen seien zum Beispiel Verhaltensweisen der Auftraggeber und Unternehmen vor Einleitung oder nach Abschluss eines Vergabeverfahrens. Gewähre der Auftraggeber dem Auftragnehmer ohne Gegenleistung einen höheren Preis, so sei das im Lichte des Beihilfenverbotes zu prüfen.[55] Problematisch sei aber, ob ein Sachverhalt (eine Auftragsvergabe), der im Einklang mit den europäischen Vergaberechtsvorschriften abgewickelt wurde, in der Vertragsdurchführung noch anhand der beihilfenrechtlichen Vorgaben beurteilt werden dürfe.[56]

Nach einer Ansicht in der Literatur ist die Anwendung der Beihilfevorschriften auf öffentliche Aufträge, die im Rahmen eines vergaberechtlichen Verfahrens ausgeschrieben wurden, ausgeschlossen. Für vergaberechtskonforme Auftragsvergaben könne das Tatbestandsmerkmal des Vorteils in Art. 107 Abs. 1 AEUV niemals erfüllt sein. Die Erteilung des Zuschlags an das wirtschaftlichste Angebot stelle sicher, dass ein marktgerechter Preis für die Leistung ge-

52 Koenig/Kühling, NVwZ 2003, 780, 783.

53 Vgl. hierzu Spaak-Bericht, abgedruckt in: Schwarz, Der Aufbau Europas, S. 277, 278.

54 Vgl. hierzu Koenig/Kühling, NVwZ 2003, 780, 783.

55 Vgl. Egger, Europäisches Vergaberecht, Rn. 109.

56 Egger, Europäisches Vergaberecht, Rn. 109.

zahlt werde. Entscheidend sei nämlich nur der durch die Ausschreibung konstituierte Beschaffungsmarkt. Zu diesem gehörten als Wettbewerber nur diejenigen Unternehmen, die die in der Ausschreibung enthaltene Leistung zu den in der Ausschreibung festgelegten Bedingungen erbringen könnten. Für vergaberechtswidrige Auftragsvergabe sei ein Rückgriff auf das Beihilfenrecht nicht notwendig. Das Vergaberecht selbst biete ein Regime, das zur Herstellung freien Wettbewerbs ausreiche.[57] Inhaltlich gewährleisteten die Bestimmungen des europäischen Vergaberechts, dass auf dem relevanten Markt, dem Beschaffungsmarkt, der Leistungsaustausch unter Wettbewerbsbedingungen stattfinde, die eine Ungleichbehandlung der auf diesem Markt in Konkurrenz stehenden Unternehmen ausschlössen. Das Vergaberecht biete auch ausreichenden Rechtsschutz für diejenigen Bieter, die den Auftrag durch Verstoß gegen die vergaberechtlichen Vorschriften nicht erhalten haben. – In beihilfenrechtlichem Vokabular sind dies die Konkurrenten des Begünstigten. – Das Vergaberecht sehe nämlich das Nachprüfungsverfahren vor, in dem sich die unterlegenen Bieter gegen die wettbewerbswidrige Bevorzugung eines Bieters wehren können. Darüber hinaus stehe auf europäischer Ebene das Vertragsverletzungsverfahren zur Verfügung, das der Kommission ermögliche, eine rückwirkende Beseitigung des Verstoßes, also die Rückabwicklung der Auftragsvergabe zu erreichen.[58]

Auch *Burgi* lehnt eine Prüfpflicht für das Beihilfenrecht im Rahmen des Vergabeverfahrens ab. Es gebe keinen Anhaltspunkt für eine solche Verpflichtung im Gesetz (außer § 25a Nr. 2 VOL/A und VOL/B). Der Wettbewerbsgrundsatz allein könne aber wegen der Gesetzesbindung der Verwaltung nicht zu einer Prüfung verpflichten, da er als Prinzip nur Auslegungsdirektive sei, der einen Anknüpfungspunkt im Gesetz benötige.[59]

Aus beihilfenrechtlicher Sicht erscheint es höchst problematisch, ob die Abgrenzung so pauschal erfolgen kann. Ziel des Beihilfenrechts ist es ja, zur Herstellung des Binnenmarkts jegliche Bevorzugung einzelner Unternehmen zu verhindern. Dabei stellt sich zunächst die Frage, ob durch das Durchführen eines Vergabeverfahrens wirklich die marktgerechte Gegenleistung ermittelt wird, die diese Bevorzugung und Begünstigung entfallen lässt. Darüber hinaus müssen zur Verwirklichung dieses Ziels auch diejenigen Vorteile berücksichtigt werden, die für den Auftragnehmer auf anderen Märkten als dem in Frage stehenden Beschaffungsmarkt entstehen. Hiermit stehen viele Einzelfragen im Zusammenhang, die im Laufe dieser Arbeit erörter werden. Zunächst muss für diesen Aspekt nämlich die Frage beantwortet werden, ob jede Ausschreibung eines öffent-

---

57 Fischer, VergabeR 2004, 1, 3, 9.

58 Fischer, VergabeR 2004, 1, 8.

59 Burgi, NZBau 2008, 29, 33f.

lichen Auftrags einen eigenen Markt begründet. Darüber hinaus besteht das Problem, dass das Vergabeverfahren jedenfalls nur für einen Markt einen marktgerechten Preis ermitteln kann. Vorteile auf anderen Märkten (im Kartellrecht als Spill-Over-Effekte bezeichnet[60]) können nicht verhindert werden.

Die Diskrepanz zwischen den Literaturmeinungen erklärt sich aus einer unterschiedlichen Ansicht der Autoren schon in den strukturellen Grundlagen. Während *Egger* ausdrücklich das europäische Primärrecht auch als Ergänzung des Sekundär- und des innerstaatlichen Rechts dort sieht, wo kein Anknüpfungspunkt im Gesetz existiert[61], legt *Burgi* dar, dass Rechtsprinzipien immer einen Anknüpfungspunkt im Gesetz brauchen[62]. Für *Egger* gehören zum Primärrecht auch die allgemeinen Grundsätze (allgemeines Diskriminierungsverbot) und wohl auch die aus den Grundfreiheiten abgeleiteten Grundsätze (z.B. Transparenzgebot).[63]

Auch die Kommission scheint nicht davon auszugehen, dass es eine allgemeine Abgrenzungsmöglichkeit des Anwendungsbereiches von Beihilfe- und Vergaberecht gibt. Sie stellte schon in ihrem XXIX. Wettbewerbsbericht aus dem Jahr 1999[64] fest, dass „auch die Bedingungen, unter denen staatliche Unternehmen Dienstleistungsaufträge an auf dem Markt operierende abhängige Unternehmen vergeben, eine staatliche Beihilfe darstellen [können].“ Die Entscheidung, die damit gemeint ist, erging im Fall *Sécuripost*[65]. Die französische Post führte den Transport ihrer Gelder und Wertsachen bis 1987 mittels ihrer eigenen Dienststellen durch. Im Jahr 1986 beschloss sie, eine Reihe ihrer Tätigkeiten durch Einschaltung kommerzieller Gesellschaften auszuüben. Demgemäß wurde die Société holding des filiales de la Poste (Sofipost) gegründet, die zu 99 % vom französischen Staat kontrolliert wurde. Sofipost gründete dann die Gesellschaft Sécuripost, die sie zu 99,92 % kontrollierte. Der Zweck dieser Gesellschaft war die Übernahme von Sicherheitswerttransporten und von Aufgaben der damit zusammen hängenden Bewachung, des Schutzes und der Überwachung. Die Post ordnete mehr als 220 Beamten an Sécuripost ab. Mit privatrechtlicher Vereinbarung übertrug die Post die zuvor von ihr selbst erledigten Aufgaben in den genannten Bereichen an Sécuripost. Das Unternehmen sollte seinen Kunden- und Tätigkeitskreis in der Folgezeit ausweiten. Zwischen dem Minister für Post und Telekommunikation und der Sécuripost wurde ein Rahmenvertrag geschlossen. In den Jahren 1987 bis 1989 gewährte Sofipost der

---

60 Mestmäcker/Schweitzer, Europäisches Wettbewerbsrecht, § 24 Rn. 74.

61 Egger, Europäisches Vergaberecht, Rn. 106.

62 Burgi, NZBau 2008, 29, 33.

63 Egger, Europäisches Vergaberecht, Rn. 103.

64 XXIX. Bericht über die Wettbewerbspolitik (1999), SEK(2000) 720 endg., Tz. 233.

65 Kommission, Entscheidung vom 31.12.1993, Staatliche Beihilfen C 24/96 – Sécuripost.

Sécuripost zwei Vorschussdarlehen und nahm eine Erhöhung des Kapitals von Sécuripost vor. 1989 stellten mehrere französische Unternehmen und Unternehmensvereinigungen bei der Kommission zwei Anträge auf Einleitung eines Verfahrens nach den Art.n 92 und 93 EG-Vertrag (jetzt: Art. 107, 108 AEUV). Die Kommission hatte in ihrer daraufhin ergangenen Entscheidung festgestellt, dass diese Maßnahmen keine Beihilfen im Sinne des Art. 107 Abs. 1 AEUV darstellten.[66] Diese Entscheidung wurde vom EuG für nichtig erklärt, da sich aus der Begründung der Kommission nicht klar ergeben habe, dass die beanstandeten Maßnahmen keinen einseitigen Vorteil gewähren.[67] Die Begründung der Kommission erschöpfte sich nämlich in wesentlichen Teilen in der Feststellung, dass die von der Post bzw. dem Staatsunternehmen Sofipost vorgenommenen Maßnahmen auch ein privater Unternehmer vorgenommen hätte, um einer neu gegründeten Tochtergesellschaft zum Markteintritt zu verhelfen.[68] Aus der Darstellung des Falles ergibt sich, dass hieraus trotz der Formulierung im XXIX. Wettbewerbsbericht keinerlei Rückschlüsse auf die Bewertung des Verhältnisses von Beihilfe- und Vergaberecht durch Kommission und europäische Gerichte gezogen werden können. Ob es sich bei der Aufgabenübertragung um einen öffentlichen Auftrag im Sinne der Vergaberichtlinien handelte und ob Sofipost überhaupt öffentlicher Auftraggeber war, wurde nämlich nicht behandelt. Die Untersuchung der Kommission beschränkte sich auf die beihilfenrechtlichen Aspekte des Falles, da die Wettbewerber von Securipost nur diesbezüglich Beschwerden eingereicht und eine Untersuchung gefordert hatten. Die europäischen Gerichte beschränkten ihre Prüfung wiederum auf die rechtlichen Anforderungen an eine Kommissionsentscheidung, die zur Nichtigkeit führen kann, also auf die ausreichende Begründung und ordnungsgemäße Prüfung der Beihilfeneigenschaft der Maßnahme durch die Kommission. Lediglich daraus, dass die Kommission hier überhaupt eine beihilfenrechtliche Prüfung vorgenommen hat, obwohl die Anwendbarkeit des Vergaberechts in Betracht gekommen wäre, könnte ein Hinweis darauf entnommen werden, dass die Kommission entweder das Beihilfenrecht für vorrangig vor dem Vergaberecht oder jedenfalls für daneben anwendbar erachtet. Allerdings liegt der Grund hierfür wohl viel eher in der Tatsache, dass Beihilfe- und Vergaberecht in zwei unterschiedlichen Generaldirektionen[69] angesiedelt sind, so dass bei Eingang einer Beschwerde eines

66 Kommission, Entscheidung vom 31.12.1993, Staatliche Beihilfen C 24/96 – Sécuripost.

67 EuG, Urt. v. 28.09.1995, Rs. T-95/94, Slg. 1995, S. II-2651 – Sytraval; bestätigt durch EuGH, Urt. v. 02.04.1998, Rs. C-367/95 P, Slg. 1991, S. I-1719 – Sytraval II.

68 EuG, Urt. v. 28.09.1995, Rs. T-95/94, Slg. 1995, S. II-2651 Rn. 13 – Sytraval.

69 Während das Beihilfenrecht zur Zuständigkeit der Generaldirektion Wettbewerb gehört, ist für die Überwachung der Einhaltung des europäischen Vergaberechts die Generaldirektion Binnenmarkt zuständig.

Wettbewerbers einfach das Beihilfenrecht geprüft wird, ohne dass eine Koordinierung mit den Experten des Vergaberechts stattfindet.

Einige Literaturstimmen halten das Beihilfenverbot für vergaberechtlich bedeutsam, wenn Vergabemaßnahmen Elemente einer staatlichen Beihilfe aufweisen.[70] *Egger* ist der Ansicht, das Beihilfenrecht lege für die Vergabegesetzgeber wie für den einzelnen Auftraggeber über bloße Schranken hinausgehende Verpflichtungen fest. Als solche stuft er die Notifizierungs- und die Stillhaltepflicht ein.[71] Da das Beihilfenverbot im Geltungsbereich der Vergaberichtlinien anwendbar bleibe, seien die damit verbundenen Vorgaben selbst in den unter die Richtlinien fallenden Vergabeverfahren zu beachten. Die Durchführung eines richtlinienkonformen Vergabeverfahrens lege zwar die Zahlung des Marktpreises und damit das Fehlen einer Begünstigung nahe, schließe jedoch die Anwendung des Beihilfenrechts nicht aus.[72] Er leitet dabei die Verpflichtungen für Auftraggeber unmittelbar aus den allgemeinen Rechtsgrundsätzen, insbesondere dem Allgemeinen Gleichheitssatz, her.[73] Obwohl der Anwendungsbereich des Vergaberechts eröffnet ist, sei daher eine beihilfenrechtliche Prüfung möglich und notwendig.

Einige Stimmen in der Literatur interpretieren die Rechtsprechung der europäischen Gerichte und die Praxis der Kommission dahingehend, dass jeweils das Rechtsgebiet angewendet wird, das die strengeren Maßstäbe für das mitgliedstaatliche Handeln aufstellt.[74]

Hierbei ist zu betonen, dass für ein Ineinandergreifen des Beihilfe- und Vergaberechts auf Rechtschutzebene die Beihilfeneigenschaft der Auftragsvergabe zu klären ist. Es genügt nicht, darauf zu verweisen, dass eine Rechtfertigung gemäß Art. 107 Abs. 2 oder 3 AEUV vorliegen könne, denn die Notifizierungspflicht greift gemäß Art. 108 Abs. 3 S. 1 AEUV schon dann, wenn es sich bei einer Zuwendung um eine Beihilfe im Sinne des Art. 107 Abs. 1 AEUV handelt. Sollte die Notifizierungspflicht anwendbar sein, greifen Beihilfen- und Vergaberecht auf Rechtsschutzebene ineinander. Der Verstoß gegen das Beihilfenrecht könnte dann im vergaberechtlichen Nachprüfungsverfahren geltend gemacht werden (gemäß § 104 II GWB: „[...] sonstige Ansprüche gegen öffentliche Auftraggeber, die auf die Vornahme oder das Unterlassen einer Handlung

70 Egger, Europäisches Vergaberecht, 2008, Rn. 194.

71 Egger, Europäisches Vergaberecht, Rn. 144, 146, 241.

72 Egger, Europäisches Vergaberecht, Rn. 144, 146, 241; a. A. Fischer, VergabeR 2004, 1ff.

73 Egger, Europäisches Vergaberecht, Rn. 146.

74 Bartosch, 39 CMLR (2002), 551, 576, der aber aufgrund der neueren Rechtsprechung die Durchsetzung dieses Ansatzes doch für zweifelhaft hält.

im Vergabeverfahren gerichtet sind [...]").[75] Ein sonstiger Anspruch in diesem Sinne ist nach *Zeiss* aus dem Durchführungsverbot des Art. 108 Abs. 3 AEUV abzuleiten. Danach dürfe eine beihilfenverdächtige Vergünstigung nicht gewährt werden, bevor die Europäische Kommission eine abschließende Entscheidung getroffen hat. Dem Durchführungsverbot kommt nach der Rechtsprechung des EuGH auch eine subjektive, konkurrentenschützende Wirkung zu.[76] Diesem Ansatz ist schon unabhängig von der Frage, ob die Beihilfevorschriften überhaupt im Vergaberechtsschutz berücksichtigt werden, ein gewichtiges Argument entgegen zu setzen. Die Notifizierungspflicht wird nämlich nicht schon durch einen Beihilfeverdacht ausgelöst, sondern nur, wenn es sich bei der Maßnahme tatsächlich um eine Beihilfe handelt.

II. Überlegungen nach den Grundsätzen der Normenkonkurrenz

Zur Betrachtung des Verhältnisses von Beihilfenrecht und Vergaberecht nach den Grundsätzen über die Normenkonkurrenz ist die europarechtliche Dogmatik heranzuziehen.[77] Die Europäischen Gemeinschaften sind eine Internationale Organisation eigener Art mit einem erhöhten Integrationsgrad. Nach der Rechtsprechung des EuGH handelt es sich daher bei dem europäischen Primär- und Sekundärrecht um eine autonome Rechtsordnung.[78] Die europäischen Gerichte haben gemäß Art. 19 Abs. 1 EUV die Aufgabe, die Wahrung des Rechts bei der Auslegung und Anwendung des Vertrages zu sichern. Es hat sich inzwischen eine gefestigte Rechtsprechung zu den im Gemeinschaftsrecht geltenden Auslegungsgrundsätzen entwickelt.[79] Hiernach werden zwar auch die aus dem deut-

75 Zeiss, EWS 2003, 114, 120.

76 EuGH, Urt. v. 11.12.1973, Rs. 120/73, Slg. 1973, 1471, 1483 – Lorenz/Deutschland; EuGH, Urt. v. 21.11.1991, Rs. C-354/90, Slg. 1991, S. I-5505, Rn. 11ff. – FNCE; Nowak, EuZW 2001, 293, 299.

77 Daher überzeugt es nicht, wenn Lipka, Beihilfenrechtliche Anforderungen an Vergabeverfahren, S. 186 zur Begründung der Spezialität auf die deutsche Dogmatik zur Normenkonkurrenz zurückgreift. Zu den notwendigen Unterschieden der Auslegung des innerstaatlichen und des EU-Rechts vgl. Everling, RabelsZ 50 (1986), 193ff.

78 EuGH, Rs. 6/64, Slg. 1964, 1251 – Costa/E. N. E. L.; Urt. v. 17.12.1970, Rs. 11/70, Slg. 1970, S. 1125, Rn. 3 – Internationale Handelsgesellschaft.

79 EuGH, Urt. v. 06.10.1982, Rs. C-283/81, Slg. 1982, S. 3415 Rn. 17ff. – CILFIT; EuGH, Urt. v. 28.10.1999, Rs. C-6/98, Slg. 1999, S. I-7599 Rn. 24ff. – ARD m.w.N.; Urt. v. 19.11.1991, verb. Rs. C-6/90 und C-9/90, Slg. 1991, S. I-5357 Rn. 32f. – Francovich.

schen Recht bekannten Auslegungsmethoden verwendet[80], sie bedürfen aber wegen der Eigentümlichkeiten des Gemeinschaftsrechts einer deutlich anderen Gewichtung.[81] Dem Wortlaut kann schon aufgrund der Vielsprachigkeit und der Gleichrangigkeit verschiedener Sprachfassungen nur eingeschränkte Bedeutung zukommen.[82] Häufig sind divergierende Bezeichnungen in unterschiedlichen Sprachfassungen nicht nur Übersetzungsfehler, sondern resultieren aus einer bewusst den Anwendungsbereich der Gemeinschaftsnorm einengende Begriffswahl in der Abschlussredaktion einzelner Mitgliedstaaten.[83] Im Rahmen der Wortlautauslegung müssen diese Sonderfälle erkannt und als solche gewertet werden. Wegen der vielen verschiedenen Interessen der Mitgliedstaaten und der Gemeinschaftsorgane im Verlauf der Rechtsetzung kann auch ein einheitlicher Wille des Gesetzgebers nur schwer ermittelt werden.[84] Daher kommt der historischen Auslegung im Gemeinschaftsrecht noch weniger Bedeutung zu als im deutschen Recht. Der EuGH zieht den Willen des Gesetzgebers jedenfalls als Auslegungshilfe zur Findung der Bedeutung einer Vorschrift heran.[85] Die größte Rolle spielen die systematische Auslegung anhand der Ziele der Verträge[86] und die teleologische Auslegung, vorwiegend orientiert am „effet utile“[87]. Hiernach soll eine Auslegung gefunden werden, die den Normcharakter des Gemeinschaftsrechts ernst nimmt und die mit einer Vorschrift verfolgten Ziele möglichst effektiv verwirklichen kann.[88] Darüber hinaus gibt es einen zusätzlichen Aspekt, der bei der Auslegung innerstaatlicher Rechtsvorschriften keine Rolle

80 EuGH, Urt. v. 17.07.1997, Slg. 1997, S. I-4617 Rn. 15ff. – Badische Erfrischungsgetränke.

81 Calliess/Ruffert/Wegener, EGV Art. 220 Rn. 12.

82 EuGH, Urt. v. 06.10.1982, Rs. C-283/81, Slg. 1982, S. 3415 Rn. 18 – CILFIT; Urt. v. 12.11.1998, Rs. C-149/97, Slg. 1998, S. I-7053 Rn. 14ff. – Institute of the Motor Industry.

83 Vgl. hierzu EuGH, Urt. v. 05.12.1967, Rs. 19/67, Slg. 1967, S. 462, 473 – Van der Vecht; Urt. v. 06.10.1982, Rs. 283/81, Slg. 1982, S. 3415, Rn. 18 – CILFIT; Urt. v. 17.07.1997, Rs. C-219/95 P, Slg. 1997, S. I-4411 Rn. 12 ff. – Ferriere Nord.

84 Calliess/Ruffert/Wegener, EGV Art. 230 Rn. 13.

85 EuGH, Urt. v. 04.04.1974, Rs. 167/73, Slg. 1974, 359 Rn. 27/28 – Komm/Frankreich; Urt. v. 07.07.1981, Rs. 158/80, Slg. 1981, 1805 Rn. 21ff. – Rewe; Urt. v. 06.10.1981, Rs. 246/80, Slg. 1981, 2311 Rn. 23 – Broekmeulen.

86 Calliess/Ruffert/Wegener, EGV Art. 230 Rn. 13; kritisch Hailbronner, NJW 2004, 2185.

87 EuGH, Urt. v. 19.11.1991, verb. Rs. C-6/90 und C-9/90, Slg. 1991, S. I-5357 Rn. 32f. – Francovich; Urt. v. 06.10.1970, Rs. 9/70, Slg. 1970, S. 825 Rn. 5 – Leberpfennig.

88 EuGH, Urt. v. 14.12.1962, verb. Rs. 2/62 und 3/62, Slg. 1962, 867, 881 – Lebkuchen; Urt. v. 25.01.1977, Rs. 46/76, Slg. 1977, S. 5 Rn. 16/19 – Bauhuis; kritisch dazu BVerfGE 89, 155, 210 (Maastricht); Grabitz/Hilf/Pernice/Mayer, Art. 220 Rn. 46.

spielt. Durch die gegenseitige Einwirkung der Rechtsordnungen der Mitgliedstaaten aufeinander und deren Wechselwirkung mit dem Gemeinschaftsrecht spielt die Rechtsvergleichung eine besondere Rolle bei der Auslegung des Gemeinschaftsrechts.[89] Der EuGH spricht hierbei von den allgemeinen Rechtsgrundsätzen[90], die allen Mitgliedstaaten gemeinsam sind. Unter anderem daraus hat er z. B. die gemeinschaftsrechtlichen Grundrechte hergeleitet.[91]

Daher können nicht einfach die Grundsätze der deutschen Dogmatik zur Feststellung der Normenkonkurrenz angewandt werden, wonach eine Spezialität zwischen zwei Normen dann vorliegt, wenn sich Tatbestand und Rechtsfolgen der Normen decken und eine von ihnen erschöpfend ist.[92] Vielmehr ist anhand der vom EuGH entwickelten Auslegungsmethoden das Konkurrenzverhältnis von Vergabe- und Beihilfenrecht festzustellen. Dabei sind die Ziele der jeweiligen Normen zu berücksichtigen. Das deutsche Vergaberecht hat einen über die bloße Herstellung von fairem Wettbewerb hinausgehenden Zweck, nämlich die sparsame Haushaltsführung sicher zu stellen. Auch auf europäischer Ebende findet der Gedanke des sparsamen Einsatzes von Steuermitteln in den Überlegungen zur Weiterentwicklung des Wettbewerbsrechts Beachtung, sogar im Rahmen des Beihilfenrechts. So führte die Wettbewerbskommissarin Neelie Kroes in einer Rede zum „State Aid Action Plan" der Kommission im Jahre 2005 aus, dass das Beihilfenrecht den Mitgliedstaaten helfen solle, das Geld ihrer Steuerzahler möglichst effektiv einzusetzen.[93] Der genaue Zweck beider Rechtsgebiete wird im Laufe dieser Arbeit im Rahmen der Herleitung der gemeinsamen Auslegungsansätze genauer untersucht werden.

---

89 Vgl. hierzu Calliess/Ruffert/Wegener EGV Art. 230 Rn. 16; Grabitz/Hilf/Pernice/Mayer, Art. 220 Rn. 14; Bleckmann/Pieper, in: Dauses (Hrsg.), Hdb. EU-WirtschaftsR, B. I. Rn. 60ff.; von der Groeben/Schwarze/Gaitanides, EG Art. 220 Rn. 21ff.; von einer fünften Auslegungsmethode spricht in diesem Zusammenhang Häberle, JZ 1989, 913, 916f.

90 EuGH, Urt. v. 12.07.1957, verb. Rs. 7/56 u. 3/57 bis 7/57, Slg. 1957, S. 85, 115ff. – Algera; Urt. v. 22.03.1961, Rs. 42/59 und 49/59, Slg. 1961, S. 111, 173 – S.N.U.P.A.T.; Urt. v. 17.12.1970, Rs. 11/70, Slg. 1970, S. 1125, Rn. 4 – Internationale Handelsgesellschaft; Urt. v. 21.09.1989, verb. Rs. 46/87 und 227/88, Slg. 1989, S. 2859 Rn. 19 – Hoechst.

91 EuGH, Urt. v. 12.11.1969, Rs. 29/69, Slg. 1969, S. 419 Rn. 7 – Stauder; Urt. v. 14.05.1974, Rs. 4/73, Slg. 1974, S. 491 – Brennstoff-Direktbezug.

92 Larenz, Methodenlehre der Rechtswissenschaft, S. 267f.

93 Neelie Kroes, The State Aid Action Plan – Delivering Less and Better Targeted Aid,, Rede auf dem UK Presidency Seminar on State Aid, 14. Juli 2005, SPEECH/05/440: „[T]he state aid rules should help Member States get the best value for money for their taxpayers, and make sure that scarce state resources are used where they can have most impact."

Wenn *Lipka* in seiner Darstellung der Entwicklung des europäischen Beihilfenrechts darauf verweist, dass das europäische Vergaberecht von Anbeginn an einer grundfreiheitlichen Sichtweise, nicht einer wettbewerbsrechtlichen unterlag[94], so mag das formal einleuchten. Er verkennt hierbei jedoch, dass schon wegen des Grundkonzeptes der europäischen Gemeinschaften auch der grundfreiheitliche Ansatz ein wettbewerbsrechtlicher ist.[95] Denn Ziel der Grundfreiheiten ist die Herstellung des Binnenmarktes. Der Binnenmarkt ist nach Art. 3 Abs. 1 lit. c) EG „durch die Beseitigung der Hindernisse für den freien Waren-, Personen-, Dienstleistungs- und Kapitalverkehr zwischen den Mitgliedstaaten gekennzeichnet".[96]

Nach *Koenig/Kühling*[97] führen Verstöße gegen den vergaberechtlichen Wettbewerbsgrundsatz regelmäßig dazu, dass es zu Überkompensationen im Leistungs-Gegenleistungs-Verhältnis kommt und demnach das Tatbestandsmerkmal der Begünstigung vorliegt. Dies sei etwa der Fall, wenn der Zuschlag an ein überhöhtes Angebot erfolge, weil die Bieter zuvor unzulässige Preisabsprachen getroffen haben. In dieser Konstellation werde kein unverfälschter Markt zur Ermittlung des angemessenen Preises für die vom Bieter erbrachte Gegenleistung begründet, so dass in der Regel eine Begünstigung des den Zuschlag erlangenden Bieters anzunehmen sei. Dabei bleibt aber unberücksichtigt, dass die Absprache der Bieter untereinander kein vom Vergaberecht erfasstes Problem ist.[98] Auch kann der öffentlichen Hand kein Vorwurf gemacht werden, gegen den Wettbewerbsgrundsatz zu verstoßen, wenn die Bieter sich untereinander absprechen. Zwar mag das Ergebnis des Vergabeverfahrens in diesen Fällen nicht dem Erfordernis entsprechen, dem objektiv wirtschaftlichsten Angebot den Zuschlag erteilt zu haben. Möglicherweise muss dieses Erfordernis in den Richtlinien aber so ausgelegt werden, dass der Zuschlag dem wirtschaftlichsten Angebot erteilt werden muss, das im Verfahren vorgelegen hat.

Wallerath schlägt eine Abgrenzung nach dem eigentlichen Gegenstand der jeweiligen Handlung vor.[99] Er unterscheidet zwei Ebenen staatlichen Handelns,

---

94 Lipka, Beihilfenrechtliche Anforderungen an Vergabeverfahren, S. 28.

95 Vgl. hierzu unten Hauptteil A. I. 3.

96 Die Norm findet keine Entsprechung mehr in den Verträgen zur Gründung der Europäischen Union und über die Arbeitsweise der Europäischen Union. Das Verständnis vom Binnenmarkt ist aber auch nach In Kraft Treten des Vertrags von Lissabon gleich geblieben.

97 Koenig/Kühling, NVwZ 2003, 780, 785.

98 Hierbei handelt es sich vielmehr um ein wettbewerbsverfälschendes Verhalten der Anbieterseite, das vom Wettbewerbsverbot der Art. 101, 102 AEUV erfasst wird, vgl. hierzu Egger, Europäisches Vergaberecht, Rn. 100; Kulartz/Kus/Portz/Bauer, § 97 Rn. 14.

99 Wallerath, Öffentliche Bedarfsdeckung und Verfassungsrecht, S. 29.

nämlich diejenige der Erfüllung der staatlichen Primäraufgaben und diejenige der Bedarfsdeckung, die Mittel zur Erfüllung der Primäraufgaben ist.[100] Die öffentliche Bedarfsdeckung umfasse daher ausschließlich die Deckung des Bedarfs an Waren und Dienstleistungen, der beim Staat selbst zur Befriedigung eigener oder fremder Bedürfnisse im Rahmen der Erfüllung eigener staatlicher Aufgaben entstehe.[101] Er weist auf die Besonderheit der öffentlichen Bedarfsdeckung hin, dass oftmals mit ihr auch beschaffungsfremde Aufgaben wahrgenommen würden und führt als Beispiel die Realförderung des Auftragnehmers an. Eine solche Realförderung liegt vor, wenn durch das Rechtsgeschäft zwar ein Bedarf der öffentlichen Hand gedeckt, gleichzeitig aber eine staatliche Primäraufgabe wahrgenommen wird. Diese gleichzeitige Wahrnehmung einer staatlichen Primäraufgabe stehe aber der Einordnung als Bedarfsdeckungsgeschäft nicht entgegen. Erst wenn es sich um eine lediglich formelle Einkleidung einer reinen Fördermaßnahme (und damit um eine staatliche Primäraufgabe) handele, ohne dass das Ergebnis der Verwaltung selbst durch eigene Weiterverwertung zugute komme, sondern als besondere, mit der Zuwendung austauschbare Form der Erfüllung staatlicher (externer) Aufgaben eingesetzt werde, sei die Grenze der Bedarfsdeckung erreicht.[102]

III. Zusammenfassung

In der Literatur wird das Verhältnis von Beihilfen- und Vergaberecht unter Heranziehung verschiedener Aspekte diskutiert. Die dabei angestrebte, generelle Abgrenzung beider Rechtsgebiete überzeugt aber nicht. Vielmehr sind Beihilfen- und Vergaberecht grundsätzlich nebeneinander anwendbar. Dies folgt schon daraus, dass die Ziele der beiden Normenkomplexe nicht vollständig übereinstimmen. Allerdings sollen sowohl das Beihilfen- als auch das Vergaberecht die Aufrechterhaltung des wirksamen Wettbewerbs sicherstellen, wie im Folgenden zu zeigen ist. Um Widersprüche in der Anwendung des europäischen Wettbewerbsrechts zu vermeiden, ist daher eine einheitliche Auslegung beider Normenkomplexe erforderlich.

100 Wallerath, Öffentliche Bedarfsdeckung und Verfassungsrecht, S. 23.
101 Wallerath, Öffentliche Bedarfsdeckung und Verfassungsrecht, S. 23f.
102 Wallerath, Öffentliche Bedarfsdeckung und Verfassungsrecht, S. 29.

Untersuchung der Schnittstellen

A. Das Verhältnis von Beihilfe- und Vergaberecht zu anderen Vorschriften

Zur dogmatischen Herleitung der einheitlichen Auslegung des Beihilfen- und Vergaberechts im Kontext des europäischen Wettbewerbsrechts muss auch das Verhältnis beider Rechtsgebiete zu anderen Wettbewerbsvorschriften des Europarechts beleuchtet werden.

I. Das Verhältnis des Beihilfenrechts zu den Grundfreiheiten

1. Literatur

Hier wird vielfach vertreten, dass – jedenfalls bei der Anwendung der beihilfenrechtlichen Vorschriften auf Vergabevorgänge – das Beihilfenrecht von den Grundfreiheiten verdrängt werde.[103]

Teilweise wird aber auch von einem Spezialitätsverhältnis dergestalt ausgegangen, dass das Beihilfenrecht die Grundfreiheiten verdränge.[104] Als Argument wird zunächst die Zuständigkeitsverteilung innerhalb der EU angeführt. Die Prüfung des Art. 107 Abs. 1 AEUV ist in einem besonderen Verfahren nach Art. 108 AEUV geregelt, der der Kommission bei der Beurteilung der Vereinbarkeit einer Beihilfe mit dem gemeinsamen Markt einen großen Entscheidungsspielraum gewährt. Dieser würde umgangen, wenn Art. 34 AEUV Vorrang vor Art. 107 Abs. 1 AEUV hätte.[105]

Darüber hinaus fänden auch die in den Regeln über die Beihilfenaufsicht enthaltenen materiell-rechtlichen Vorgaben – insbesondere die Ausnahmeregelung in Art. 107 Abs. 3 AEUV – bei einem Anwendungsvorrang des Art. 34

---

103 Mestmäcker/Schweitzer, Europäisches Wirtschaftsrecht, § 42 Rn. 23 Benedict, Sekundärzwecke, S. 262; Götz, in: Dauses, Hdb. EG-WirtschaftsR, H. III. Rn. 41; Byok/Jaeger/Hailbronner, § 97 Rn. 184.

104 Calliess/Ruffert/Cremer, EGV Art. 87 Rn. 64, Grabitz/Hilf/Leible, Art. 28 EG Rn. 49; König/Kühling/Ritter, EG-Beihilfenrecht, Rn. 58f; Cremer, EuR 1996, 225, 236; Ehlers, JZ 1992, 198, 200; Pünder, NZBau 2003, 530, 535f.; differezierter: von der Groeben/Schwarze/Müller-Graff, Art. 28 EG Rn. 342, der eine gleichzeitige Anwendung für zulässig hält, wenn hierdurch Art. 87 Abs. 2, 3 AEUV nicht unterlaufen werde.

105 Ehlers, JZ 1992, 198, 200.

keine Berücksichtigung. Art. 36 AEUV sowie die zwingenden Erfordernisse im Sinne der Cassis-Rechtsprechung erlaubten jedenfalls keine Rechtfertigung von einfuhrbeschränkenden Maßnahmen aus wirtschaftlichen Gründen, während Art. 107 Abs. 3 AEUV gerade Beihilfen auch aufgrund (z. B. regionaler oder branchenspezifischer) wirtschaftspolitischer Gesichtspunkte rechtfertige.[106] Die Anwendung der Warenverkehrsfreiheit würde die Funktionen der verschiedenen Institute vermischen. Außerdem werde die ökonomische Wirklichkeit missachtet. Beihilfen sollten ihrer Definition gemäß dazu beitragen, eine wirtschaftliche Einheit herzustellen.[107]

Art. 107ff. AEUV werden vielfach auch als von den Grundfreiheiten abweichende Regelung verstanden, deren Anwendungsbereich die davon erfassten Sachverhalte aus dem Anwendungsbereich der Grundfreiheiten nachträglich ausschneide.[108] Dabei vertritt aber niemand die Ansicht, bei Eingreifen der Beihilfevorschriften seien die Grundfreiheiten von vornherein für den gesamten Sachverhalt ausgeschlossen.[109] So differenziert *Pünder* etwa danach, ob es um die Zulässigkeit einer Beihilfe als solche oder um die Ausgestaltung der konkreten Gewährung geht. Letztere sei an den Grundfreiheiten zu messen, da Art. 107ff. AEUV hierfür keine Regelungen enthalten.[110] Demgemäß richte sich die Frage, ob die Förderung politischer Zwecke durch begünstigende Auftragsvergaben mit dem Gemeinsamen Markt vereinbar sei, ausschließlich nach den Beihilferegelungen. Dagegen müsse das Wie der Förderung, etwa der Ausschluss von Unternehmen anderer Mitgliedstaaten von der Auftragsvergabe, dem Maßstab der Grundfreiheiten gerecht werden.[111]

Eine andere Differenzierung schlägt *Lipka* vor. Er will eine Spezialität des Beihilfenrechts immer dann annehmen, wenn eine Verletzung der Grundfreiheiten ausschließlich daraus resultiert, dass der innergemeinschaftliche Wettbewerb als Folge der Stärkung der Wettbewerbskraft des Begünstigten verzerrt und daher der innergemeinschaftliche Handel beeinträchtigt wird. Der Tatbestand des Beihilfenverbots sei auf diese Fälle genau zugeschnitten. Die speziellen Beihilfevorschriften klärten abschließend, ob und inwieweit ein Mitgliedstaat den Wettbewerb durch die Begünstigung einzelner Wettbewerber verzerren und den

---

106 Calliess/Ruffert/Cremer, EGV Art. 87 Rn. 64; Ehlers, JZ 1992, 198, 200.

107 Cremer, EuR 1996, 225, 231.; Flynn, 12 E.L.Rev. (1987), 124, 136.

108 Bleckmann/Pieper, in: Dauses, Handb EU-WirtschR, B. I. Rn. 33; Pünder, NZBau 2003, 530, 536.

109 Andere Interpretation der Literatur: Lipka, Beihilferechtliche Anforderungen an Vergabeverfahren, S. 186.

110 Pünder, NZBau 2003, 530, 536.

111 Pünder, NZBau 2003, 530, 536.

innergemeinschaftlichen Handel beeinträchtigen darf.[112] Bei Handelsbeeinträchtigungen hingegen, die aus einer staatlich verursachten Diskriminierung von Waren und Dienstleistungen aus anderen Mitgliedstaaten resultierten, seien die Grundfreiheiten spezieller und genössen dadurch einen Anwendungsvorrang. Denn die Diskriminierung von Waren oder Dienstleistungen sei der Beihilfengewährung als solcher nicht schon tatbestandlich immanent, es sei lediglich möglich, eine Beihilfengewährung entsprechend zu gestalten, um einen zusätzlichen handelsbeeinträchtigenden Effekt zu erzielen.[113]

Als Argument für die Notwendigkeit der Anwendung nur eines der beiden Rechtsgebiete wird häufig die Verfahrensregelung des Art. 108 Abs. 3 AEUV angeführt.[114] Sind die Beihilfevorschriften einschlägig, so ist die staatliche Maßnahme nach dieser Vorschrift bei der Kommission anzumelden. Wird die Anmeldung versäumt und hinterher stellt sich heraus, dass es sich um eine Beihilfe gehandelt hat, so ist die Gewährung der Beihilfe für den nicht notifizierten Zeitraum rechtswidrig und muss unter Umständen zurückgefordert werden.[115] Finden hingegen allein die Grundfreiheiten Anwendung, so wird ein Verstoß hiergegen von den europäischen Gerichten festgestellt. Die Urteile der europäischen Gerichte wirken aber nur in die Zukunft, nicht in die Vergangenheit. Folge eines Verstoßes eines Mitgliedstaates gegen die Grundfreiheiten ist ein Schadensersatzanspruch des Konkurrenten aus Staatshaftung.

Darüber hinaus wird vielfach die Kompetenzverteilung zwischen nationalen Gerichten und Gemeinschaftsgerichten als Argument ins Feld geführt.[116]

Cremer sieht das Beihilfenverbot und das Verbot tarifärer Handelshemmnisse (wozu er auch die Warenverkehrsfreiheit zählt) als „zwei Seiten einer Medaille"[117]. Beide verbotenen staatlichen Maßnahmen könnten zur Abwehr von Konkurrenz aus anderen Mitgliedstaaten eingesetzt werden.[118] Andererseits habe die gemeinschaftsrechtliche Beurteilung der nach Art. 107 Abs. 1 grundsätzlich unerwünschten staatlichen Beihilfen bei der Auslegung der Ausnahmebestimmungen des Art. 107 Abs. 2 und 3 AEUV auch die in Art. 3 Abs. 3 EUV postulierten Ziele, insbesondere die harmonische, ausgewogene und nachhaltige Entwick-

112 Lipka, Beihilferechtliche Anforderungen an Vergabeverfahren, S. 186.

113 Lipka, Beihilferechtliche Anforderungen an Vergabeverfahren, S. 187.

114 Lipka, Beihilferechtliche Anforderungen an Vergabeverfahren, S. 180.

115 Vgl. hierzu ausführlich unten Hauptteil H. I.

116 Cremer, EuR 1996, 225, 227.

117 Callies/Ruffert/Cremer, EGV Art. 87 Rn. 4, unter Rn. 64 spricht er dann aber von einem Anwendungsvorrang der Beihilfenaufsichtsregeln.

118 Vgl. hierzu auch Koenig/Kühling, EuZW 1999, 517f.

lung des Wirtschaftslebens sowie den wirtschaftlichen und sozialen Zusammenhalt zu berücksichtigen.[119]

2. Die Rechtsprechung

Der EuGH hat sich mit dem Verhältnis des Beihilfenrechts zu den Grundfreiheiten in mehreren Urteilen auseinandergesetzt.

a) Die EuGH-Entscheidung Iannelli[120]

Das erste Urteil des EuGH hierzu erging im Fall *Iannelli.*

Drei Feststellungen aus diesem Urteil werden häufig herangezogen[121], um die Spezialität des Beihilfenrechts im Verhältnis zu den Grundfreiheiten zu begründen: Zum einen stellte der EuGH fest, dass Beihilfen im Sinne der Art. 92 und 93 EG (heute: Art. 107, 108 AEUV) als solche nicht dem Anwendungsbereich der Warenverkehrsfreiheit unterlägen. Zweitens müssten die Anwendungsbereiche der Grundfreiheiten und speziellerer Vertragsvorschriften gegeneinander abgegrenzt werden, da sich aus ihnen unterschiedliche Rechtsfolgen ergeben könnten.[122] Drittens könnten Modalitäten einer Beihilfe, die zur Erreichung des Beihilfenzwecks oder zur ihrem Funktionieren nicht erforderlich seien, durchaus wegen eines Verstoßes gegen Art. 30 EG (heute: Art. 34 AEUV) mit den Bestimmungen des Vertrages unvereinbar sein.[123]

Das Urteil wird vielfach als Grundsatzentscheidung des EuGH für die Spezialität der Beihilfevorschriften interpretiert, die jedoch keine Vorgaben hinsichtlich der Abgrenzungskriterien biete.[124] Teilweise wird die nach dieser Rechtsprechung des EuGH vom einzelstaatlichen Gericht geforderte Grenzziehung zwischen der Beihilfengewährung immanenter Bevorzugung eines (u.U. inländischen) Unternehmens und darüber hinausgehender Diskriminierung oder Maßnahme gleicher Wirkung als Erforderlichkeitsprüfung und damit als vereinfachte Verhältnismäßigkeitskontrolle angesehen.[125]

---

119 Vgl. hierzu auch Kommission, 9. Bericht über staatliche Beihilfen, 2001, KOM (2001) 403 endg., Ziff. 1 ff.

120 EuGH, Urt. v. 22.03.1977, Rs. 74/76, Slg. 1977, S. 557 Rn. 9/10 – Iannelli.

121 Calliess/Ruffert/Cremer, EGV Art. 87 Rn. 64; Mestmäcker/Schweitzer, Europäisches Wettbewerbsrecht, § 42 Rn. 22.

122 EuGH, Urt. v. 22.03.1977, Rs. 74/76, Slg. 1977, S. 557 Rn. 9/10 – Iannelli.

123 EuGH, Urt. v. 22.03.1977, Rs. 74/76, Slg. 1977, S. 557 Ls – Iannelli.

124 Lipka, Beihilferechtliche Anforderungen an Vergabeverfahren, S. 181; Benedict, Sekundärzwecke im Vergabeverfahren, S. 253.

125 Benedict, Sekundärzwecke im Vergabeverfahren, S. 253.

Schon die Annahme, der EuGH habe in dem Urteil eine Verältnismäßigkeitsprüfung dahingehend vorgegeben, dass eine Ausländerdiskriminierung, die von den Grundfreiheiten erfasst wird, dann vorliegen kann, wenn diese Diskriminierung zur Erreichung des Beihilfenzwecks nicht unbedingt erforderlich ist, führt zu dem logischen Schluss, dass die Beihilfevorschriften die Grundfreiheiten nicht verdrängen, sondern vielmehr eine Konkretisierung der Rechtfertigungsgründe des Art. 36 AEUV sind. So spricht *Benedict* z. B. davon, dass es nur im Falle der Erforderlichkeit der Diskriminierung zur Erreichung des Beihilfenzwecks gerechtfertigt sei, die Regelung vom Verbot des heutigen Art. 34 AEUV auszunehmen.[126] Es stellt sich dann die Frage, warum diese Prüfung der Tatbestandsebene des Art. 34 AEUV vorgelagert werden soll. Vielmehr stellt die Beihilfengewährung, die zu einer Erschwerung der Marktteilnahme für ausländische Konkurrenten führt, eine mengenmäßige Beschränkung oder Maßnahme gleicher Wirkung im Sinne des Art. 34 AEUV dar.[127] Sie ist dann aber gemäß Art. 36 AEUV oder der Cassis-de-Dijon-Rechtsprechung gerechtfertigt, wenn sie erforderlich ist, um eines der in diesem Zusammenhang gebilligten Ziele zu erreichen.[128]

Bei einer genauen Analyse der Entscheidung wird auch klar, dass der EuGH hierin keineswegs ein strenges Spezialitätsverhältnis festgestellt hat. Darüber hinaus werden die Entscheidungsparameter dafür, wann die Grundfreiheiten neben dem Beihilfenrecht anwendbar sind, durchaus in dem Urteil vorgegeben. Es ging nämlich genau genommen um zwei staatliche Maßnahmen. Zum einen gab es in Italien eine Behörde (den ENNC), die auf im Inland produzierte und eingeführte Zellstoffwaren eine bestimmte Gebühr erhob. Die Bemessungsgrundlage für die Abgabe war allerdings für in Italien produzierte und importierte Zellstoffprodukte unterschiedlich. Aus diesen Gebühren wurde dann wiederum eine Subvention finanziert, die insbesondere Presseverlagen beim Erwerb von Papier gewährt wurde, wenn das gekaufte Papier in Italien produziert oder vom ENNC mit Erhebung der Gebühr importiert wurde. Direktimporte der Zeitungsverlage wurden nicht subventioniert. Im Ausgangsrechtsstreit wurde vor dem nationalen Gericht geltend gemacht, die Auswahl der Subventionsempfänger verstoße gegen Art. 34 AEUV (damals Art. 30 EGV), die unterschiedliche Höhe der Abga-

126 Benedict, Sekundärzwecke im Vergabeverfahren, S. 253.

127 EuGH, Urt. v. 05.06.1986, Rs. 103/84, Slg. 1986, S. 1759, Rn. 19ff. – Kommission/Italien; Urt. v. 07.05.1985, Rs. 18/84, Slg. 1985, S. 1339, Rn. 13 ff. – Steuerbegünstigung für die Presse; Urt. v. EuGH 24.11.1982, Slg. 1982, 4005, Rn. 16 ff. – Buy Irish; Mestmäcker/Schweitzer, Europäisches Wettbewerbsrecht, § 42 Rn. 21.

128 So auch Flynn, 12 E.L.Rev. (1987), 124, 133.

be für inländische und ausländische Zellstoffprodukte verstoße gegen Art. 110 AEUV (damals Art. 95 EGV).[129]

Der EuGH hatte in diesem Vorlageverfahren drei Fragen zu beantworten. Die erste vom nationalen Gericht aufgeworfene Frage ging dahin, ob das oben beschriebene Beihilfensystem gegen Art. 34 AEUV verstoße, weil aus den Mitgliedstaaten direkt importierte Zellstoffprodukte nicht subventioniert wurden. Das nationale Gericht wollte weiter wissen, ob eine solche Rechtswidrigkeit der Verteilung der Subventionen auch die Rechtswidrigkeit der Erhebung der Gebühren durch den ENNC nach sich zöge. Es wird also danach gefragt, ob die Gebührenerhebung für aus den EU-Mitgliedstaaten eingeführte Zellstoffprodukte gemeinschaftsrechtswidrig sei, weil sie zur Finanzierung einer gemeinschaftsrechtswidrigen Tätigkeit bestimmt sei.[130]

Aus dieser Logik der gestellten Fragen ergibt sich auch die Reihenfolge und Auswahl der behandelten juristischen Probleme. Der EuGH wurde zunächst überhaupt nur nach einer Vereinbarkeit der Subventionierung mit den Grundfreiheiten gefragt. Vermutlich hätte er sich auch nur damit auseinander gesetzt, wenn nicht im Zeitpunkt der mündlichen Verhandlung schon ein Verfahren der Kommission nach dem damaligen Art. 92 Abs. 2 EGV stattgefunden und auf Aufforderung der Kommission Italien das System umgestaltet hätte. So stand ein Verstoß der Subventionierung gegen die gemeinschaftsrechtlichen Beihilfevorschriften schon fest. Der EuGH führt aus, dass auf solche Beeinträchtigungen, die von anderen spezifischen Vertragsvorschriften erfasst seien, die Grundfreiheiten keine Anwendung finden könnten, weil die Rechtsfolgen, die sich aus der Anwendung oder einer etwaigen Verletzung dieser unterschiedlichen Vorschriften ergäben, nach deren besonderem Gegenstand im Rahmen der Gesamtziele des Vertrages zu bestimmen seien und daher unterschiedlicher Art sein könnten.[131] Deshalb sei es notwendig, die jeweiligen Anwendungsbereiche dieser Bestimmungen voneinander zu unterscheiden, sofern nicht ein Fall vorliegt, für den gleichzeitig zwei oder mehr Vorschriften des Gemeinschaftsrechts in Betracht kommen.[132] Schon hier macht der EuGH also deutlich, dass es durchaus Fälle geben kann, für die mehrere Vorschriften des Gemeinschaftsrechts einschlägig sind. Gleich im Anschluß daran führt der EuGH allerdings aus:

> „Demnach unterliegen die in Art. 95 [heute: Art. 110 AEUV] des Vertrages bezeichneten Beeinträchtigungen fiskalischer Art [...] nicht dem Verbot des Art. 30. Wenn ein System staatlicher oder aus staatlichen Mitteln gespeister Beihilfen ledig-

129 EuGH, Urt. v. 22.03.1977, Rs. 74/76, Slg. 1977, S. 557 Rn. 4 – Iannelli.
130 EuGH, Urt. v. 22.03.1977, Rs. 74/76, Slg. 1977, S. 557 Rn. 6 – Iannelli.
131 EuGH, Urt. v. 22.03.1977, Rs. 74/76, Slg. 1977, S. 557 Rn. 9f. – Iannelli.
132 EuGH, Urt. v. 22.03.1977, Rs. 74/76, Slg. 1977, S. 557 Rn. 9f. – Iannelli.

lich infolge der Begünstigung bestimmter einheimischer Unternehmen oder Produkte geeignet ist, die Einfuhr ähnlicher oder konkurrierender Erzeugnisse aus den übrigen Mitgliedstaaten zumindest mittelbar zu beeinträchtigen, so genügt dieser Umstand für sich allein genommen gleichfalls nicht, um eine Beihilfe als solche einer Maßnahme mit gleicher Wirkung wie eine mengenmäßige Beschränkung im Sinne von Art. 30 EGV [heute: Art. 34 AEUV] gleichzustellen.[133]"

Der EuGH geht also nicht davon aus, dass jeder diskriminierende Aspekt einer Beihilfengewährung dazu führt, dass die Handelsbeeinträchtigung über das einer Beihilfe immanente Maß hinausgehe und damit die Anwendbarkeit der Grundfreiheiten auslöse. Dem Tatbestandsmerkmal „bestimmte Unternehmen" des Art. 107 Abs. 1 AEUV wohnt eine Diskriminierung schon zwingend inne. Ob diese dann ausschließlich zwischen inländischen Unternehmen stattfindet, oder auch Unternehmen aus anderen Mitgliedstaaten betroffen sind, spielt demnach keine Rolle. Der EuGH führt zwar in der Folge aus, dass Modalitäten einer Beihilfe, die zur Erreichung ihres Zwecks oder zu ihrem Funktionieren nicht unerlässlich sind, durchaus an den Grundfreiheiten gemessen werden können.[134] Bei solchen Modalitäten handelt es sich aber bei genauer Betrachtung um eine von der Beihilfengewährung verschiedene Maßnahme, die dann auch anderen Vorschriften unterliegen kann. Der EuGH hat nicht entschieden, ob es sich bei dem Verteilungsmodus der für Zellstoffprodukte gewährten Subventionen um eine solche Modalität handelt. Dieses obliege nämlich wiederum dem nationalen Gericht.[135] Der EuGH begründet die Notwendigkeit einer Abgrenzung der Anwendbarkeit von Beihilfenrecht und Grundfreiheiten mit der durch den Vertrag über die Arbeitsweise der Europäischen Union vorgegebenen Entscheidung, dass Verstöße gegen das Beihilfenverbot von der Kommission festgestellt werden und vom EuGH überprüft werden sollen.[136]

Diese Rechtsprechung widerspricht nicht der Annahme, die Beihilfevorschriften stellten eine Konkretisierung der Grundfreiheiten, insbesondere ihrer Rechtfertigungsmöglichkeiten dar. Wenn der EuGH feststellt, dass eine von der Kommission bereits als mit dem gemeinsamen Markt vereinbar erklärte Beihilfe nicht auch noch anhand der Grundfreiheiten geprüft werden dürfe, so bedeutet dies nur, dass die Bewertung im System der Grundfreiheiten nicht zu einem anderen Ergebnis kommen darf. Dieses Ergebnis wird jedenfalls dadurch erreicht, dass eine Maßnahme, die eine zulässige Beihilfe darstellt als nach Art. 36 AEUV gerechtfertigt eingestuft werden muss, wenn sie überhaupt eine mengenmäßige Beschränkung oder eine Maßnahme gleicher Wirkung darstellt.

133 EuGH, Urt. v. 22.03.1977, Rs. 74/76, Slg. 1977, S. 557 Rn. 9f. – Iannelli.
134 EuGH, Urt. v. 22.03.1977, Rs. 74/76, Slg. 1977, S. 557 Rn. 14 – Iannelli
135 EuGH, Urt. v. 22.03.1977, Rs. 74/76, Slg. 1977, S. 557 Rn. 15 – Iannelli
136 EuGH, Urt. v. 22.03.1977, Rs. 74/76, Slg. 1977, S. 557 Rn. 11f. – Iannelli

b) Urteil Buy Irish[137]

In diesem Vertragsverletzungsverfahren hatte der EuGH zu entscheiden, ob eine vom irischen Staat iniziierte und finanzierte Werbekampagne zur Förderung des Konsums irischer Produkte durch den Verbraucher gegen die Warenverkehrsfreiheit verstieß. Die irische Regierung hatte in dem Verfahren vorgebracht, dass die Warenverkehrsfreiheit gar nicht anwendbar sei, da es sich um eine Beihilfengewährung gehandelt habe, die nur an den spezielleren Beihilfevorschriften zu messen sei. Der EuGH unterschied in seinem Urteil zwischen der Finanzierung der Kampagne und der Durchführung der Kampagne. Letztere könne Gegenstand einer Prüfung der Warenverkehrsfreiheit sein, auch wenn die Finanzierung der Kampagne eine Beihilfe darstellen sollte.[138]

In der Literatur wurde hieraus teilweise eine erneute Anwendung des Grundsatzes der abtrennbaren Modalität aus dem Iannelli-Urteil gelesen.[139] Dem ist nur eingeschränkt zuzustimmen. Zwar unterscheidet der EuGH zunächst zwischen der Durchführung der Kampagne und der Finanzierung. Dies liegt allerdings nur daran, dass die Irische Regierung den Beihilfencharakter der Maßnahme nur für die Finanzierung der Maßnahme vorgetragen hat. Der EuGH prüft also nur die von den Parteien vorgetragenen Einwände. In konsequenter Anwendung der aus dem Ianelli-Urteil abgelesenen Grundsätze hätte er aber weiter prüfen müssen, ob die Durchführung der Kampagne nicht erforderlich war, um den Beihilfenzweck zu erreichen. Dies hat er nicht getan.[140] Vielmehr scheint der EuGH davon auszugehen, dass es sich bei der Durchführung der Werbekampagne um eine völlig selbständige Maßnahme handelt und nicht um eine Modalität der Beihilfengewährung. Möglicherweise hielt der EuGH aber auch die Beihilfevorschriften schon deshalb nicht für anwendbar, weil die irische Regierung die Finanzierung der Kampagne nicht als Beihilfe notifiziert hat. Dies ist natürlich kein Kriterium der Beihilfeneigenschaft einer Maßnahme. Wenn dem Urteil überhaupt Stellungnahmen zum Verhältnis zwischen Beihilfenrecht und Grundfreiheiten zu entnehmen sind, dann eher solche gegen ein Spezialitätsverhältnis. Der EuGH zieht nämlich die Finanzierung und die Planung der Kampagne als Anknüpfungspunkte heran, um die Zurechnung des Verstoßes gegen die Warenverkehrsfreiheit an die Irische Regierung zu begründen. Damit ist die Finanzierung doch Teil des Verstoßes gegen die Warenverkehrsfreiheit. Insgesamt ist allerdings zu berücksichtigen, dass es sich um ein

137 EuGH, Urt. v. 24.11.1982, Rs. C-249/81, Slg. 1982, S. 4005 – Buy Irish.

138 EuGH, Urt. v. 24.11.1982, Rs. C-249/81, Slg. 1982, S. 4005 Rn. 18 – Buy Irish.

139 Benedict, Sekundärzwecke, S. 255.

140 EuGH, Urt. v. 24.11.1982, Rs. C-249/81, Slg. 1982, S. 4005 Rn. 18 – Buy Irish.

sehr frühes Urteil handelt, das innerhalb einer sehr jungen Rechtsordnung erging. Damit lässt sich die eher grobe Prüfung erklären.

c) Urteil Auslandsdruck[141]

In diesem Vertragsverletzungsverfahren hatte der EuGH zu entscheiden, ob eine Steuervergünstigung nur für Zeitungsverleger, die ihre Presseerzeugnisse im Inland drucken, ein Verstoß gegen die Warenverkehrsfreiheit ist.[142] Die französische Regierung, gegen die die Klage gerichtet war, trug vor, dass die Beschränkung der Steuerermäßigung auf im Inland gedruckte Presseerzeugnisse, falls es sich dabei um eine Beihilfe handele, nicht als Modalität von der Subvention getrennt werden könne. Daher dürfe dann die gesamte Maßnahme nicht anhand der Warenverkehrsfreiheit beurteilt werden, weil diese von den spezielleren Beihilfevorschriften verdrängt werde.[143] Der EuGH prüfte hier allerdings nicht die Beihilfeneigenschaft der Steuerermäßigung, um sich danach mit dem Verhältnis der Beihilfevorschriften zu den Grundfreiheiten auseinander zu setzen. Er stellte vielmehr nur fest, dass der Umstand, dass eine einzelstaatliche Maßnahme möglicherweise als Beihilfe betrachtet werden könne, keinen hinreichenden Grund dafür darstelle, die Maßnahme vom Anwendungsbereich der Warenverkehrsfreiheit auszunehmen.[144] Denn die Beihilfevorschriften dürften keinesfalls dazu dienen, die Vorschriften der europäischen Verträge über den Freien Warenverkehr außer Kraft zu setzen.[145] Diese Aussage wiederholte der EuGH in der Folge in seiner Rechtsprechung mehrfach.[146]

Hieraus wird in der Literatur vielfach der Schluss gezogen, dass der EuGH ein Eingreifen der Warenverkehrsfreiheit neben den Beihilfevorschriften für den Fall anerkannt habe, dass die Beihilfeneigenschaft der fraglichen Maßnahme nicht eindeutig sei.[147] Daran ist zu kritisieren, dass die dogmatische Frage des Vorrangs einer Norm nicht danach entschieden werden darf, welche Rechtsfragen im Einzelfall bereits entschieden oder noch offen sind.[148] Vielmehr wäre der Beihilfecharakter einer Maßnahme in solchen Fällen vom Gericht zu entscheiden. Wegen der Besonderheit des Vorabentscheidungsverfahrens fällt die

---

141 EuGH, Urt. v. 07.05.1985, Rs. 18/84, Slg. 1985, S. 1339 – Auslandsdruck.

142 EuGH, Urt. v. 07.05.1985, Rs. 18/84, Slg. 1985, S. 1339 Rn. 2, 3 – Auslandsdruck.

143 EuGH, Urt. v. 07.05.1985, Rs. 18/84, Slg. 1985, S. 1339 Rn. 10 – Auslandsdruck.

144 EuGH, Urt. v. 07.05.1985, Rs. 18/84, Slg. 1985, S. 1339 Rn. 13 – Auslandsdruck.

145 EuGH, Urt. v. 07.05.1985, Rs. 18/84, Slg. 1985, S. 1339 Rn. 13 – Auslandsdruck.

146 EuGH, Urt. v. 05.06.1986, Rs. 103/84, Slg. 1986, S. 1759 Rn. 19 – Elektrofahrzeuge; Urt. v. 20.03.1990, Rs. 21/88, Slg. 1990, S. I-889 Rn. 19 – Du Pont de Nemours.

147 Von der Groeben/Schwarze/Müller-Graff, Art. 28 EG Rn. 344; Benedict, Sekundärzwecke im Vergabeverfahren, S. 260.

148 So wohl auch Benedict, Sekundärzwecke im Vergabeverfahren, S. 260.

Kompetenz hierfür allerdings dem nationalen Gericht zu. Wenn die Rechtsprechung des EuGH als Umgehung der Spezialität der Beihilfevorschriften kritisiert wird[149], so kann dem nicht zugestimmt werden. Denn die Rechtsprechung dient ja dazu, überhaupt festzustellen, ob es eine solche Spezialität gibt.

d) Urteil Du Pont De Nemours

Der EuGH betont in diesem Urteil, dass die Beihilfevorschriften keinesfalls dazu dienen könne, die Vorschriften des EWG-Vertrages über den freien Warenverkehr außer Kraft zu setzen oder ihnen ihre Wirkung zu nehmen.[150] Andererseits führt er aus, dass nationale Maßnahmen nicht allein deshalb von den Vorschriften der Warenverkehrsfreiheit befreit seien, weil sie möglicherweise eine Beihilfe darstellten. Hierin wird teilweise ein Widerspruch gesehen.[151] Zur Begründung dieser Ansicht wird ausgeführt, der EuGH hätte nicht darauf abgestellt, dass die Maßnahme „möglicherweise" eine Beihilfe darstelle, wenn er die gleichzeitige Anwendbarkeit von Warenverkehrsfreiheit und Beihilfevorschriften hätte anordnen wollen. Dann hätte er nämlich darauf abstellen können, dass die Beihilfeneigenschaft die Anwendbarkeit der Warenverkehrsfreiheit nicht ausschließe.[152] Dem ist nicht zuzustimmen. Vielmehr sind beide Stellen im Gesamtzusammenhang des Urteils zu betrachten. Das Argument des EuGH, dass die Art. 107ff. AEUV nicht zu einer Umgehung der Vorgaben der Grundfreiheiten führen dürfen, ist die Begründung dafür, dass die Beihilfeneigenschaft ihre Anwendung nicht ausschließt. In der zu entscheidenden Vorlagefrage war die Beihilfeneigenschaft der Maßnahme aber nicht klar. Daher musste sich die Antwort des EuGH auch auf den Fall der nicht eindeutigen Beihilfe beziehen. Daraus folgt aber nicht, dass die Grundsätze nicht auch im Fall einer eindeutigen Beihilfe gelten. Vielmehr greift dieses Argument auch im Falle der eindeutigen Beihilfeneigenschaft. Der EuGH stellt dies selbst klar, indem er ganz am Ende der rechtlichen Würdigung ausführt, dass die Beihilfeneigenschaft hier dahingestellt bleiben könne, da die Qualifikation der nationalen Regelung als Beihilfe nicht bewirken würde, dass diese Regelung vom Verbot der mengenmäßigen Beschränkung ausgenommen wäre.[153] Es zeigt auch, dass der EuGH nicht der Logik der oben (A. I. 1.) dargestellten Literaturansicht folgt. Diese leitet das Er-

---

149 Benedict, Sekundärzwecke im Vergabeverfahren, S. 261.

150 EuGH, Urt. v. 20.03.1990, Rs. 21/88, Slg. 1990, S. I-889 Rn. 19 – Du Pont de Nemours.

151 Tietjen, Die Europäische Beihilfekontrolle im Vergaberecht und bei der Privatisierung, S. 87; Cremer, EuR 1996, 225, 230.

152 Tietjen, Die Europäische Beihilfekontrolle im Vergaberecht und bei der Privatisierung, S. 88.

153 EuGH, Urt. v. Urt. v. 20.03.1990, Rs. 21/88, Slg. 1990, S. I-889 Rn. 21 – Du Pont de Nemours.

fordernis der Spezialität der Beihilfevorschriften daraus her, dass die Rechtfertigung eines Verstoßes gegen die Warenverkehrsfreiheit strengere Anforderungen stellt als die Rechtfertigung einer Beihilfe gemäß Art. 107 Abs. 2, 3 AEUV. Die Ausführungen des EuGH lassen nun aber Zweifel an der Richtigkeit dieser Herleitung aufkommen. Vielmehr scheint der EuGH auch davon auszugehen, dass die Rechtfertigungsmöglichkeiten für eine staatliche Beihilfe eine Konkretisierung der in Art. 36 AEUV und durch die Cassis de Dijon-Rechtsprechung entwickelten Rechtfertigungsgründe ist. Nur so kann der Schluss gezogen werden, dass die Beihilfevorschriften nicht dazu führen dürfen, dass den Vorgaben der Warenverkehrsfreiheit ihre Wirkung genommen wird.

e) Urteil Deutschland/Kommission[154]

In dieser Entscheidung betonte der EuGH, dass nach der ständigen Rechtsprechung des Gerichtshofs aus der Systematik des Vertrages folge, dass das Verfahren des Art. 108 AEUV niemals zu einem Ergebnis führen dürfe, das zu den besonderen Vorschriften des Vertrages im Widerspruch stehe. Daher könne eine staatliche Beihilfe, die wegen ihrer Modalitäten gegen andere Bestimmungen des Vertrages verstoße, nicht von der Kommission als mit dem gemeinsamen Markt vereinbar erklärt werden.[155] Hier macht der EuGH also noch deutlicher, was schon aus dem Urteil Du Pont de Nemours herauszulesen war.

f) Urteil PreussenElektra

Das Urteil PreussenElektra beschäftigt sich mit der gemeinschaftsrechtlichen Zulässigkeit der deutschen gesetzlichen Regelung zur Einspeisepflicht und Vergütung von Strom aus erneuerbaren Energien. Der EuGH verneinte hier die Beihilfeneigenschaft der Maßnahme mangels Finanzierung aus staatlichen Mitteln.[156] Im Anschluss prüfte er die Verletzung von Art. 34 AEUV und kommt zu dem Ergebnis, dass die Maßnahme unter Berücksichtigung des im Elektrizitätsbereich existierenden Sekundärrechts keine Beschränkung der Warenverkehrsfreiheit darstelle.[157] Hieraus kann der Schluss gezogen werden, der EuGH nehme nunmehr eine Idealkonkurrenz zwischen Grundfreiheiten und Beihilfenrecht

154 EuGH, Urt. v. 19.09.2000, Rs. C-156/98. Slg. 2000, S. I-6857 – Deutschland/Kommission.

155 EuGH, Urt. v. 19.09.2000, Rs. C-156/98. Slg. 2000, S. I-6857 Rn. 78 – Deutschland/Kommission.

156 EuGH, C-379/98, Slg. 2001, I-2099, Rn. 54 ff. – PreussenElektra.

157 EuGH, C-379/98, Slg. 2001, I-2099, 68 ff. – PreussenElektra.

an.[158] Da aber die Beihilfeneigenschaft vor der Prüfung der Warenverkehrsfreiheit verneint wurde, kann das Urteil nicht ganz so eindeutig ausgelegt werden. Der EuGH verliert hier kein Wort zum Verhältnis von Beihilfen- und Vergaberecht. Eine eindeutige Aussage für eine Idealkonkurrenz hätte das Urteil nur dann geboten, wenn trotz der Bejahung der Beihilfeneigenschaft die Warenverkehrsfreiheit geprüft worden wäre. Der Auslegung zu Gunsten der Idealkonkurrenz ist allerdings zuzugeben, dass der EuGH jedenfalls nicht festgestellt hat, dass er die Warenverkehrsfreiheit nur prüfe, weil die Beihilfevorschriften nicht einschlägig seien.

3. Stellungnahme

Die Beurteilung des Verhältnisses von Beihilfenrecht und Grundfreiheiten soll hier auf das echte Konkurrenzverhältnis beschränkt werden. Es sind also nur die Fälle zu betrachten, in denen Grundfreiheiten und Beihilfenrecht die gleiche staatliche Handlung erfassen. Dafür sind Ausführungen wie z. B. im Urteil Auslandsdruck nicht weiterführend, da dieses wie oben dargstellt genau genommen zwei staatliche Maßnahmen betraf.

Das vielfach vorgebrachte Argument, die ausschließliche Prüfungskompetenz der Kommission hinsichtlich der Beihilfevorschriften mache eine Abgrenzung der Anwendungsbereiche von Beihilfenrecht und Grundfreiheiten notwendig, überzeugt nicht. Vielmehr ist es umgekehrt. Die Vorschriften der Art. 34 AEUV und Art. 107 Abs. 1 AEUV unterscheiden sich hinsichtlich ihrer Rechtsfolgen. Der größte Unterschied liegt darin, dass bei der Anwendung des Art. 107 AEUV der Kommission ein weiter Ermessenspielraum gelassen wird[159], während Art. 34 AEUV unmittelbare Wirkung entfaltet und seine Anwendung vollständig vom EuGH überprüft werden kann.[160] Daher müssen beide Regelsysteme nebeneinander angewendet werden[161], um beide Rechtsschutz- und Prüfungsmöglichkeiten nebeneinander aufrecht zu erhalten.

a) Gesetzeskonkurrenzen in der Dogmatik des Gemeinschaftsrechts

Ob hier mit den Regeln über Gesetzeskonkurrenz aus der deutschen Rechtsdogmatik verfahren werden kann, ist nicht von vornherein als selbstverständlich

---

158 Ehlers, JZ 1992, 198, 200 schon zu EuGH, Urt. v. 20.03.1990, Rs. C-21/88, Slg. 1990, S. I-889 – Mezzogiorno und EuGH, Urt. v. 07.05.1985, Rs. 18/84, Slg. 1985, S. 1339 – Auslandsdruck.

159 Vgl. hierzu Bartosch, 39 CMLR (2003), 551, 552.

160 Vgl. nur EuGH, Urt. v. 22.03.1977, Rs. 74/76, Slg. 1977, S. 557 Rn. 8 – Iannelli.

161 So schon EuGH, Urt. 13.03.1979, Rs. C-91/78, Slg. 1979, S. 935 Rn. 9 – Hansen zum Verhältnis der Beihilfevorschriften zum damaligen Art. 37 EG.

hinzunehmen.[162] Vielmehr ist das Gemeinschaftsrecht eine unabhängige Rechtsordnung eigener Art[163], für die der EuGH auch hinsichtlich der Gesetzeskonkurrenz eigene Vorschriften entwickelt hat.

So setzt der EuGH schon in seinen frühen Urteilen voraus, dass Regelungen des Sekundärrechts vor den Bestimmungen des Vertrages, die sie konkretisieren, Vorrang haben.[164] Andererseits ist das Primärrecht Rechtmäßigkeitsmaßstab des Sekundärrechts, woraus die Pflicht zur primärrechtskonformen Auslegung folgt.[165] Also kann das speziellere Sekundärrecht das Primärrecht nicht ohne weiteres verdrängen.

Ein ausdrückliches Spezialitätsverhältnis nimmt der EuGH zwischen den speziellen und den allgemeinen Diskriminierungsverboten an.[166] Daraus folgt zum einen, dass das allgemeine Diskriminierungsverbot des Art. 18 AEUV autonom nur in durch das Gemeinschaftsrecht geregelten Fällen angewendet werden kann, für die der Vertrag keine besondere Regel der Nichtdiskriminierung vorsieht.[167] Demnach gehen die Grundfreiheiten dem allgemeinen Verbot der Diskriminierung aufgrund der Staatsangehörigkeit vor.[168]

Zum anderen folgt daraus, dass die den Einzelnen schützenden speziellen Diskriminierungsverbote der Art. 25, 31, 72, 90 und 294 AEUV die Grundfreiheiten verdrängen.[169]

Zu berücksichtigen ist hierbei aber, dass es sich bei allen diesen Vorschriften um solche handelt, die die Diskriminierung aufgrund der Staatsangehörigkeit verbieten. Bei dem Beihilfenverbot des Art. 107 AEUV handelt es sich nicht um ein solches Diskriminierungsverbot. Hierin ist jede ungleiche Vorteilsgewährung an einzelne Unternehmen verboten, unabhängig davon, ob es sich um in-

---

162 So aber Lipka, Beihilferechtliche Anforderungen an Vergabeverfahren, S. 186.

163 EuGH, Urt. v. 15.07.1964, Rs. 6/64, Slg. 1964, S. 1253, 1270 – Costa/ENEL.

164 EuGH, Urt. v. 20.02.1979, Rs. 120/78, Slg. 1979, S. 649 Rn. 8 – Cassis de Dijon; v. Bogdandy, JZ 2001, 157, 166.

165 EuGH, Urt. v. 13.12.1983, Rs. 218/82, Slg. 1983, S. 4063 Rn. 15 – Kommission/Rat; Urt. v. 25.11.1986, verb. Rs. 201/85 und 202/85, Slg. 1986, S. 3477 Rn. 21 – Klensch; Urt. v. 21.03.1991, Rs. C-314/89, Slg. 1991, S. I-1647 Rn. 17 – Rauh; Urt. v. 01.04.2004, Rs. C-1/02, Slg. 2004, S. I-3219 Rn. 30 – Borgmann; Calliess/Ruffert//Ruffert, EGV Art. 249 Rn. 14f.

166 EuGH, Urt. v. 29.02.1996, Rs. C-193/94, Slg. 1996, S. I-929 – Skanavi & Chryssanthakopoulos; Ehlers, in: ders., EuGR, § 7 I 6 Rn. 12.

167 EuGH, Urt. v. 29.02.1996, Rs. C-193/94, Slg. 1996, S. I-929 Rn. 20 – Skanavi & Chryssanthakopoulos; Urt. v. 17.04.1994, Rs. 18/93, Slg. 1994, S. I-1783 Rn. 19 – Corsica Ferries; Urt. v. 10.12.1991, Rs. C-179/90, Slg. 1991, S. I-5889 Rn. 11 – Merci convenzionali porto di Genova SpA/Siderurgica Gabrielli SpA.

168 EuGH, Urt. v. 17.04.1994, Rs. 18/93, Slg. 1994, S. I-1783 Rn. 20 – Corsica Ferries.

169 Ehlers, in: ders., EuGR § 7 I 6 Rn. 12.

ländische oder solche aus dem EU-Ausland handelt. Solche Vorschriften, die eine Ungleichbehandlung aus anderen Kriterien als der Staatsangehörigkeit verbieten, haben einen anderen Regelungsgehalt als die Grundfreiheiten und treten daher neben diese.[170]

In diesem Zusammenhang hat die Kommission in ihrer Mitteilung hinsichtlich des Entwurfs eines zweiten Gesetzes zur Änderung des Filmförderungsgesetzes[171] und ihrem XXII. Wettbewerbsbericht[172] eine bermerkenswerte Aussage über das Verhältnis des Beihilfenrechts zu Art. 18 AEUV gemacht. Sie geht davon aus, dass jede staatliche Maßnahme, die mit den Beihilferegeln unvereinbar ist, auch gegen Art. 18 AEUV verstößt, es sei denn, die Beihilfe wird hinsichtlich der mitgliedstaatlichen Herkunft des Empfängers unterschiedslos gewährt. Eine territoriale Begrenzung der Beihilfengewährung verstoße hingegen nicht gegen Art. 18 AEUV, denn sie sei der Beihilfe ja gerade immanent. Es müsse vielmehr ein zusätzlicher Diskriminierungsfaktor hinzutreten.[173] Diese Äußerung lässt den Schluss zu, dass Beihilfenverbot und Art. 18 AEUV grundsätzlich nebeneinander stehen. Dies ist ein weiteres Argument dafür, dass die Beihilfevorschriften nicht die Grundfreiheiten im Wege der Spazialität verdrängen, da Art. 18 AEUV, wie oben dargestellt, seinerseits durch die spezielleren Grundfreiheiten verdrängt wird.

Eine weitere Aussage des EuGH zum Spezialitätsverhältnis betrifft die Kooperationspflicht der Mitgliedstaaten gemäß Art. 4 Abs. 3 EUV. Hierzu stellte der EuGH fest, dass eine Vorschrift, die so allgemein gefasst ist wie Art. 4 Abs. 3 EUV, nicht selbständig anwendbar ist, wenn die betreffende Fallgestaltung durch spezifische Vorschriften des Vertrags geregelt ist.[174]

b) Ziele des Vertrages über die Arbeitsweise der Europäischen Union

Die Herleitung des Verhältnisses zwischen Beihilfenrecht und Grundfreiheiten aus dem Gemeinschaftsrecht erfordert auch die Einbeziehung der Ziele des Vertrages. Wie oben dargestellt ist die möglichst effektive Verwirklichung dieser Ziele oberste Auslegungsmaxime des EuGH.

Zunächst ist gemäß Art. 3 Abs. 1 lit. c) AEUV Ziel des Vertrages ein „Binnenmarkt, der durch die Beseitigung der Hindernisse für den freien Waren-, Personen-, Dienstleistungs- und Kapitalverkehr zwischen den Mitgliedstaaten ge-

170 Ehlers, in: ders., EuGR § 7 I 6 Rn. 13.

171 ABl 1992 C 333/11.

172 Kommission, XXII. Wettbewerbsbericht (1992) Tz. 442.

173 Von der Groeben/Schwarze/Mederer, Vorb. Zu Art. 87 bis 89 Rn. 10.

174 EuGH, Urt. v. 11.03.1992, verb. Rs. C-78/90, C-79/90, C-80/90, C-81/90, C-82/90 und C-83/90, Slg. 1992, S. I-1847 Rn. 19 – Compagnie Commerciale de l' Oüst; Urt. v. 17.04.1994, Rs. 18/93, Slg. 1994, S. I-1783 Rn. 18 – Corsica Ferries.

kennzeichnet ist". Diesem und den anderen Zielen, insbesondere auch dem Art. 3 Abs. 1 lit. g) AEUV, der den Wettbewerb innerhalb des Binnenmarktes vor Verfälschungen schützen soll, dienen alle nachfolgenden Vorschriften des Vertrages, also sowohl die Grundfreiheiten als auch die Beihilfevorschriften.[175]

Oftmals werden aber als Kontrollsysteme zur Erreichung des Ziels des unverfälschten Wettbewerbs nur die Wettbewerbsaufsicht gegenüber Unternehmen (Art. 101-106 AEUV) und die Kontrolle staatlicher Beihilfen (Art. 107-109 AEUV) genannt.[176] Dies mag daran liegen, dass der Abschnitt des Vertrages, der diese beiden Normenkomplexe beinhaltet, mit „Wettbewerbsregeln" überschrieben ist. Inhaltlich handelt es sich aber bei weitem nicht um die einzigen Wettbewerbsvorschriften des Primärrechts. Vielmehr sind auch die Grundfreiheiten Wettbewerbsvorschriften in dem Sinne, dass sie durch die Herstellung freien Wettbewerbs zur Verwirklichung und Aufrechterhaltung des Binnenmarktes beitragen sollen.

Der Kritik an der Feststellung dieser gleichen Zielrichtung von Beihilfenrecht und Grundfreiheiten durch den EuGH in der Literatur [177] ist nicht zuzustimmen. Es wird vertreten, dass Art. 107ff. AEUV und Art. 28ff. AEUV nur teilweise das gleiche Ziel verfolgten. Art. 107ff. AEUV verfolgten noch ein weiter gehendes Ziel. Sie ermöglichten die Gewährung von Beihilfen, um wirtschaftliche, soziale und regionale Lücken in der Gemeinschaft zu schließen.[178] Aus der Tatsache, dass bestimmte wettbewerbsverfälschende Beihilfen gewährt werden dürfen, folge, dass Ausnahmen vom Ziel des freien Warenverkehrs und des unverfälschten Wettbewerbs zulässig seien. Die Funktion des wirtschaftlichen Zusammenwachsens könne vom freien Warenverkehr nicht übergangen werden.[179] Die Überzeugungskraft dieser These setzt aber voraus, dass die genannten Wertungen des Vertrags, die Ausnahmen von der Warenverkehrsfreiheit und vom freien Wettbewerb zulassen, einzig dem Beihilfenrecht eigen sind. Das ist allerdings nicht der Fall. Auch die Warenverkehrsfreiheit sieht in Art. 36 AEUV und dessen Fortentwicklung in der Rechtsprechung Ausnahmen vom freien Binnenmarkt vor. Ebenso räumen die Wettbewerbsvorschriften der Art.

---

175 So auch schon, EuGH, Urt. v. 07.05.1985, Rs. 18/84, Slg. 1985, S. 1339 Rn. 13 – Auslandsdruck.

176 Grabitz/Hilf/v. Bogdandy, Art. 3 EGV Rn. 14; v. der Groeben/Schwarze/Ivo E. Schwartz, Art. 3 EG Rn. 8; Dörr, NZBau 2005, 617.

177 Cremer, EuR 1996, 225, 235f.; Tietjen, Die Europäische Beihilfekontrolle im Vergaberecht und bei der Privatisierung, S. 93.

178 Tietjen, Die Europäische Beihilfekontrolle im Vergaberecht und bei der Privatisierung, S. 93; Cremer, EuR 1996, 225, 235f.

179 Tietjen, Die Europäische Beihilfekontrolle im Vergaberecht und bei der Privatisierung, S. 93.

81ff. AEUV einigen anderen Zielen Vorrang vor dem freien Wettbewerb ein, so dass dieser dahinter zurückstehen muss.[180]

Entscheidend für ein homogenes europäisches Wettbewerbsrecht ist, dass die Ausnahmevorschriften in allen Bereichen des Vertrages harmonisch ausgelegt werden. Gegen die gleichzeitige Anwendung von Grundfreiheiten und Beihilfevorschriften spricht auch nicht, dass ihr Anwendungsbereich nicht immer deckungsgleich ist.[181] Zuzustimmen ist *Tietjen* hingegen dahingehend, dass der Vertrag durch die Beihilfevorschriften einen Schutz bestimmter Wirtschaftsgebiete oder –zweige ermöglicht, der auch über Zölle oder Handelshemmnisse zu erreichen wäre. Dann muss dieser Schutz aber nach beiden Regelungen gleichermaßen als mit dem Vertrag vereinbar bewertet werden. Dies bestätigt auch das oben dargestellte Urteil *Kommission/Deutschland*, in dem der EuGH feststellte, dass die Kommission eine Beihilfe nicht für mit dem gemeinsamen Markt vereinbar erklären dürfe, wenn hierdurch gegen die Warenverkehrsfreiheit verstoßen wird. Der EuGH drückt die Pflicht der Kommission, Verstöße gegen andere Vertragsvorschriften bei der Beihilfenprüfung zu berücksichtigen auch in dem Urteil *Matra*[182] ganz deutlich aus, das sich mit der Prüfungspflicht der Kommission hinsichtlich Verstößen gegen Art. 81ff AEUV beschäftigt. Trotz des weiten Ermessenspielraums der Kommission bei der Entscheidung über die Vereinabarkeit einer Beihilfe mit dem gemeinsamen Markt gebiete eine Auslegung nach Sinn und Zweck des Vertrages, der Kommission die Pflicht aufzuerlegen, niemals eine Entscheidung zu treffen, die zu den besonderen Vertragsvorschriften in Widerspruch stehe.[183] Dies stützt die Annahme, dass Grundfreiheiten und Beihilfenrecht in einer Wechselwirkung stehen. Sie dienen der Verwirklichung der gleichen Ziele, nämlich der Herstellung und Aufrechterhaltung des Binnenmarktes mit Ausnahmen nach den im Vertrag festgelegten Wertungen.

c) Grundfreiheiten als Ausgangsvorschriften

Darüber hinaus enthalten die Grundfreiheiten schon alle Vorgaben, die sich auch im späteren Beihilfenrecht wiederfinden. Das gesamte europäische Beihilfen-

180 Gemäß Art. 101 Abs. 3 AEUV können Vereinbarungen vom Kartellverbot freigestellt werden, die zur Verbesserung der Warenerzeugung und –verteilung oder zur Förderung des technischen oder wirtschaftlichen Fortschritts beitragen, wenn der Verbraucher an dem dadurch entstehenden Gewinn angemessen beteiligt wird, vgl. zu den Einzelheiten Immenga/Mestmäcker/Ellger, Art. 81 Abs. 3 EGV Rn. 141ff.

181 So aber Tietjen, Die Europäische Beihilfekontrolle im Vergaberecht und bei der Privatisierung, S. 93.

182 EuGH, Urt. v. 15.06.1993, Rs. C-225/91, Slg. 1993, S. I-3203 – Matra.

183 EuGH, Urt. v. 15.06.1993, Rs. C-225/91, Slg. 1993, S. I-3203 Rn. 41 – Matra.

recht lässt sich aus den Grundfreiheiten und dem Diskriminierungsverbot des Art. 18 AEUV herleiten. Die Art. 107ff. AEUV und das sekundäre Beihilfenrecht sind nur Ausgestaltungen und Konkretisierungen der hierin vorgegebenen Grundentscheidung des Vertrages. So sind die Vorschriften des Art. 107 Abs. 2, 3 AEUV, die die ausnahmsweise Zulässigkeit einer Beihilfe anordnen, eine Konkretisierung der Rechtfertigungsgründe der Grundfreiheiten in Art. 36 AEUV und nach der *Cassis de Dijon*-Rechtsprechung. Mit der ausdrücklichen Nennung von Gründen für die Zulässigkeit einer Beihilfe hat der europäische Gesetzgeber die grundsätzliche Rechtfertigung einer Beschränkung des Binnenmarktes aus zwingenden Gründen des Allgemeinwohls konkretisiert und ergänzt, nämlich um eine Wertentscheidung, was ein solch zwingender Grund sein kann.[184] Grundfreiheiten und Beihihlfenrecht stehen demnach in einer Wechselwirkung. Wie der EuGH in seinem Urteil *Iannelli* festgestellt hat, darf bei der Anwendung der Grundfreiheiten nicht die zusätzliche Wertentscheidung im Beihilfenrecht außen vor gelassen werden. Andererseits darf auch eine Genehmigung oder Nichtgenehmigung einer Beihilfe nicht gegen die Grundfreiheiten verstoßen. Ein solcher Rechtsakt der Kommission wäre dann mit der Nichtigkeitsklage gemäß Art. 263 UAbs. 4 AEUV wegen der Verletzung von Vorschriften des Vertrages vor dem EuG anfechtbar.

d) Prozessuale Aspekte

Auch die prozessuale Vorgabe des Art. 108 Abs. 3 AEUV[185] steht den oben dargelegten Ansätzen, die das Beihilfenrecht als einen Bestandteil der Grundfreiheiten systematisieren, nicht entgegen. Zwar sieht Art. 108 Abs. 3 AEUV ein besonderes Vorverfahren vor, in dem die Kommission die Vereinbarkeit einer nationalen Beihilfe mit dem Gemeinschaftsrecht prüft und insbesondere bestimmte Auskunftsrechte hat. Allerdings ist auch dieses Verfahren nur eine besondere Ausgestaltung innerhalb des Systems zur Überwachung des Europarechts. Gemäß Art. 17 EUV hat die Kommission die Aufgabe, „für die Anwendung der Verträge sowie der von den Organen kraft der Verträge erlassenen Maßnahmen“ zu sorgen und „die Anwendung des Unionsrechts unter Kontrolle des Gerichtshofs der Europäischen Union“ zu überwachen. Gemäß Art. 258 AEUV gibt die Kommission eine mit Gründen versehene Stellungnahme ab, wenn sie der Auffassung ist, ein Staat habe gegen eine Verpflichtung aus dem

184 Ähnlich im Ergebnis wohl auch Lipka, Beihilferechtliche Anforderungen an Vergabeverfahren, S. 188: „Die Kommission kann dann im Rahmen ihrer Beihilfeaufsicht die Wertungen der Grundfreiheiten einfließen lassen.“

185 Wortgleich Art. 2 Abs. 1 VO 794/2004.

Gemeinschaftsrecht[186] verstoßen. Kommt der Staat dieser Stellungnahme innerhalb der hierfür von der Kommission gesetzten Frist nicht nach, so kann die Kommission beim EuGH Klage wegen Vertragsverletzung erheben. Daher hat die Kommission auch den Namen „Hüterin der Verträge".[187] Genau diese Funktion kommt ihr aber auch im Beihilfenrecht zu. Gemäß Art. 108 Abs. 1 AEUV überwacht die Kommission fortlaufend die in den Mitgliedstaaten bestehenden Beihilferegelungen. Stellt die Kommission fest, dass eine nationale Beihilfe nicht mit dem Gemeinsamen Markt nach Art. 107 AEUV vereinbar ist, so gibt sie gemäß Art. 108 Abs. 2 AEUV eine Frist zu Äußerung und erlässt dann eine Entscheidung, nach der der Mitgliedstaat die Beihilfe innerhalb einer bestimmten Frist aufzuheben oder umzugestalten hat. Kommt der Mitgliedstaat der Entscheidung nicht nach, so kann die Kommission wiederum Klage wegen Vertragsverletzung vor dem EuGH erheben. Dem grundsätzlichen Prinzip der Vertragsüberwachung ist hier nur der Zwischenschritt der Entscheidung hinzugefügt. Die Entscheidung ist nach Art. 288 Abs. 4 AEUV für diejenigen verbindlich, die sie bezeichnet. Es handelt sich also um einen besonderen, den Einzelnen rechtlich bindenden Akt. Allerdings hat die Kommission – jedenfalls im Beihilfenrecht – keine Möglichkeit, die Entscheidung zwangsweise durchzusetzen. Anders als der deutsche Verwaltungsakt ist die Entscheidung nicht vollstreckbar.[188] Die Kommission ist also nach wie vor auf ein Urteil und ggf. die Anordnung von Zwangsgeld[189] durch den EuGH angewiesen. Die Vertragsverletzung des Mitgliedstaates kann dann in der Nichtbefolgung der Entscheidung liegen. Es wird allerdings inzident vom EuGH auch die Rechtmäßigkeit der Entscheidung geprüft. Im Rahmen dieses komplizierten Verfahrens zur Durchsetzung einer Entscheidung hat der EuGH einen Vereinfachungsmechanismus entwickelt, der allerdings nur bei Entscheidungen gegenüber Individuen eingreift. Wird nämlich die Entscheidung vom Adressaten nicht innerhalb der Frist des

---

186 Dem Wortlaut nach nur bei einer Verpflichtung aus dem Vertrag selbst, die Vorschrift wird in erweiternder Auslegung aber auch auf das Sekundärrecht angewendet, vgl. nur Calliess/Ruffert/Cremer, EGV Art. 226 Rn. 1.

187 Calliess/Ruffert/Ruffert, EGV Art. 211 Rn. 1ff; v. der Groeben/Schwarze/Harnier/Jacqué, EG Art. 211 Rn. 22.

188 Stehlkens/Bohns/Sachs/U. Stehlkens, VwVfG § 35 Rn. 350; allerdings entfaltet eine an den Mitgliedstaat gerichtete Entscheidung unmittelbare Wirkung, so dass sich der einzelne vor dem nationalen Gericht hierauf berufen kann, vgl. EuGH, Urt. v. 06.10.1970, Rs. 9/70, Slg. 1970, S. S. 825 Rn. 9 – Grad/Finanzamt Traunstein; ebenso sind die Mitgliedstaaten gemäß Art. 4 Abs. 2 EUV verpflichtet, der Entscheidung zu effektiver Wirksamkeit zu verhelfen, vgl. hierzu Stehlkens/Bohns/Sachs/U. Stehlkens, VwVfG § 35 Rn. 350.

189 Vgl. zu dieser Möglichkeit der Vollstreckung Art. 260 Abs. 2 AEUV.

Art. 263 UAbs. 5 AEUV angefochten, so wird sie bestandskräftig und kann im Rechtsstreit um mitgliedstaatliche Vollstreckungsmaßnahmen auch nicht mehr vom EuGH (im Wege des Vorabentscheidungsverfahrens) überprüft werden.[190] Dies wirkt sich allerding auf die hier relevante Möglichkeit der Durchsetzung gegenüber dem Mitgliedstaat selbst nicht aus. Die bloße Zwischenstufe der Entscheidung durch die Kommission begründet somit keinen Unterschied in der Überwachung der Vertragseinhaltung, der dogmatisch die strenge Abgrenzung der Anwendungsbereiche von Beihilfe- und Vergaberecht erforderlich erscheinen lässt. Die Systematik der Kontrolle der Einhaltung der Beihilfevorschriften stellt sich als spezielles Vertragsverletzungsverfahren dar, das auf die besonderen Probleme abgestimmt ist, die die Gewährung staatlicher Beihilfen für den Wettbewerb im Binnenmarkt mit sich bringen.[191]

Eine Besonderheit ergibt sich hinsichtlich neu eingeführter Beihilfen. Diese sind gemäß Art. 108 Abs. 3 AEUV bei der Kommission zu notifizieren. Unterbleibt die Notifikation wird aus Art. 108 Abs. 3 S. 3 AEUV die Rechtswidrigkeit der Beihilfe hergeleitet.[192] Da der Mitgliedstaat hieraus verpflichtet ist, die Maßnahme so lange nicht durchzuführen, bis die Kommission darüber entschieden hat, ist Rechtswidrigkeit auch nicht ex tunc heilbar.[193] Die Kommission ist allein befugt über die Vereinbarkeit einer Beihilfe mit dem Gemeinsamen Markt zu entscheiden.[194] Die Frage der Beihilfeneingenschaft einer staatlichen Maßnahme hingegen fällt auch in die Prüfungskompetenz der nationalen und europäischen Gerichte.[195] So sind viele Urteile zur Bestimmung des Beihilfenbegriffs

190 Vgl. hierzu EuGH, Urt. v. 30.01.1997, Rs. C-178/95, Slg. 1997, S. I-585 Rn. 19ff. – Wiljo; Stehlkens/Bonk/Sachs/U. Stehlkens, VwVfG § 35 Rn. 350.

191 So auch ohne eingehende Begründung EuGH, Urt. v. 14.02.1990, Rs. C-301/87, Slg. 1990, S. I-307 Rn. 23 – Boussac; vgl. auch Calliess/Ruffert/Cremer, EGV Art. 88 Rn. 38; Grabitz/Hilf/P. Karpenstein/U. Karpenstein, Art. 226 EGV Rn. 11.

192 Calliess/Ruffert/Cremer, EGV Art. 88 Rn. 12.

193 EuGH, Urt. v. 21.11.1991, Rs. C-354/90, Slg. 1991, S. I-5505, Rn. 16f. – FNCE.

194 Die Entscheidung ist in gewissem Umfang aber vom EuGH überprüfbar, vgl. EuGH, Urt. v. 11.07.1996, Rs. C-39/94, Slg. 1996, S. I-3547 Rn. 42 – SFEI; Heidenhain/Sinnaeve, § 32 Rn. 5.

195 EuGH, Urt. v. 17.03.1993, verb. Rs. C-72/91 und C-73/91, Slg. 1993, S. I-887 Rn. 12 – Sloman Neptun; Urt. v. 30.11.1993, Rs. C-189/91, Slg. 1993, S. I-6185 Rn. 14 – Kirsammer-Hack; Urt. v. 11.07.1996, Rs. C-39/94, Slg. 1996, S. I-3547 Rn. 49 – SFEI; Urt. v. 15.07.2004, Rs. C-345/02, Slg. 2004, S. I-7139 Rn. 31 – Pearle; Urt. v. 05.10.2006, Rs. C-368/04, Slg. 2006, S. I-9957 Rn. 39 – Transalpine Ölleitung Österreich.

Vorabentscheidungsverfahren.[196] In dem Urteil *Ferring* betraf der Ausgangsrechtsstreit die Klage des Pharmakonzerns auf Rückzahlung einer für importierte Medikamente erhobenen Abgabe. Es gibt also durchaus Konstellationen, in denen die Frage der Beihilfeneigenschaft einer staatlichen Maßnahme im nationalen Rechtsstreit relevant werden kann und dann auch im Wege des Vorabentscheidungsverfahrens vom EuGH entschieden wird. Rechtsfolge eines solchen Vorabentscheidungsverfahrens ist keineswegs die Feststellung der Rechtswidrigkeit der Beihilfe im Sinne von Art. 108 Abs. 3 AEUV und damit die Rückforderung. Das Vorabentscheidungsverfahren dient lediglich dazu, dem nationalen Gericht Auslegungvorgaben hinsichtlich des europäischen Rechts zu bieten.[197] Einen Vorrang des Prüfverfahrens gemäß Art. 108 Abs. 3 AEUV vor der Entscheidung des EuGH über die Beihilfeneigenschaft einer Maßnahme gibt es nicht. Der EuGH hat ausdrücklich festgestellt, dass ein nationales Gericht, bei dem eine Klage anhängig ist, die die Konsequenzen aus einem Verstoß gegen das in Art. 108 Abs. 3 S. 3 AEUV niedergelegte Verbot der Durchführung von Beihilfevorhaben herbeizuführen beabsichtigt, während die Kommission gleichzeitig angerufen worden ist und noch nicht darüber entschieden hat, ob die streitigen staatlichen Maßnahmen staatliche Beihilfen darstellen, weder verpflichtet sei, sich für unzuständig zu erklären, noch dazu, das Verfahren auszusetzen, bis die Kommission zur Qualifizierung der streitigen Maßnahmen Stellung nehme.[198]

Der Grund dafür liegt darin, dass das Durchführungsverbot des Art. 108 Abs. 3 S. 3 unmittelbare Wirkung in den Mitgliedstaaten entfaltet.[199] In diesem Zusammenhang hat der Gerichtshof dargelegt, dass die unmittelbare Anwendbarkeit des in diesem Artikel enthaltenen Durchführungsverbots jede Beihilfemaßnahme betrifft, die durchgeführt wird, ohne dass sie angezeigt worden ist, oder die im Falle der Anzeige während der Vorprüfungsphase oder – falls die Kommission ein förmliches Verfahren einleitet – vor Erlass der abschließenden Entscheidung durchgeführt wird.[200] Die nationalen Gerichte müssen zugunsten

196 EuGH, Urt. v. 07.02.1985, Rs. 240/83, Slg. 1985, S. 531 – ADBHU; Urt. v. 22.11.2001, Rs. C-53/00, Slg. 2001, S. I-9067 – Ferring; vgl. die genaue Analyse der Urteile unten Hauptteil B. III. 3. c).

197 Vgl. hierzu Calliess/Ruffert/Wegener, EGV Art. 234 Rn. 3ff.; v. der Groeben/Schwarze/Gaitanides, EG Art. 234 Rn. 3ff.

198 EuGH, Urt. v. 11.07.1996, Rs. C-39/94, Slg. 1996, S. I-3547 Rn. 53 – SFEI.

199 EuGH, Urt. v. 11.07.1996, Rs. C-39/94, Slg. 1996, S. I-3547 Rn. 39 – SFEI.

200 EuGH, Urt. v. 11.12.1973, Rs. 120/73, Slg. 1973, S. 1471 Rn. 4 – Lorenz; Urt. v. 21.11.1991, Rs. C-354/90, Slg. 1991, S. I-5505 Rn. 11 – FNCE; ein Verstoß gegen die Notifizierungspflicht führt aber nicht automatisch zur Unvereinbarkeit mit dem gemein-

der einzelnen nach ihrem nationalen Recht sämtliche Konsequenzen aus einer Verletzung des Art. 108 Abs. 3 S. 3 AEUV sowohl bezüglich der Gültigkeit der Durchführungsakte als auch bezüglich der Beitreibung der unter Verletzung dieser Bestimmung gewährten finanziellen Unterstützungen oder eventueller vorläufiger Maßnahmen ziehen.[201] Im Rahmen der Kontrolle der Einhaltung der Verpflichtungen der Mitgliedstaaten aus den Art. 107 und 108 AEUV fallen den nationalen Gerichten und der Kommission einander ergänzende und unterschiedliche Rollen zu.[202] Allerdings dürfen die nationalen Gerichte nicht dazu Stellung nehmen, ob eine Beihilfe vereinbar mit dem Gemeinsamen Markt ist. Hierfür obliegt das Prüfungsmonopol der Kommission unter der Kontrolle des Gerichtshofs.[203]

Die Einleitung eines Vorprüfungsverfahrens gemäß Art. 108 Abs. 3 AEUV oder des kontradiktorischen Prüfungsverfahrens gemäß Art. 108 Abs. 2 AEUV durch die Kommission kann die nationalen Gerichte nämlich nicht von ihrer Verpflichtung entbinden, die Rechte der Einzelnen bei Verletzung der Verpflichtung zur vorherigen Unterrichtung zu schützen. Jede andere Auslegung würde dazu führen, daß die Nichtbeachtung dieses Verbots durch die Mitgliedstaaten gefördert würde, da die Kommission, solange sie ihre abschließende Sachentscheidung nicht erlassen hat, nur die Aussetzung zusätzlicher Zahlungen anordnen kann und die praktische Wirksamkeit des Art. 108 Abs. 3 AEUV gemindert wäre, wenn die Anrufung der Kommission die nationalen Gerichte daran hindern würde, alle Konsequenzen aus einer Verletzung dieser Bestimmung zu ziehen.[204]

Im Rahmen der Diskussion über die Durchsetzung des Durchführungsverbots im deutschen Recht lassen sich auch noch einige Aspekte finden, die für die Lösung der Frage nach einer Umgehung der Rechtsfolgen oder der Kompetenzverteilung im Vertrag durch die parallele Anwendung von Beihilfenrecht und

---

samen Markt, vgl. hierzu EuGH, Urt. v. 14.02.1990, Rs. C-301/87, Slg. 1990, I-307 Rn. 11ff. – Boussac.

201 EuGH, Urt. v. 21.11.1991, Rs. C-354/90, Slg. 1991, S. I-5505 Rn. 12 – FNCE; Urt. v. 11.07.1996, Rs. C-39/94, Slg. 1996, S. I-3547 Rn. 40 – SFEI;

202 EuGH, Urt. v. 11.07.1996, Rs. C-39/94, Slg. 1996, S. I-3547 Rn. 41 – SFEI; Urt. v. 21.10.2003, Rs. C-261&01, Slg. 2003, S. I-12249 Rn. 74 – Van Calster.

203 EuGH, Urt. v. 11.07.1996, Rs. C-39/94, Slg. 1996, S. I-3547 Rn. 42 – SFEI.

204 EuGH, Urt. v. 11.07.1996, Rs. C-39/94, Slg. 1996, S. I-3547 Rn. 44f. – SFEI; Urt. v. 21.11.1991, Rs. C-354/90, Slg. 1991, S. I-5505 Rn. 12 – FNCE, Urt. v. 16.12.1992, verb. Rs. C-144/91 und C-145/91, Slg. 1992, S. I-6613 Rn. 26 – Demoor; teilweise wird die Rückforderung als logische Folge der formellen Rechtswidrigkeit bezeichnet, vgl. hierzu EuGH, Urt. v. 21.03.1990, Rs. C-142/87, Slg. 1990, S. I-959 Rn. 66f. – Belgien/Komm.; Koenig/Kühling/Ritter, EG-Beihilfenrecht, Rn. 433.

Grundfreiheiten beitragen. So nimmt der BGH zur Durchsetzung des Durchführungsverbotes bei Beihilfen, die wegen eines Verstoßes gegen Art. 108 Abs. 3 AEUV formell rechtswidrig sind, eine Nichtigkeit des der Beihilfengewährung zu Grunde liegenden Vertrages gemäß § 134 BGB an und leitet daraus einen Rückzahlungsanspruch des Konkurrenten her.[205] Daran wird in der Literatur kritisiert, dass es trotz der angenommenen Nichtigkeit des Vertrages keine Anspruchsgrundlage für einen solchen Anspruch des Konkurrenten gebe.[206] Stattdessen wird eine öffentlich-rechtliche Lösung vorgeschlagen. Ein vertraglicher Anspruch aus Vertrag mit Schutzwirkung zu Gunsten Dritter bestehe nicht, da die Einbeziehung des Konkurrenten nicht im erkennbar berechtigten Interesse der Vertragsparteien liege. Der Wille zur Einhaltung des Wettbewerbsrechts führe nicht zu einem solchen Interesse, da Wettbewerbsschutz und Wettbewerbsfreiheit gerade keinen Konkurrentenschutz gewährten.[207] Diese Annahme und auch die Herleitung aus den deutschen Grundrechten der Berufs- und Eigentumsfreiheit sind verfehlt. Vielmehr ist darauf abzustellen, welche Schutzrichtung das europäische Wettbewerbsrecht, genauer das europäische Beihilfenrecht entfaltet. In der Rechtsprechung des EuGH wird diesem gerade eine drittschützende Wirkung zugesprochen.[208] Darüber hinaus stelle das Durchführungsverbot ein präventives Verbot mit Erlaubnisvorbehalt dar.[209] Auch dem ist nicht zuzustimmen. Das Verbot des Art. 107 Abs. 1 AEUV ist – übersetzt in die Begrifflichkeiten des deutschen Verwaltungsrechts – ein solches präventives Verbot mit Erlaubnisvorbehalt.[210] Art. 108 Abs. 3 S. 3 AEUV dient nur der Durchsetzung. Denn die Gewährung der Beihilfe ohne vorherige Entscheidung der Kommission ist gerade immer verboten. Durch eine Positiventscheidung der Kommission wird die Beihilfengewährung ab diesem Zeitpunkt rechtmäßig. Die Beihilfengewährung vor Entscheidung der Kommission bleibt dagegen rechtswidrig. So ist auch im deutschen Verwaltungsrecht zum Beispiel § 2 Abs. 1 GastG („Wer ein Gaststättengewerbe betreiben will, bedarf der Er-

---

205 BGH, Urt. v. 04.04.2003, V ZR 314/02, EuZW 2003, 444, 445; Urt. v. 24.10.2003, V ZR 48/03, EuZW 2004, 254, 255; Urt. v. 20.01.2004, XI ZR 53/03, EuZW 2004, 252, 253. vgl. auch VG Gelsenkirchen v. 19.12.2008, 14 K 2147/07 Rn. 53, 106ff.

206 Vgl. hierzu ausführlich Fiebelkorn/Petzold, EuZW 2009, 323, 325ff.; Quardt/Nielandt, EuZW 2004, 201, 202f.

207 Fiebelkorn/Petzold, EuZW 2009, 323, 325.

208 EuGH, Urt. v. 28.01.1986, Rs. 169/84, Slg. 1986, S. 391 Rn. 23ff. – Cofaz; Urt. v. 11.12.1973, Rs. 121/73, Slg. 1973, S. 1495 Rn. 7 – Markmann.

209 Fiebelkorn/Petzold, EuZW 2009, 323, 325.

210 So auch Koenig/Kühling, NJW 2000, 1065; Schwarze/Bär-Bouyssière, Art. 87 EGV Rn. 2.

laubnis“) das präventive Verbot mit Erlaubnisvorbehalt, nicht das Verbot der Ausübung vor Erteilung der Erlaubnis. Letzteres ist nämlich absolut.

Nach dieser Literaturansicht geht die Rechtsprechung des BGH über die vom EuGH aufgestellten Erfordernisse hinaus.[211] Denn die Annahme einer ex tunc-Nichtigkeit wirke auch in die Zukunft, während der EuGH nur verlange, dass die Beihilfe im nationalen Recht als für den Zeitraum der formellen Rechtswidrigkeit unwirksam behandelt werde.[212] Dem werde aber eher eine Lösung über die aus dem Wirtschaftsverwaltungsrecht bekannte Konkurrentenklage gerecht.[213]

Teilweise wird auch die Rechtsgrundlage für die Rückzahlungsverpflichtung direkt in Art. 108 Abs. 3 AEUV gesehen.[214] Das nationale Gericht muss bei der Anwendung des Durchführungsverbots beurteilen, ob vorläufige Maßnahmen zu erlassen sind, um die Interessen der Beteiligten bis zu seiner abschließenden Entscheidung zu schützen.[215]

Die oben dargestellte Rechtsprechung des EuGH ist anhand der dargestellten Vorgaben der Beihilfenverfahrensverordnung und dem Sinn und Zweck des Beihilfenverbots angewendet auf den speziellen Fall der öffentlichen Auftragsvergabe kritisch zu beleuchten. Denn die Rückabwicklung eines komplexen Vertrages bei bloß formeller Rechtswidrigkeit ist auch mit allgemeinen Grundsätzen des Gemeinschaftsrechts nicht vereinbar. Vor allem greift hier der Grundsatz der Verhältnismäßigkeit.[216] Im Sinne einer Modifikation der pauschalen Rückabwicklung von Beihilfen, die gegen Art. 108 Abs. 3 AEUV verstoßen, wird teilweise das CELF-Urteil[217] des EuGH interpretiert.[218] Es ging in dem Vorabentscheidungsverfahren um die Frage, ob eine Beihilfe zur Förderung des Verkaufs französischsprachiger Medien im Ausland wegen eines Verstoßes gegen Art. 108 Abs. 3 AEUV zurückgefordert werden muss, obwohl die Kommission im Nachhinein festgestellt hat, dass die Beihilfe mit dem gemeinsamen

211 Fiebelkorn/Petzold, EuZW 2009, 323, 325; Heidenhain, EuZW 2005, 135f..

212 Fiebelkorn/Petzold, EuZW 2009, 323, 327.

213 Fiebelkorn/Petzold, EuZW 2009, 323, 327.

214 Heidenhain, EuZW 2005, 135, 138.

215 EuGH, Urt. v. 11.07.1996, Rs. C-39/94, Slg. 1996, S. I-3547 Rn. 44f. – SFEI.

216 Die Rechtsprechung des EuGH, dass die Rückforderung der rechtswidrigen Beihilfe die logische Folge der Feststellung ihrer Rechtswidrigkeit sei und sie daher als Maßnahme zur Herstellung des früheren Zustands nicht als außer Verhältnis zu dem angestrebten Ziel des Vertrags stehen könne, bezieht sich nur auf die Rückforderung materiell rechtswidriger Beihilfen, vgl. EuGH, Urt. v. 21.03.1990, Rs. C-142/87, Slg. 1990, S. I-959, Rn. 66 – Tubemeuse.

217 EuGH, Urt. v. 12.02.2008, Rs. C-199/06, Slg. 2008, S. I-469 – CELF/SIDE.

218 Z. B. Jaeger, The CELF-Judgement: A Precarious Conception of the Standstill Obligation, EStAL 2008, 279, 285ff.

Markt vereinbar ist. Die Beihilfen wurden dabei der genossenschaftlichen Aktiengesellschaft CELF gewährt, die kleinere Bücherbestellungen aus dem Ausland zusammen fasst und dadurch den ausländischen Kunden ermöglicht, von einem möglichst breiten Angebot zu profitieren.[219] Der EuGH verweist in seinem Urteil auf die Rechtsprechung in der Sache SFEI, entwickelt die Dogmatik der Rückforderung rechtswidriger Beihilfen aber weiter. Er kommt zu dem Ergebnis, dass das Gemeinschaftsrecht vom nationalen Gericht nicht verlangt, die Rückforderung der gesamten formell rechtswidrigen Beihilfe anzuordnen, auch dann nicht, wenn keine außergewöhnlichen Umstände vorliegen.[220] Er beschäftigt sich im Rahmen der Begründung noch einmal eingehend mit Sinn und Zweck des Durchführungsverbotes des Art. 108 Abs. 3 AEUV. Nach der Analyse des EuGH liegt dem Art. 108 Abs. 3 AEUV der Sicherungszweck zu Grunde, zu gewährleisten, dass eine mit dem gemeinsamen Markt unvereinbare Beihilfe niemals durchgeführt wird.[221] Dafür gibt es ein vorläufiges Sicherungsmittel nach der Notifizierung der Beihilfe, nämlich das von der Kommission ausgesprochene Einführungsverbot und ein endgültiges Sicherungsmittel, die abschließende Entscheidung der Kommission. Nur um sicherzustellen, dass ausschließlich mit dem gemeinsamen Markt vereinbare Beihilfen eingeführt werden, wird die Einführung einer Beihilfe gemäß Art. 108 Abs. 3 AEUV ausgesetzt, bis Zweifel an der Vereinbarkeit von der Kommission beseitigt sind.[222] Dieses Ziel werde aber nicht in Frage gestellt, wenn eine Beihilfe ohne Notifizierung ausgezahlt werde, die die Kommission später in einer Entscheidung als für mit dem gemeinsamen Markt vereinbar erklärt.[223]

Die Wirkung einer solchen formell rechtswidrigen Beihilfe zum Nachteil eines Wettbewerbers beschränke sich darauf, ihn zum einen der – letztlich nicht eingetretenen – Gefahr auszusetzen, dass eine mit dem Gemeinsamen Markt unvereinbare Beihilfe eingeführt wird, und ihn zum anderen gegebenenfalls früher den Auswirkungen einer mit dem Gemeinsamen Markt vereinbaren Beihilfe auszusetzen, als er es unter Wettbewerbsbedingungen hätte hinnehmen müssen.[224]

Aus der Sicht des Beihilfeempfängers bestehe der nicht gerechtfertigte Vorteil zum einen in der Nichtzahlung von Zinsen, die er auf den Betrag der fraglichen, mit dem Gemeinsamen Markt vereinbaren Beihilfe gezahlt hätte, wenn er sich diesen Betrag bis zum Erlass der Kommissionsentscheidung auf dem Markt

---

219 EuGH, Urt. v. 12.02.2008, Rs. C-199/06, Slg. 2008, S. I-469 Rn. 5 – CELF/SIDE.
220 EuGH, Urt. v. 12.02.2008, Rs. C-199/06, Slg. 2008, S. I-469 Rn. 46 – CELF/SIDE.
221 EuGH, Urt. v. 12.02.2008, Rs. C-199/06, Slg. 2008, S. I-469 Rn. 47 – CELF/SIDE.
222 EuGH, Urt. v. 12.02.2008, Rs. C-199/06, Slg. 2008, S. I-469 Rn. 48 – CELF/SIDE.
223 EuGH, Urt. v. 12.02.2008, Rs. C-199/06, Slg. 2008, S. I-469 Rn. 49 – CELF/SIDE.
224 EuGH, Urt. v. 12.02.2008, Rs. C-199/06, Slg. 2008, S. I-469 Rn. 50 – CELF/SIDE.

hätte leihen müssen, und zum anderen in der Verbesserung seiner Wettbewerbsposition gegenüber den anderen Marktteilnehmern während der Dauer der Rechtswidrigkeit.[225]

Der wettbewerbswidrige Vorteil, der nach dem Gemeinschaftsrecht negiert werden müsse, beschränke sich also auf die Nichtzahlung von Zinsen während des Zeitraums der formellen Rechtswidrigkeit der Beihilfe. Deshalb sei das nationale Gericht in einer solchen Situation verpflichtet, den Empfänger der Beihilfe zur Zinszahlung für den Zeitraum der formellen Rechtswidrigkeit zu verurteilen.[226] Der EuGH macht auch deutlich, dass es möglich sei, dass nach nationalem Recht eine Rückforderung der gesamten Beihilfe anzuordnen sei.

e) *Der Wandel von der Anmeldepflicht zum System der Legalausnahme im Europäischen Kartellrecht*

Wird nun also die Verletzung der Notifizierungspflicht nicht mehr mit der kompletten Rücksforderung der Beihilfe sanktioniert, so liegt in dieser dogmatischen Weiterentwicklung des Europarechts zugleich eine Verringerung der Bedeutung der Notifizierungspflicht, die im Wandel vom Notifizierungssystem zum System der Legalausnahme münden könnte. Ein ähnliches Phänomen hat im europäischen Kartellrecht stattgefunden. Die Überwachung der Beachtung des Kartellverbots gemäß Art. 101 Abs. 1 AEUV war zunächst in der Verordnung 17/62[227] auch in einem Anmeldeverfahren bei der Kommission organisiert, genauer fiel unter die Anmeldepflicht die Inanspruchnahme eines Befreiungstatbestands des Art. 101 Abs. 3 AEUV. Gemäß Art. 1 VO 17/62 waren Verhaltensweisen, die Art. 101 Abs. 1 AEUV oder Art. 102 AEUV zuwiderliefen, verboten, ohne dass es hierfür einer vorherigen Entscheidung der Kommission bedurfte. Gemäß Art. 2 VO 17/62 konnten die Unternehmen aber bei der Kommission die Feststellung beantragen, dass eine geplante Vereinbarung nicht unter eine der genannten Vertragsvorschriften fiel. Eine Anmeldepflicht bestand gemäß Art. 4 Abs. 1 VO 17/62 nur für solche Vereinbarungen, Beschlüsse und aufeinander abgestimmte Verhaltensweisen der in Art. 101 Abs. 1 AEUV bezeichneten Art, für die eine Freistellung nach dem Ausnahmetatbestand des Art. 101 Abs. 3 AEUV in Anspruch genommen wurde. Gemäß Art. 9 Abs. 1 VO 17/62 war die Kommission ausschließlich zuständig, Art. 101 Abs. 1 AEUV wegen einer Ausnahme nach Art. 101 Abs. 3 AEUV für unanwendbar zu erklären. Gemäß Art. 9 Abs. 2 VO 17/62 war die Kommission auch für die Anwendung der Art. 101 Abs. 1 und

225 EuGH, Urt. v. 12.02.2008, Rs. C-199/06, Slg. 2008, S. I-469 Rn. 51 – CELF/SIDE.

226 EuGH, Urt. v. 12.02.2008, Rs. C-199/06, Slg. 2008, S. I-469 Rn. 52 – CELF/SIDE.

227 Verordnung Nr. 17: Erste Durchführungsverordnung zu den Artikeln 85 und 86 des Vertrages, ABl. 1962 13/204.

102 AEUV zuständig. Diese Vorschriften konnten allerdings auch von den Behörden der Mitgliedstaaten angewendet werden, solange die Kommission kein Verfahren eröffnet hatte (Art. 9 Abs. 3 VO 17/62).

Auch hier gab es also eine exklusive Zuständigkeit der Kommission, ob ein grundsätzlich gemäß 101 Abs. 1 AEUV verbotenes Verhalten ausnahmsweise zulässig sein sollte (insbesondere, weil es auch den Verbraucher an bestimmten Effizienzgewinnen beteiligt).[228] Die Konstruktion der Freistellung ist also genauso gestaltet wie im Beihilfenrecht. Ein Unterschied findet sich lediglich in der Formulierung der Vertragsvorschriften. In Art. 101 Abs. 3 AEUV heißt es, „die Bestimmungen des Abs. 1 können für nicht anwendbar erklärt werden auf ...". In Art. 107 Abs. 2 und 3 AEUV heißt es jeweils „mit dem gemeinsamen Markt vereinbar". Damit korrespondiert eine unterschiedliche Formulierung der Verbotstatbestände. Während es in Art. 101 Abs. 1 AEUV heißt „mit dem gemeinsamen Markt unvereinbar und verboten sind...", lautet Art. 107 Abs. 1 AEUV „... sind mit dem gemeinsamen Markt unvereinbar, ...". Darin liegt jedoch kein materiellrechtlicher Unterschied. Denn verboten ist, was mit dem gemeinsamen Markt unvereinbar ist. Maßnahmen und Verhaltensweisen, die von der Kommission als mit dem gemeinsamen Markt vereinbar erachtet werden, sind hingegen erlaubt.

Die VO 17/62 wurde mit Wirkung zum 1. Januar 2004 abgelöst durch die VO 1/2003[229]. Die entscheidende Änderung der Zuständigkeiten und des Verfahrens findet sich hier in Art. 2 Abs. 2. Hierin wird nun festgelegt, dass solche Verhaltensweisen, die den Ausnahmetatbestand des Art. 101 Abs. 3 AEUV erfüllen, erlaubt sind, ohne dass es einer vorherigen Entscheidung der Kommission bedarf. In den Erwägungsgründen der Verordnung werden für die Änderung hin zum Prinzip der Legalausnahme folgende Gründe genannt: Das System der VO 17/62 sei nicht mehr in der Lage gewesen, dem Erfordernis einer wirksamen Überwachung bei möglichst einfacher Verwaltungskontrolle Rechnung zu tragen.[230] Es schränke die Gerichte und die Wettbewerbsbehörden der Mitgliedstaaten bei der Anwendung der gemeinschaftlichen Wettbewerbsregeln ein, und das mit ihm verbundene Anmeldeverfahren hindere die Kommission daran, sich auf die Verfolgung der schwerwiegendsten Verstöße zu konzentrieren. Darüber hinaus entstünden den Unternehmen durch dieses System erhebliche Kosten.[231] Darüber hinaus wurde betont, dass die einzelstaatlichen Gerichte eine wesentli-

228 Vgl. hierzu auch Immenga/Mestmäcker, A. RdNr. 11.

229 Verordnung (EG) Nr. 1/2003 des Rates vom 16.12.2002 zur Durchführung der in den Artikeln 81 und 82 des Vertrags niedergelegten Wettbewerbsregeln, ABl. L 1/1 v. 04.01.2003.

230 VO 1/2003, ErwGr. 2, 3.

231 VO 1/2003, ErwGr. 3.

che Aufgabe bei der Anwendung der gemeinschaftlichen Wettbewerbsregeln erfüllten.[232] In Rechtsstreitigkeiten zwischen Privatpersonen sei es ihre Aufgabe, die sich aus dem Gemeinschaftsrecht ergebenden subjektiven Rechte zu schützen. Ihnen sollte daher gestattet werden, die Art. 101 und 102 des Vertrags in vollem Umfang anzuwenden.[233] Die mit dem System der VO 17/62 gewonnenen Erfahrungen sollten bei der Gestaltung des neuen Systems der Legalausnahme berücksichtigt werden.[234]

Ein wesentlicher Unterschied der Überwachung des Kartell- und des Beihilfenverbots ist allerdings, dass die ausschließliche Zuständigkeit der Kommission für das Beihilfenrecht in Art, 108 Abs. 3 AEUV, also im Vertrag selbst angeordnet ist, während Art. 103 AEUV eine Verordnungsermächtigung enthält, die von vornherein die Abgrenzung der Zuständigkeiten von Kommission und Gerichtshof sowie die Festlegung des Verhältnisses zum innerstaatlichen Recht dem Rat überlässt. Der im Kartellrecht bereits durchgeführte Wandel zum System der Legalausnahme bedürfte für das Beihilfenrecht demnach einer Vertragsänderung.

f) Besonderheiten des Beihilfenrechts, die die ausschließliche Zuständigkeit der Kommission erforderlich erscheinen lassen

Schon im sogenannten Spaak-Bericht wird ausgeführt, dass die Europäische Kommission die verschiedenen Arten der Beihilfen nach ihrer wirtschaftlichen Wirkung und ihrer Zweckmäßigkeit für die allmähliche und reibungslose Verwirklichung des gemeinsamen Marktes ordnen soll.[235] Eine Begründung dafür wird allerdings nicht genannt.

Heute wird allgemein als Sinn und Zweck der Vorprüfung neu eingeführter Beihilfen angeführt, dass mitgliedstaatliche Fördermaßnahmen für Unternehmen oder Produktionszweige bereits in einem frühen Stadium, also vor ihrer tatsächlichen Gewährung einer gemeinschaftsrechtlichen Kontrolle unterstellt werden sollen.[236]

Hierbei ist kein Unterschied zu den oben aufgeführten, vom Kartellrecht erfassten Absprachen zwischen Unternehmen erkennbar. Beide Maßnahmen be-

---

232 VO 1/2003, ErwGr. 7.

233 Vgl. hierzu auch Kommission, Leitlinien zur Anwendung von Artikel 81 Absatz 3 EG-Vertrag v. 07.04.2004, ABl. 2004 Nr. C 101/97; Immenga//Mestmäcker/Mestmäcker, A. RdNr. 12.

234 VO 1/2003, ErwGr. 1.

235 Spaak-Bericht: Bericht der Delgationsleiter des von der Konferenz von Messina eingesetzten Regierungsausschusses an die Außenminister v. 21. April 1956, abgedruckt in: Schwarz, Der Aufbau Europas, 1980, S. 277, 302.

236 Vgl. Koenig/Kühling, NJW 2000, 1065, 1072.

einträchtigen den freien Wettbewerb im Binnenmarkt und müssen in einer wertenden Prüfung auf ihre Eignung zur zwischenstaatlichen Handelsbeeinträchtigung und die Verfälschung des Wettbewerbs untersucht werden. Eine höhere Intensität der Beeinträchtigung durch staatliche Beihilfen existiert nicht. Neben den Wettbewerbsvorschriften für Unternehmen ist nach der Rechtsprechung des EuGH auch Art. 106 Abs. 2 AEUV unmittelbar anwendbar.[237]

4. Ergebnis

Grundfreiheiten und Beihilfenrecht stehen nicht in einem Spezialitätsverhältnis zueinander, sondern sind grundsätzlich nebeneinander anwendbar. Die teilweise Prüfung von Fällen nur anhand eines der beiden Normenkomplexe resultiert aus den dem EuGH vorgegebenen Vorlagefragen und den sonstigen Umständen des Einzelfalles. Insbesondere kann nicht angenommen werden, das Beihilfenrecht verdränge als speziellere Regelung die Grundfreiheiten. Der EuGH hat in seiner Rechtsprechung mehrfach wiederholt, dass die Beihilfevorschriften keinesfalls den Grundfreiheiten ihre Wirkung nehmen dürften.[238] Der beihilfenrechtlichen Prüfung ist auch die Pflicht zur Berücksichtigung anderer Vertragsvorschriften, z. B. der Art. 101, 102 AEUV, nicht fremd.

Auch prozessuale Argumente machen die Annahme eines Spezialitätsverhältnisses zwischen Beihilfenrecht und Grundreiheiten nicht notwendig. Das Prüfungsmonopol der Kommission hinsichtlich der Art. 107ff. AEUV wird durch die gleichzeitige Anwendung der Grundfreiheiten nicht unterlaufen. Auf europarechtlicher Ebene unterscheidet sich die Rolle der Kommission als Hüterin der Verträge im normalen Vertragsverletzungsverfahren für die hier relevanten Aspekte nicht von ihrer Rolle in der Beihilfenaufsicht. Insbesondere gibt ihr letztere keine zusätzlichen Mittel zur wirksamen Durchsetzung des Gemeinschaftsrechts an die Hand. Zwar wurde schon bei Erarbeitung der Gründungsverträge angeführt, dass die Kontrolle staatlicher Beihilfen durch die Kommission vorgenommen werden solle. Ein Vergleich zum Fusionskontrollrecht hat allerdings gezeigt, dass für das Monopol der Kommission keine zwingende Notwendigkeit besteht. Ebenso effektiv kann Wettbewerbskontrolle in einem System der Legalausnahme ausgeübt werden. Es bestehen keine Unterschiede zwischen Beihilfen- und Kartellrecht, die ein unterschiedliches Verfahren erforderlich machen. Der Wechsel vom Notifizierungsverfahren zum System der Legalausnahme würde viele der Schwierigkeiten, die heute hinsichtlich der parallelen

237 EuGH, Urt. v. 19.05.1995, Rs. C-320/91, Slg. 1993, S. I-2533 Rn. 21 – Corbeau; Urt. v. 27.04.1994, Rs. C-393/92, Slg. 1994, S. I-1477 Rn. 51 – Almelo.

238 Vgl. nur EuGH, Urt. v. 05.06.1986, Rs. 103/84, Slg. 1986, S. 1759 – Komm./Italien.

Anwendung von Beihilfenrecht und Grundfreiheiten bestehen, beseitigen und ist daher wünschenswert.

Doch auch so hat die systematische Betrachtung von Beihilfenrecht und Grundfreiheiten im Gesamtzusammenhang des Vertrages gezeigt, dass zwischen ihnen keineswegs ein Spezialitätsverhältnis besteht, sondern die Vorschriften der Art. 107 ff. AEUV vielmehr Konkretisierung der Grundfreiheiten sind. Die Analyse der Rechtsprechung hat ergeben, dass kein Vorrang des Beihilfenrechts gegeben ist. Vielmehr darf keine der Regelungen durch Anwendung der anderen unterlaufen werden. Dies ist aber nur bei einer Anwendung beider Regelungen möglich.[239]

II. Das Verhältnis des Vergaberechts zu den Grundfreiheiten

Wie oben dargestellt, wurden die Vergaberechtsgrundsätze des Gemeinschaftsrechts aus den Grundfreiheiten entwickelt. In der Literatur wird teilweise sogar von „Primärvergaberecht“ gesprochen.[240] Damit sind die Grundfreiheiten gemeint. Die Grundfreiheiten sind heute darüber hinaus Rechtmäßigkeitsmaßstab für das Sekundärrecht der öffentlichen Auftragsvergabe.[241] Unmittelbar anwendbar bleiben sie dort, wo die Schwellenwerte der Richtlinien nicht erreicht werden. In diesem Zusammenhang ist allerdings die Anwendungsvoraussetzung des grenzüberschreitenden Bezugs[242] zu berücksichtigen. Der EuGH stellte hierzu die Regel auf, dass die Relevanz für den Binnenmarkt gegeben sei, wenn der Auftrag für einen größeren Kreis von Wirtschaftsteilnehmern von Interesse sei, und zwar auch für Unternehmen aus anderen Mitgliedstaaten.[243] Wann genau ein solcher vorliegt, ist allerdings unklar. Während der EuGH den Binnenmarktbezug z. B. bei Dienstleistungskonzessionen nur dann verneinen möchte, wenn „vernünftiger Weise“ angenommen werden kann, dass sich kein Unternehmen

239 Daher sind auch Auslegungen der Literatur, die das Verhältnis zwischen Beihilfenrecht und Grundfreiheiten davon abhängig machen wollen, ob ein Verstoß gegen eines der beiden Verbote offensichtlich ist, abzulehnen, so aber z. B. Mestmäcker/Schweitzer, Europäisches Wettbewerbsrecht, § 42 Rn. 23.

240 Vgl. zB. Kühling/Huerkamp, NVwZ 2009, 557, 558.

241 Prieß, Handbuch des europäischen Vergaberechts, S. 24.

242 EuGH, Urt. v. 14.07.1988, Rs. 407/85, Slg. 1988, S. 4233 Rn. 25 – 3 Glocken/USL Centro-Sud; Urt. v. 07.03.1990, Rs. C-69/88, Slg. 1990, S. I-583 Rn. 10f. – Krantz; Urt. v. 09.09.1999, Rs. C-108/98, Slg. 1999, S. I-5219 Rn. 23 – RI. SAN.

243 EuGH, Urt. v. 21.07.2005, Rs. C-231/03, Slg. 2005, S. I-7287 Rn. 17 – Coname.

einem anderen Mitgliedstaat für die Konzession interessiert[244], verlangt er bei öffentlichen Aufträgen, die von der VKR nicht erfasst werden, dass ein „eindeutiges" grenzüberschreitendes Interesse an dem konkreten Auftrag besteht[245]. Als Kriterien für die Annahme eines grenzüberschreitenden Interesses an einem Auftrag werden die geographische Lage des Leistungsorts[246], Wert und Art des Auftragsgegenstands[247] und die Besonderheiten des betroffenen Sektors[248] genannt. In der Literatur wird die dogmatische Richtigkeit dieser unterschiedlichen Bewertung angezweifelt.[249] Es wird auch eine „Typisierungsfunktion"[250] der Schwellenwerte der Vergaberichtlinien angedacht, dergestalt, dass öffentliche Aufträge bis zu einem bestimmten wirtschaftlichen Volumen generell keinen Bezug zum Binnenmarkt aufweisen. Dem ist allerdings nicht zuzustimmen, da der EuGH in seiner Rechtsprechung mehrfach betont hat, dass der niedrige Wert eines Auftrags allein den grenzüberschreitenden Bezug nicht entfallen lässt.[251] Vielmehr stellt der EuGH darauf ab, ob eine Auswirkung auf den Binnenmarkt „zu zufällig und zu mittelbar" sei, als dass dies zur Anwendbarkeit der Grundfreiheiten führen könne.[252] Generalanwältin Stix-Hackl schlägt in mehreren Schlußanträgen vor, der Einteilung in prioritäre und nicht prioritäre Dienstleistungen im Anhang I.B. der VKR eine Typisierungsfunktion zuzusprechen. Sie meint, dem liege ein im Vergabewesen allgemein geltender Gedanke zu Grunde dahingehend, dass bestimmte Vergaben höhere Binnenmarktrelevanz aufwiesen als andere.[253]

---

244 EuGH, Urt. v. 21.07.2005, Slg. 2005, S. I-7287 Rn. 20 – Coname.

245 EuGH, Urt. v. 15.05.2008, Slg. 2008, S. I-3565 Rn. 21 – SECAP; Urt. v. 13.11.2007, Rs. C-507/2003, Slg. 2007, I-9777 Rn. 29 – Kommission/Irland.

246 EuGH, Urt. v. 15.05.2008, Slg. 2008, S. I-3565 Rn. 31 – SECAP.

247 EuGH, Schlussanträge v. 14.09.2006, Rs. 532/03, Slg. 2007, S. I-11353 Rn. 79 – Rettungstransportdienste; insb. das Verhältnis von Ausführungskosten und Wert des Auftrags dürfte von Bedeutung sein, s. Bungenberg, Vergaberecht im Wettbewerb der Systeme, S. 209.

248 Mitteilung der Kommission für Aufträge, die nicht oder nur teilweise unter die Vergaberichtlinien fallen, ABl. EU 2006 Nr. C 179, S. 2, unter 1.3

249 Kühling/Huerkamp, NVwZ 2009, 557, 558.

250 Kühling/Huerkamp, NVwZ 2009, 557, 558.

251 Kommission, Mitteilung zu Auslegungsfragen in Bezug auf das Gemeinschaftsrecht, das für die Vergabe öffentlicher Aufträge gilt, die nicht oder nur teilweise unter die Vergaberichtlinien fallen, ABl. 2006 C 179/2, 3.

252 EuGH, Urt. v. 21.07.2005, Slg. 2005, S. I-7287 Rn. 20 – Coname.

253 EuGH, Schlussanträge vom 14.09.2006, Rs. 532/03, Slg. 2007, S. I-11353 Rn. 76 – Rettungstransportdienste; Schlussanträge vom 12.04.2005, Rs. C-231/03, Slg. 2005, S. I-7287 Rn. 78 – Coname.

Das Heranziehen der Einteilung der Richtlinie selbst in prioritäre und nicht prioritäre Dienstleistungen kann durchaus eine Indizfunktion für den grenzüberschreitenden Bezug einer Auftragsvergabe haben. Diese Einteilung spiegelt allerdings nur die typische Binnenmarktrelevanz einzelner Auftragsvergaben im Zeitpunkt des Erlasses der Richtlinie wieder. Daher bleibt eine Prüfung des Einzelfalles unter Berücksichtigung der aktuellen – oft technischen – Möglichkeiten des Vertriebs notwendig. So galt z. B. lange Zeit der Bereich des öffentlichen Personennahverkehrs als durch regional beschränkte Märkte geprägt. Der EuGH stellte allerdings 2003 fest, dass schon seit Mitte der 1990er Jahre mehrere Unternehmen ihre Stadt-, Vorort- oder Regionalverkehrsdienste in anderen Mitgliedstaaten als ihren Heimatstaaten anbieten.[254]

Vergaberecht und Grundfreiheiten sind demnach nebeneinander anwendbar. Im Anwendungsbereich der speziellen Vergaberichtlinien erübrigt sich jedoch ein Rückgriff auf die Grundfreiheiten.

III. Das Verhältnis des Beihilfenrechts zu Art. 101ff. AEUV

Schon bei den Beratungen zum EWG-Gründungsvertrag scheint für alle Beteiligten außer Frage gestanden zu haben, dass sowohl die Vorschriften der Art. 101ff. AEUV als auch die der Art. 107ff. AEUV innerhalb des Vertrages Wettbewerbsvorschriften sein sollen. Und dabei scheint auch von Anfang an eine interessante Aufteilung klar gewesen zu sein: Es gibt seither schon die Aufteilung der Wettbewerbsvorschriften in „Vorschriften für Unternehmen“ und „staatliche Beihilfen“.[255] Die Beihilfengewährung erscheint demnach als Pendant zu den wettbewerbsbeschränkenden Absprachen und dem Missbrauch einer marktbeherrschenden Stellung für den Fall, dass nicht private Unternehmen, sondern der Staat handelt. Dies ist bemerkenswert, da z. B. dem Missbrauch einer marktbeherrschenden Stellung iSd. Art. 102 AEUV viel eher die willkürliche Vergabe öffentlicher Aufträge durch den Staat entspricht als die Gewährung von Beihilfen.

Da nun aber das Beihilfenrecht im Vertrag eindeutig als Wettbewerbsrecht qualifiziert ist, muss die Kommission bei der beihilfenrechtlichen Prüfung das Kohärenzprinzip beachten. Es darf also keine Wertung vorgenommen werden,

254 EuGH, Urt. v. 24.07.2003, Rs. C-280/00, Slg. 2003, S. I-7747 Rn. 79 – Altmark Trans.

255 Vgl. zB. Spaak-Bericht, abgedruckt in Schwarz, Der Aufbau Europas, S. 277, 278; Vertrag zur Gründung der Europäischen Wirtschaftsgemeinschaft, 1957, abrufbar unter http://eur-lex.europa.eu/de/treaties/dat/11957E/tif/11957E.html.

die im Widerspruch zu anderen Wettbewerbsvorschriften des Vertrages steht.[256] Das führt z. B. dazu, dass die Kommission bei ihrer Entscheidung über die Vereinbarkeit einer Beihilfe mit dem Gemeinsamen Markt die von einzelnen Wirtschaftsteilnehmern ausgehende Gefahr einer Beeinträchtigung des Wettbewerbs innerhalb des Gemeinsamen Marktes berücksichtigen muss.[257] Wenn eine Koordniation der Kartell- und der Beihilfenaufsicht innerhalb der Frist des Art. 4 Abs. 5 VerfVO nicht möglich ist, so muss die Kommission selbst prüfen, ob die Beihilfengewährung einem Marktteilnehmer einen Verstoß gegen Art. 101, 102 AEUV ermöglicht.[258] Gleiches gilt umgekehrt auch im Fusionskontrollverfahren.[259]

Die Vorschriften der Art. 101ff. AEUV und der Art. 107 ff. AEUV sind somit nebeneinander anwendbar. Eine strenge Trennung der Wettbewerbsvorschriften im engeren Sinne für Unternehmen und derjenigen für staatliche Maßnahmen ist nicht möglich, wie die hier aufgeführte Rechtsanwendung gezeigt hat.

IV. Das Verhältnis des Vergaberechts zu Art. 101ff. AEUV

Eine Verbindung zwischen den Vorgaben des Primärrechts an die Vergabe öffentlicher Aufträge und den Vorschriften der Art. 101ff. AEUV, speziell Art. 102 AEUV, stellt der EuGH über die Vorschrift des Art. 106 AEUV her. Art. 106 Abs. 1 AEUV verpflichtet die Mitgliedstaaten, hinsichtlich solcher Unternehmen, die sie mit besonderen Rechten ausgestattet haben, keine gegen Art. 18 und Art. 101 bis 109 AEUV verstoßenden Maßnahmen zu ergreifen. Die Rechtsprechung des EuGH enthält Hinweise, dass der Art. 106 Abs. 1 AEUV auch auf Konstellationen anwendbar ist, in denen der Mitgliedstaat einem Unternehmen überhaupt erst solche besonderen oder ausschließlichen Rechte ein-

256 Vgl. hierzu Mestmäcker/Schweitzer, Europäisches Wettbewerbsrecht, § 42 Rn. 18f.

257 EuGH, Urt. v. 15.06.1993, Rs. C-225/91, Slg. 1993, S. I-3203 Rn. 43 – Matra; EuG, Urt. v. 31.01.2001, verb. Rs. T-197/97 und T-198/97, Slg. 2001, S. II-303 Rn. 75 – Weyl Beef Products.

258 EuGH, Urt. v. 15.06.1993, Rs. C-225/91, Slg. 1993, S. I-3203 Rn. 45 – Matra.

259 EuG, Urt. v. 31. 1. 2001, Rs. T-156/98, Slg. 2001, S. II-337 Rn. 114f. – RJB Mining/Kommission; die hiergegen eingelegten Rechtsmittel (Rs. C-157/01 P und C-169/01 P) sind mit Beschluss vom 17.07.2003 gestrichen worden, ABl. EU 2004 C 21/29.

räumt.[260] Dies geschieht häufig durch die Vergabe eines öffentlichen Auftrags.[261] Art. 106 Abs. 1 AEUV verbietet nicht jede Einräumung solcher Rechte.[262] Vielmehr richtet sich die Vereinbarkeit mit dem Vertrag materiellrechtlich nach den in Art. 106 Abs. 1 AEUV genannten Vorschriften, also u.a. nach Art. 102 AEUV, sowie nach Art. 106 Abs. 2 AEUV. Umgekehrt wird Art. 102 AEUV dort relevant, wo einzelne Auftraggeber nicht mehr den Vorgaben des Europarechts für Vergabeverfahren unterliegen. Ein Beispiel hierfür ist die Deutsche Post AG.[263]

Nach der Auslegung des europäischen Wettbewerbsrechts durch die europäischen Gerichte ist eine gleichzeitige Anwendung des Vergaberechts und des Wettbewerbsrechts für Unternehmen auf den öffentlichen Auftraggeber ausgeschlossen. Nach dem funktionalen Unternehmensbegriff des Art. 106 Abs. 1 AEUV ist Voraussetzung für die Qualifizierung als Unternehmen nämlich das Ausüben einer eigenständigen wirtschaftlichen Tätigkeit. Eine solche verneinen die europäischen Gerichte bei der bloßen Nachfrage des Staates zur Gewährleistung der Daseinsvorsorge.[264] Dies rührt aus der früheren Rechtsprechung, nach der eine wirtschaftliche Tätigkeit im Anbieten von Gütern oder Dienstleistungen liege.[265] Daraus zog das EuG in der Sache FENIN den bisher in der Rechtsprechung so bestätigten Schluss, dass die Nachfrageseite nicht isoliert betrachtet werden könne, sondern die Einordnung als wirtschaftliche Tätigkeit davon abhänge, ob die nachgefragten Güter oder Dienstleistungen

260 So EuGH, Schlussanträge vom 14.09.2006, Rs. 532/03, Slg. 2007, S. I-11353 Rn. 100 – Rettungstransportdienste.

261 Meist sind die Vergaberichtlinien anwendbar, da der EuGH den Begriff des öffentlichen Auftrags sehr weit fasst und hierunter uU. auch die Beleihung nach deutschem öffentlichen Recht, vgl. hierzu Burgi, NVwZ 2007, 383, 384ff.

262 EuGH, Urt. v. 23.04.1991, Rs. C-41/90, Slg. 1991, S. I-1979 Rn. 29 – Höfner u. Elser; Urt.v. 10.12.1991, Rs. C-179/90, Slg. 1991, S. I-5889 Rn. 16 – Merci convenzionali porto di Genova; Urt. v. 17.11.1992, verb. Rs. C-271/90, 281/90, 289/90, Slg. 1992, S. I-5833 Rn. 35f. – Spanien ua./Kommission.

263 Vgl. hierzu Huber/Wollenschläger, VergabeR 2006, 431, 433ff.; MünchKomm-VergR/Wende, Anh. § 98 GWB (im Erscheinen).

264 EuGH, Urt. v. 16.03.2004, verb. Rs. C-264/01, C-306/01, C-354/01 und C-355/01, Slg. 2004, S. I-2493 – AOK (der EuGH geht hier stillschweigend davon aus, dass diese Nachfragetätigkeit nicht wirtschaftlicher Art sei); Urt. v. 11.07.2006, Rs. C-205/03 P, Slg. 2006, S. I-6295 Rn. 25f. – FENIN; ausführliche Begründung in EuG, Urt. v. 04.03.2003, Rs. T-319/99, Slg. 2003, S. II-357 Rn. 36f. – FENIN; vgl. dazu auch Koenig/Engelmann, EuZW 2004, 682, 683f.

265 EuGH, Urt. v. 18.06.1998, Rs. C-35/96, Slg. 1998, S. I-3851 Rn. 36 – Komm/Italien; EuG, Urt. v. 30.03.2000, Rs. T-513/93, Slg. 2000, S. II-1807 Rn. 36 – Consiglio Nazionale degli Spedizioneri Doganali.

später auf dem Markt angeboten werden sollen.[266] Das ist aber bei den Gütern und Dienstleistungen, die zur Daseinsvorsorge beschafft werden, gerade nicht der Fall.[267] Anders hat dies die Rechtsprechung einiger Mitgliedstaaten gesehen. Wegen der großen Mengen, die die öffentliche Hand zur Erfüllung von Daseinsaufgaben nachfrage, sei schon die bloße Nachfragetätigkeit als wirtschaftliches Handeln einzustufen, da es Einfluss auf das Marktgeschehen habe.[268] Diese Auslegung des Unternehmensbegriffs ist vorzuziehen, weil sie nach Sinn und Zweck der Wettbewerbsregeln auf die Wirkung einer Handlung hinsichtlich des Wettbewerbs abstellt.[269] Danach wären Vergaberecht und Art. 101ff. AEUV gleichzeitig auf das Verhalten des öffentlichen Auftraggebers anwendbar, auch dann, wenn der öffentliche Auftrag zur Erfüllung einer Aufgabe der Daseinsvorsorge vergeben wird. Im Rahmen der momentanen, durch den EuGH vorgegebenen Rechtswirklichkeit bleibt eine parallele Anwendung aber auf die Fälle beschränkt, in denen der Staat einen Auftrag vergibt, um selbst eine wirtschaftliche Tätigkeit auszuüben, also Waren oder Dienstleistungen anzubieten. In diesen Fällen gibt es Bemühungen, wiederum die Anwendung des Vergaberechts auszuschließen. Ob dies dem Sinn und Zweck des Gesetzes entspricht wird unten analysiert werden.

Zwar wurde in Deutschland das Vergaberecht (für Überschwellenvergaben) in den Vierten Teil des GWB integriert, trotzdem tun sich Literatur und Rechtsprechung schwer, es als Teil des Wettbewerbsrechts zu begreifen. So hat das Bundesverfassungsgericht noch 2006 festgestellt, dass Sinn und Zweck des Vergaberechts nur sei, dem öffentlichen Auftraggeber die möglichst preiswerte Beschaffung von Gütern zu sichern.[270] Ein solches Zögern, das Vergaberecht dem allgemeinen Kartellrecht zuzuordnen, ist aber auch in anderen Mitgliedstaaten zu finden, z. B. in Frankreich. Hier wird insbesondere unter Hinweis auf die unterschiedlichen Adressaten, die unterschiedliche Zielsetzung und den unterschiedlichen Betrachtungswinkel (ex ante bzw. ex post) eine strikte Trennung zwischen Kartell- und Vergaberecht vorgenommen.[271] Das Vergaberecht wird als Teil des öffentlichen Rechts behandelt, das Kartellrecht als Teil des Zivil-

266 EuG, Urt. v. 04.03.2003, Rs. T-319/99, Slg. 2003, S. II-357 Rn. 36 – FENIN.

267 EuG, Urt. v. 04.03.2003, Rs. T-319/99, Slg. 2003, S. II-357 Rn. 37 – FENIN.

268 BGHZ 36, 91 – Gummistrümpfe; Competition Commission Appeal Tribunal (Nordirland), [2003] European Commercial Cases 40 Rn. 246 – Bettercare Group.

269 Kritisch zur europäischen Rechtsprechung auch Immenga/Mestmäcker/Mestmäcker/Schweizer, Art. 86 EG Rn. 32; Koenig/Engelmann, EuZW 2004, 682, 683.

270 BVerfGE 116, 135, 140.

271 Vgl. nur Idot, Öffentliches Auftragswesen und Kartellrecht aus französischer Sicht, in: Blaurock (Hrsg.), Der Staat als Nachfrager: Öffentliches Auftragswesen in Deutschland und Frankreich, 2008, S. 75ff.

rechts. Dies überrascht vor dem Hintergrund, dass das französische Vergaberecht schon von jeher einen deutlich wettbewerbsrechtlicheren Ansatz verfolgt als die deutschen Regelungen. Es hat neben dem Schutz der öffentlichen Finanzen die Funktion, für alle Mitbewerber den gleichen Zugang zu den öffentlichen Märkten zu gewähren und sah dementprechend auch schon einen Rechtsschutz für unterlegene Konkurrenten vor, als dieser in den europäischen Richtlinien noch nicht verankert war.[272]

B. Die Auftragsvergabe als Begünstigung im Sinne des Beihilfenrechts

I. Allgemeines

Für die Praxis scheint gerade diese Schnittstelle brisant zu sein. Sollte jede Auftragsvergabe auch eine Beihilfe darstellen, müsste nämlich gemäß Art. 108 Abs. 3 AEUV vor jedem Vergabeverfahren eine Notfizierung an die Kommission stattfinden. Das könnte das gesamte Vergabeverfahren erheblich verzögern. Findet eine Notifizierung nicht statt, wird sowohl für den öffentlichen Auftraggeber als auch für die Bieter von Teilen der Literatur ein großes Risiko hergeleitet.[273] Der Beschaffungsvorgang der öffentlichen Hand müsst unter Umständen rückabgewickelt werden, wodurch die Erfüllung der zugrunde liegenden Aufgabe der Daseinsvorsorge blockiert werde.[274] Danach wäre der Bieter, der den Zuschlag erhält, mit dem gesamten finanziellen Risiko des Auftragsverlusts – evtl. sogar nach Erfüllung seiner Verpflichtungen – belastet. Denn der EuGH ist in seiner Rechtsprechung zur Rückforderung rechtswidriger Beihilfen sehr rigoros. Ein Vertrauensschutz besteht nicht, wenn die Beihilfe nicht notifiziert wurde. Es liegt also im Verantwortungsbereich des Bieters, auf die Einhaltung des Verfahrens zu achten. Am Ende wäre der Bieter demnach auf öffentlich-rechtliche Bereicherungsansprüche verwiesen, um einen finanziellen Ausgleich für die von ihm erbrachten Leistungen zu erhalten. Für die folgenden Erwägungen unter Rechtsfolgengesichtspunkten ist dieses – oftmals als Argument für eine strikte Trennung der Anwendungsbereiche von Beihilfe- und Vergaberecht angeführte – Risiko aber zunächst genau zu bestimmen. Die Einzelheiten der Beihilfenkontrolle durch die Kommission sind in der Behilfeverfah-

272 Capitant, Öffentliche Auftragsvergabe in Frankreich, in: Blaurock (Hrsg.), Der Staat als Nachfrager: Öffentliches Auftragswesen in Deutschland und Frankreich, 2008, S. 39.

273 Pechstein, EuZW 1998, 495, 498; Zeiss, EWS 2003, 114, 119.

274 Zeiss, EWS 2003, 114, 119.

rensverordnung[275] (VerfVO) geregelt. In Art. 1 lit. f) der Verordnung werden zwar als rechtswidrige Beihilfen solche definiert, die unter Verstoß gegen die Vorschriften des Art. 108 Abs. 3 AEUV eingeführt wurden. In Art. 108 Abs. 3 AEUV ist die Notifizierungspflicht und auch das Stillhaltegebot bis zu einer tatsächlichen oder fiktiven Genehmigung geregelt. Art. 3 VerfVO wiederholt dieses Durchführungsverbot. Die Rechtsfolgen einer rechtwidrigen Beihilfe sind in Art. 10ff. VerfVO geregelt. Gemäß Art. 10 VerfVO kann die Kommission, wenn sie Informationen über angebliche rechtswidrige Beihilfen hat, Auskünfte von dem betreffenden Mitgliedstaat verlangen, ggf. auch durch eine Entscheidung im Sinne des Art. 288 Abs. 4 AEUV. Gemäß Art. 11 Abs. 1 VerfVO kann die Kommission die vorläufige Aussetzung einer rechtswidrigen Beihilfe bis zu ihrer Entscheidung über die Vereinbarkeit der Beihilfe mit dem Gemeinsamen Markt anordnen. Gemäß Art. 11 Abs. 2 VerfVO ist auch eine einstweilige Rückforderungsanordnung bis zu dem gleichen Zeitpunkt möglich, allerdings nur bei Vorliegen bestimmter Voraussetzungen. Es dürfen nach geltender Praxis bezüglich des Beihilfencharakters keine Zweifel bestehen, ein Tätigwerden muss dringend geboten und ein erheblicher und nicht wieder gut zu machender Schaden für die Konkurrenten ernsthaft zu befürchten sein (Art. 11 Abs. 2 VerfVO). Hier wird schon deutlich, dass die Rückforderungspflicht für nur formell rechtswidrige Beihilfen nicht absolut gelten kann. Dann bedürfte es nämlich keines Verfahrens zur Überprüfung einer solchen formell rechtswidrigen Beihilfe. Die Feststellung der Beihilfeneigenschaft und der Nichtnotifizierung würde genügen. In Art. 13 VerfVO wird dann schließlich auch kodifiziert, dass das Nachprüfungsverfahren einer „etwaigen rechtswidrigen Beihilfe“ mit einer Positiv- oder Negativentscheidung endet, ebenso wie das Nachprüfungsverfahren einer notifizierten Beihilfe. Gemäß Art. 14 Abs. 1 VerfVO ordnet die Kommission erst dann die endgültige Rückforderung der Beihilfe an (Rückforderungsentscheidung), wenn dies nicht gegen einen allgemeinen Grundsatz des Gemeinschaftsrechts verstößt. Diese Rückforderungsentscheidung muss dann gemäß Art. 14 Abs. 3 VerfVO nach den nationalen Verfahrensvorschriften unverzüglich durchgesetzt werden, unabhängig davon, ob dagegen Nichtigkeitsklage gemäß Art. 263 UAbs. 4 AEUV vor dem EuG erhoben wurde. Die Nichtigkeitsklage hat also keine aufschiebende Wirkung. Auch nationaler Rechtsschutz darf die sofortige Vollstreckung der Rückforderungsentscheidung nicht verzögern. Art. 14 Abs. 3 VerfVO schreibt ausdrücklich vor, dass im Zweifel vorläufige Maßnahmen ergriffen werden müssen. Im deutschen Verwaltungsrecht bedeutet dies, dass die Behörde im Rückforderungsbescheid gemäß

275 VO (EG) Nr. 569/1999, ABl. 1999 L 83/1, zuletzt geändert durch Art. 1 ÄndVO (EG) Nr. 1791/2006, ABl. L 363/1.

§ 80 Abs. 2 Nr. 4 VwGO die sofortige Vollziehung anordnen muss.[276] Das Gericht darf dann die aufschiebende Wirkung auch nicht gemäß § 80 Abs. 5 VwGO wieder herstellen.

Für die folgende Gegenüberstellung der Anwendungsvoraussetzungen des Beihilfeverbots und des europäischen Vergaberechts bedarf es zunächst einer systematischen Vorüberlegung, da sich die Normkomplexe in ihrer Struktur unterscheiden. Während das im Vertrag geregelte Beihilfeverbot in Art. 107 Abs. 1 AEUV einen Tatbestand beschreibt und an diesen die Rechtsfolge der Unzulässigkeit knüpft, stellt sich das Vergaberecht differenzierter dar. Für diejenigen Vergaben öffentlicher Aufträge, auf die die Richtlinien anwendbar sind, wird zunächst der Tatbestand beschrieben, durch dessen Erfüllung der Anwendungsbereich der Richtlinie eröffnet wird. Die Richtlinien geben dann bestimmte Verhaltensweisen für öffentliche Auftraggeber vor. Bei einem Verstoß gegen diese Vorschriften sind den unterlegenen Bietern gemäß den Vorgaben der Richtlinien 89/665/EWG[277] und 92/13/EWG[278] bestimmte Rechte einzuräumen. Das Verbot einer staatlichen Verhaltensweise ergibt sich hier also erst auf der zweiten Stufe. Erfasst wird nicht nur der Verstoß der öffentlichen Hand gegen ein Verbot, sondern eine Fülle von Verhaltensweisen, die von den gesetzlich vorgeschriebenen abweichen.

II. Gegenstand des Vergaberechts

Um zu untersuchen, inwieweit sich Beihilfen- und Vergaberecht überschneiden, ist zunächst darzustellen, welche Konstellationen überhaupt vom Anwendungsbereich des Vergaberechts erfasst werden und damit eventuell beiden Rechtsgebieten unterfallen können.

---

276 Schoch/Schmidt-Aßmann/Pietzner/Schoch, § 80 VwGO Rn. 157.

277 Richtlinie des Rates vom 21. Dezember 1989 zur Koordinierung der Rechts- und Verwaltungsvorschriften für die Anwendung des Nachprüfungsverfahrens im Rahmen der Vergabe öffentlicher Liefer- und Bauaufträge, ABl. 1989 L 395/33, geändert durch Richtlinie 92/50/EWG des Rates vom 18. Juni 1992 (ABl. 1992 L 209/1) und Richtlinie 2007/66/EG des Europäischen Parlaments und des Rates vom 11. Dezember 2007 (ABl. 2007 L 335/31).

278 Richtlinie 92/13/EWG des Rates vom 25. Februar 1992 zur Koordinierung der Rechts- und Verwaltungsvorschriften für die Anwendung der Gemeinschaftsvorschriften über die Auftragsvergabe durch Auftraggeber im Bereich der Wasser-, Energie- und Verkehrsversorgung sowie im Telekommunikationssektor, ABl. 1992 L 76/14.

1. Der öffentliche Auftrag

Regelungsgegenstand der Vergaberichtlinien ist der öffentliche Auftrag. Gemäß § 99 GWB, der Art. 1 Abs. 2 RL 2004/18/EG wörtlich wiedergibt, hat der Begriff des öffentlichen Auftrags grundsätzlich vier Voraussetzungen. Es muss sich um einen (1) entgeltlichen Vertrag zwischen (2) einem öffentlichen Auftraggeber und (3) einem Unternehmer handeln, dessen (4) Gegenstand die (4a) Ausführung von Bauleistungen, (4b) die Lieferung von Waren oder (4c) die Erbingung von Dienstleistungen sind. Für die Frage, ob die Vergabe eines öffentlichen Auftrags eine Begünstigung im Sinne des Art. 107 Abs. 1 AEUV darstellt, kommt es zunächst auf nur zwei Merkmale an, nämlich den entgeltlichen Vertrag und den Auftragsgegenstand.

a) Entgeltlicher Vertrag

Wie der Begriff des Vertrages im europäischen Sekundärvergaberecht definiert wird, ist durch einige Entscheidungen des EuGH in jüngerer Zeit unklar geworden.

aa) Vertrag mit nur einem möglichen Vertragspartner

Ein in der Literatur vielfach für die neue Unsicherheit über den Vertragsbegriff angeführtes Urteil ist das im Fall *Teatro alla Bicocca*[279]. Hierin hatte eine italienische Gemeinde für ein einem Privaten gehörendes Grundstück stadtplanerisch die Errichtung eines Theaters vorgesehen. Diese Planung sollte dergestalt realisiert werden, dass der private Eigentümer das betreffende Grundstück kostenlos übereignet, einen Dritten mit der Planung und Ausführung des (äußeren) Baus des Theaters beauftragt und die dafür entstandenen Kosten von den eigentlich an die Gemeinde zu entrichtenden Gebühren für die Erlaubnis zur Errichtung eines solchen Baus abzieht und dementsprechend weniger bezahlt.[280]

Der EuGH hat entschieden, dass es sich um einen öffentlichen Bauauftrag im Sinne der damaligen RL 93/37/EWG handele. Dem stehe nicht entgegen, dass die Gemeinde sich den Vertragspartner nicht aussuchen könne, da zwingend der Vertrag mit dem Grundstückseigentümer geschlossen werden musste. Dies könne der zwischen der Gemeindeverwaltung und dem Bauherrn eingegangenen Rechtsbeziehung nicht ihren vertraglichen Charakter nehmen, denn es sei der zwischen ihnen geschlossene Erschließungsvertrag, der die vom Bauträger in jedem Einzelfall zu errichtenden Erschließungsanlagen und die entspre-

279 EuGH, Urt. v. 12.07.2001, Rs. C-399/98, Slg. 2001, S. I-5409 - Teatro alla Bicocca.

280 EuGH, Urt. v. 12.07.2001, Rs. C-399/98, Slg. 2001, S. I-5409 Rn. 32 - Teatro alla Bicocca.

chenden Bedingungen einschließlich der gemeindlichen Genehmigung der Pläne für die Anlagen festlege. Ebenso beruhe auf den vom Bauträger mit dem Vertrag eingegangenen Verpflichtungen die rechtliche Befugnis der Gemeinde, die Verfügbarkeit der darin bezeichneten Anlagen im Interesse ihrer öffentlichen Zweckbestimmung sicherzustellen.[281]

Die Betonung der Absicht der Gemeinde, die öffentliche Zweckbestimmung eines Grundstücks und damit die öffentliche Aufgabenerfüllung sicherzustellen, verwundert in mehrerlei Hinsicht:

Zunächst hat der BGH in konsequenter Anwendung der Auslegungsmaxime des EuGH in späteren Urteilen entschieden, dass die Frage, ob sich die Verpflichtungen des Auftragnehmers direkt aus dem Vertrag oder aus einem Gesetz ergeben, unerheblich sei.[282]

Darüber hinaus stellt sich die Frage, ob die Absicht des öffentlichen Auftraggebers, die hinter dem Vertragsabschluss steht, tatsächlich entscheidend sein kann. Wenn auf europäischer Ebene das Vergaberecht als reines Wettbewerbsrecht angesehen wird, so muss es ebenso wie das Beihilfe- und Kartellrecht seinen Anwendungsbereich durch objektive Voraussetzungen abstecken. Es ist dann, ebenso wie im Beihilfenrecht, nur nach der Wirkung einer Maßnahme zu fragen, nicht nach der dahinter stehenden Intention.

Abgesehen davon ist dem EuGH aber in der Feststellung zuzustimmen, dass die Wahlfreiheit bezüglich des Vertragspartners kein konstitutives Element des Vertragsbegriffes ist. Sie ist in einem von der Dispositionsmaxime geprägten zivilrechtlichen System dem Vertragsschluss vorgelagert, aber auch die ausnahmsweise durch Kontrahierungszwang zustande gekommenen Verträge sind Verträge.

Der EuGH erkennt aber offenbar die faktische Schwierigkeit eines Vergabeverfahrens in Fällen, in denen gar kein Vertragspartner ausgewählt wird und weist darauf hin, dass den Zielen der Richtlinie auch dahingehend Rechnung getragen werden könne, dass nach nationalem Recht die Gemeindeverwaltung den Bauträger und Genehmigungsinhaber in den mit ihm geschlossenen Vereinbarungen dazu verpflichten könnte, für die Erstellung der fraglichen Anlagen die in der Richtlinie festgelegten Verfahren anzuwenden, um so die Verpflichtungen der Gemeindeverwaltung gemäß der Richtlinie zu erfüllen.[283] Dies wird von *Pietzcker* zu Recht als „freie Rechtsschöpfung" kritisiert.[284] Die damalige Richt-

---

281 EuGH, Urt. v. 12.07.2001, Rs. C-399/98, Slg. 2001, S. I-5409 Rn. 71 - Teatro alla Bicocca.

282 BGHZ 179, 84, 90 – Rettungsdienstleistungen.

283 EuGH, Urt. v. 12.07.2001, Rs. C-399/98, Slg. 2001, S. I-5409 Rn. 100 - Teatro alla Bicocca.

284 Pietzcker, NVwZ 2007, 1225, 1228.

linie sah zwar eine solche Ausschreibungspflicht für Baukonzessionäre vor, die Aufträge vergeben, aber ein Fall der Baukonzession war dieser gerade nicht. Ein Entgelt hat der EuGH in Form des Verzichts auf einen Teil der Gebühren für die Bauerlaubnis angenommen. Der Kreis der Privaten, die aus besonderen Gründen dem Vergaberecht unterworfen sein sollen, muss aber durch den Gesetzgeber abschließend geregelt werden. Denn die Unterwerfung unter diese formalisierten Vorschriften stellt, wie oben dargelegt, einen Eingriff in die Wettbewerbsfreiheit dar, der auch im europäischen Recht durch die Grundrechte auf Eigentum und Berufsfreiheit geschützt ist.[285]

Weiter zu untersuchen ist aber der Einwand, es handele sich zwar um einen Vertrag, die Anwendung des Vergaberechts auf solche Fälle sei aber aufgrund seines Sinn und Zwecks zu hinterfragen.[286] So hatte auch der Generalanwalt in seinen Schlussanträgen ausgeführt, dass mangels Wahlmöglichkeit des Vertragspartners die Gefahr der Diskriminierung und damit der Beeinträchtigung des Wettbewerbs durch den öffentlichen Auftraggeber erheblich minimiert sei.[287] Es kommt also eine teleologische Reduktion des Tatbestands in Betracht für solche Fälle, in denen eine Einflussnahme des Staates auf den Wettbewerb aus nicht wirtschaftlichen Gründen mangels der Auswahlmöglichkeit eines Vertragspartners nicht zu befürchten ist.

bb) Der Begriff der Entgeltlichkeit

Der Entgeltbegriff ist grundsätzlich weit auszulegen. Er umfasst jede Art von Vergütung, die einen Geldwert haben kann. Die Gegenleistung des öffentlichen Auftraggebers für die erbrachte Bauleistung muss nicht in einer Geldzahlung bestehen. Ausreichend ist beispielsweise auch, dass der öffentliche Auftraggeber als Gegenleistung für die Erbringung einer Bauleistung auf eine Abgabenforderung verzichtet.[288]

b) Zwischen einem öffentlichen Auftraggeber und einem Wirtschaftsteilnehmer

Problematisch ist, ob im Falle der interkommunalen Zusammenarbeit ein solcher Vertrag zwischen einem öffentlichen Auftraggeber und einem Wirtschaftsteilnehmer vorliegt. Die Bundesrepublik Deutschland vertrat hierzu in einem Ver-

285 Vgl. hierzu Bleckmann/Pieper, in: Dauses (Hrsg.) Hdb. EU-WirtschaftsR, B. I. Rn. 86f.

286 Pietzcker, NVwZ 2007, 1225, 1228.

287 EuGH, Schlussanträge v. 07.12.2000, Rs. C-399/98, Slg. 2001, S. I-5409 Rn. 70 – Teatro alla Bicocca.

288 EuGH, Urt. v. 12.07.2001, Rs. C-399/98, Slg. 2001, S. I-5409 Rn. 76ff. - Teatro alla Bicocca.

fahren vor dem EuGH die Ansicht, es handele sich dabei um einen Fall verwaltungsinterner Zusammenarbeit.[289] Die die Dienstleistung erbringende staatliche Einrichtung sei kein Dienstleistungserbringer, sondern ein öffentlich-rechtlichen Entsorgungsträger, der gegen Erstattung seiner Betriebskosten benachbarten Körperschaften öffentlichen Rechts Amtshilfe leiste.[290] Nach Ansicht der Kommission liegt ein Fall der verwaltungsinternen Amtshilfe hingegen nur vor, wenn die die Dienstleistung erbringende öffentliche Einrichtung aufgrund eines Gesetzes oder eines einseitigen Rechtsakts handele.[291] Der EuGH hat nun entschieden, dass eine solche horizontale Kooperation verschiedener öffentlicher Stellen nicht unter das Vergaberecht fällt. Er begründet dies damit, dass der Schutzzweck der Vergaberichtlinien nicht berührt sei. Eine solche Zusammenarbeit öffentlicher Stellen könne den freien Dienstleistungsverkehr und die Eröffnung eines unverfälschten Wettbewerbs in allen Mitgliedstaaten nicht in Frage stellen, solange die Umsetzung dieser Zusammenarbeit nur durch Überlegungen und Erfordernisse bestimmt werde, die mit der Verfolgung von im öffentlichen Interesse liegenden Zielen zusammenhängen, und der Grundsatz der Gleichbehandlung der Interessenten gewährleistet sei, so dass kein privates Unternehmen besser gestellt werde als seine Wettbewerber.[292]

c) Vertragsgegenstand

Die VKR definiert den Vertragsgegenstand, der ihren Anwendungsbereich eröffnet, sehr weit. Dies und die zur Auslegung ergehende deutsche Rechtsprechung[293] in neuerer Zeit führt in der deutschen Rechtswissenschaft zu der Befürchtung einer ausufernden Anwendung des Vergaberechts.[294] Dient doch nach dem deutschen Verständnis das Recht der öffentlichen Auftragsvergabe der Regelung der staatlichen Beschaffungsvorgänge.[295] Dem Wortlaut der Richtlinie

289 EuGH, Urt. v. 09.06.2009, Rs. C-480/06, Rn. 13 – Komm./Deutschland.

290 EuGH, Urt. v. 09.06.2009, Rs. C-480/06, Rn. 14 – Komm./Deutschland.

291 EuGH, Urt. v. 09.06.2009, Rs. C-480/06, Rn. 18 – Komm./Deutschland.

292 EuGH, Urt. v. 09.06.2009, Rs. C-480/06, Rn. 47 – Komm./Deutschland; vgl. hierzu ausführlich Hauptteil D. I. 1.

293 Z. B. OLG Düsseldorf, Beschl. v. 13.06.2007, VII-Verg 2/07, NZBau 2007, 530 - Flughafen Ahlhorn; Beschl. v. 12.12.2007, VII-Verg 30/07, NZBau 2008, 138 - Wuppertal-Vohwinkel; Beschl. v. 06.02.2008, VII-Verg 37/07, NZBau 2008, 271 - Oer-Erkenschwick; VK Düsseldorf, Beschl. v. 02.08.2007, VK-23/07, NZBau 2007, 736 - Wuppertal-Vohwinkel; VK Münster, Beschl. v. 26.09.2007, VK 17/07, NZBau 2008, 208 - „Kirmesplatz Oer-Erkenschwick; VK Potsdam, Beschl. v. 15.02.2008, NZBau 2008, 344; VK Darmstadt, Beschl. v. 05.03.2008, 69d-VK-06/2008, NZBau 2008, 339.

294 Pietzcker, NVwZ 2008, 929.

295 Pietzcker, NZBau 2008, 293, 295.

kann man einen Hinweis auf eine solche Begrenzung nicht mehr entnehmen. Im Folgenden soll jedoch gezeigt werden, dass auch in der Anwendung der VKR nur Beschaffungsvorgänge erfasst werden. Darüber hinaus wird untersucht, ob die Abgrenzung der erfassten Vertragsgegenstände dem Ziel der RL 2004/18/EG, die Märkte auch für die öffentliche Auftragsvergabe zu öffnen, entspricht. Es wird hierbei sowohl die Rechtsprechung deutscher als auch europäischer Gerichte berücksichtigt.

Klassischer Anwendungsbereich des Vergaberechts sind die Lieferaufträge, also die Beschaffung von Waren durch den Staat. Abgrenzungsprobleme des Begriffs des öffentlichen Auftrags tauchten im Rahmen der Bau- und Dienstleistungsaufträge.

aa) Bauaufträge – Notwendigkeit eines Beschaffungselements

Bei der Beurteilung, ob der Inhalt eines Vertrages zwischen einem öffentlichen Auftraggeber und einem Wirtschaftsteilnehmer ein Bauauftrag ist, kam es immer wieder darauf an, ob ein öffentlicher Auftrag nur im Falle einer staatlichen Beschaffung vorliegen kann.

Heftig umstritten ist im Moment die Behandlung von Grundstücksverkäufen. Dabei muss gleich zu Beginn deutlich gemacht werden, dass es sich in keinem der diskutierten Fälle um den klassischen Verkauf eines Grundstücks von einem öffentlichen Auftraggeber an einen Privaten handelt. Vielmehr geht es immer um solche Verkäufe, die mit der Verpflichtung zu einer bestimmten Bebauung des jeweiligen Grundstücks durch den privaten Käufer einhergehen.

(1) EuGH-Entscheidung *Donauwald*[296]

Diese Entscheidung des EuGH betraf einen Dienstleistungsauftrag über Abfalltransporte, den die Abfallwirtschaftsgesellschaft Donau Wald mbH ausgeschrieben hatte. Die Stadt München wollte sich als Bieter an dem Vergabeverfahren beteiligen. Zur Erfüllung der privatrechtlichen Pflichten aus demVertrag mit der Donau Wald GmbH im Falle eines Zuschlags suchte die Stadt München ein privates Unternehmen. Es ging also um die Vergabe eines Unterauftrags zur Erfüllung einer privatrechtlichen Verpflichtung der Stadt München. Der EuGH hatte nun darüber zu entscheiden, ob dieser Unterauftrag ein öffentlicher Dienstleistungsauftrag im Sinnde des. Art. 1 Abs. 2 RL 2004/18/EG[297] ist. Dies hat der EuGH bejaht. Er führt hierzu aus, dass die Richtlinie nicht unterscheide zwischen solchen Aufträgen, die ein öffentlicher Auftraggeber vergibt, um seine im

296 EuGH, Urt. v. 18.11.2004, Rs. C-126/03, Slg. 2004, S. I-11197 – Donauwald.

297 Damals war noch die Vorgängerrichtlinie RL 92/50/EWG in Kraft, die insoweit aber wortgleich ist.

Allgemeininteresse liegenden Aufgaben zu erfüllen, und jenen Aufträgen, die in keinem Zusammenhang mit derartigen Aufgaben stehen.[298] Entscheidend sei allein, dass der Inhalt des angestrebten Vertrages eine Dienstleistung im Sinne der Richtlinie sei.[299] Unschädlich sei auch, dass die Stadt München bei der Vergabe des Auftrages selbst als Dienstleistungserbringer handele, denn dies schließe nicht aus, dass die Auswahl des Subunternehmers auf anderen als wirtschaftlichen Überlegungen beruhe.[300]

(2) Stellungnahme

Aus dem Urteil folgt jedenfalls, dass die Vergaberichtlinie unabhängig davon anwendbar ist, ob der öffentliche Auftraggeber zur Erfüllung einer öffentlichen oder einer privatrechtlichen Verpflichtung Aufträge vergibt. Von einem Teil der Literatur wird betont, dass immerhin ein Beschaffungsvorgang vorlag und daher keine Rückschlüsse darauf gezogen werden könnten, ob auch ein Vertrag ohne Bedarfsbefriedigung der öffentlichen Hand unter die Richtlinie falle.[301] Dies überzeugt zunächst vor dem Hintergrund des die Vorlagefrage auslösenden Sachverhalts. Allerdings stellt der EuGH in seinen Urteilsgründen nicht auf die Beschaffung der Dienstleistung ab. Er führt vielmehr nur aus, dass es auf den Zweck des Vertragsschlusses nicht ankomme, sondern lediglich darauf, dass ein öffentlicher Auftraggeber mit einem Unternehmer einen entgeltlichen Vertrag über die Erbringung einer Dienstleistung abschließe.[302] In Anbetracht der verfassungsrechtlichen Vorgabe des Art. 267 Abs. 1 lit. a) AEUV, wonach der EuGH im Wege der Vorabentscheidung über die Auslegung des Vertrages entscheidet, nicht aber über den konkreten Fall, ist in erster Linie auf die Auslegungshinweise, die der EuGH in seinen Entscheidungsgründen gibt, abzustellen. Diese enthalten keine Hinweise darauf, dass für das Vorliegen eines öffentlichen Vertrages ein Beschaffungselement notwendig ist. Allerdings kann die Gesetzesauslegung nie ganz von dem Fall getrennt werden, zu dessen Subsumtion das Gesetz gerade ausgelegt wird.[303] So ist es durchaus nahe liegend, dass der EuGH sich mit der Frage nicht beschäftigt hat, weil es keine Argumente einer Partei

298 EuGH, Urt. v. 18.11.2004, Rs. C-126/03, Slg. 2004, S. I-11197 Rn. 18 – Donauwald; so auch früher schon zur Richtlinie 93/37/EWG EuGH, Urt. v. 15.01.1998, Rs. C-44/96, Slg. 1998, S. I-73 Rn. 32 – Mannesmann Anlagenbau Austria.

299 EuGH, Urt. v. 18.11.2004, Rs. C-126/03, Slg. 2004, S. I-11197 Rn. 13 – Donauwald.

300 EuGH, Urt. v. 18.11.2004, Rs. C-126/03, Slg. 2004, S. I-11197 Rn. 18 – Donauwald.

301 Pietzcker, NZBau 2008, 293, 294; Burgi, NVwZ 2008, 929, 931f.

302 EuGH, Urt. v. 18.11.2004, Rs. C-126/03, Slg. 2004, S. I-11197 Rn. 13 – Donauwald.

303 Vgl. hierzu von der Groeben/Schwarze/Gaitanides, EG Art. 234 Rn. 32; Wende, Grenzen der Auslegung im Gemeinschaftsrecht, in: Boesche/Füller/Wolf (Hrsg.), Variationen im Recht, S. 250, 255.

gab, die darauf abzielten, die Eigenschaft als öffentlicher Vertrag wegen des fehlenden Beschaffungscharakters abzulehnen. Wegen dieser Zweifel kann aus dem Urteil keine genaue Auslegungsregel hinsichtlich der Erforderlichkeit eines Beschaffungselements für den Begriff des öffentlichen Auftrags entnommen werden.

(3) EuGH-Entscheidung *Stadt Roanne*[304]

In diesem Fall wollte die französische Stadt Roanne eine gemischtwirtschaftliche Stadtentwicklungsgesellschaft (SEDL) mit der Planung und Verwirklichung eines Freizeitzentrums ohne Durchführung eines Vergabeverfahrens beauftragen. Hiermit sollte das Bahnhofsviertel aufgewertet und belebt werden. Gegenstand des Auftrags war u.a. der Grunderwerb, die Beschaffung von Finanzmitteln sowie die Planung und Durchführung des Bauvorhabens. Der größte Teil der zu errichtenden Anlagen sollte an Dritte veräußert werden. Die Errichtung dieser Anlagen sollte von der Stadt Roanne mitfinanziert werden. Im Übrigen sollte sich die SEDL aus den Veräußerungserlösen refinanzieren. Die Stadt Roanne beabsichtigte, die bei Projektende noch nicht veräußerten Teile zu übernehmen und insgesamt das Verlustrisiko zu tragen. Daneben sollte die SEDL einen bestimmten Betrag als Gegenleistung für die Errichtung eines öffentlichen Parkplatzes von der Stadt Roanne erhalten.

Der EuGH bejahte hier die Eigenschaft als öffentlicher Bauauftrag, da die Ausführung und Planung der Bauleistung nach den Erfordernissen des öffentlichen Auftraggebers erstellt werden sollte.[305]

(4) Stellungnahme

Daraus wird in der Literatur nun teilweise der Schluss gezogen, für die Annahme eines öffentlichen Bauauftrages bedürfe es keines Beschaffungselements mehr.[306] Dieser Schluss ist nicht zwingend. Die Urteile des EuGH entfalten zwar eine Bindungswirkung erga omnes dergestalt, dass letztinstanzlich entscheidende nationale Gerichte nicht ohne erneute Vorlage beim EuGH von dem Urteil abweichen dürfen.[307] Die Tatsache, dass der EuGH eine Voraussetzung nicht prüft, erwächst aber nicht dahingehend in Rechtskraft, dass es diese Voraussetzung nicht mehr gibt. Vielmehr hätte der EuGH die Nichterforderlichkeit des Beschaffungselements ausdrücklich aufführen und durch Auslegung des Ge-

304 EuGH, Urt. v. 18.01.2007, Rs. C-220/05, Slg. 2007, S. I-385 - Roanne.

305 EuGH, Urt. v. 18.01.2007, Rs. C-220/05, Slg. 2007, S. I-385 Rn. 35ff. – Roanne.

306 Vetter/Bergmann, NVwZ 2008, 133, 136.

307 Von der Groeben/Schwarze/Gaitanides, EG Art. 234 Rn. 92; Calliess/Ruffert/Wegener, EGV Art. 234 Rn. 38.

meinschaftsrechts begründen müssen. Zu berücksichtigen ist, dass in dem Fall Roanne ein Beschaffungselement vorlag, denn die SEDL war nur verlängerter Arm der Stadt selbst, die das Projekt für die Stadt realisierte. Die Stadt wollte ein Grundstück erwerben, es in einer bestimmten Art und Weise bebauen und dann die einzelnen Nutzungseinheiten veräußern. Mit der Durchführung des Projekts hat sie einen Privaten betraut. Der Schluss, dass ein Beschaffungselement für das Vorliegen eines öffentlichen Auftrags nicht mehr notwendig ist, hätte aus dem Urteil nur gezogen werden können, wenn gerade keine Beschaffungstätigkeit vorgelegen hätte.

(5) Der Beschluss des OLG Düsseldorf *Flughafen Ahlhorn*[308]

Das OLG Düsseldorf hatte in diesem Fall über die Eigenschaft eines komplexen Projekts als öffentlicher Bauauftrag oder als Baukonzession zu befinden. Eigentümer des zu bebauenden Grundstücks war die Bundesrepublik Deutschland. Das Grundstück wurde urspünglich als Militärflughafen genutzt. Da es für diese Zwecke nicht mehr benötigt wurde, wollte die Bundesrepublik Deutschland das Grundstück verkaufen. Die Gemeinde und der Landkreis, in dem das Grundstück lag, gründeten hierfür eine Nachnutzungsgesellschaft, die verschiedene Nutzungskonzepte miteinander vergleichen wollte, um durch den Grundstücksverkauf eine Stärkung des Wirtschaftsstandorts, vor allem durch die nachhaltge Schaffung von Arbeitsplätzen, zu erreichen. Die Entscheidung fiel dabei zugunsten einer gewerblich-logistisch-fliegerischen Nutzung aus. Es wurde also durch Ausschreibung zur Abgabe von Angeboten zum Grundstückskauf unter Realisierung dieses Nutzungskonzepts aufgefordert. Noch vor Zuschlagserteilung wandte sich ein Bieter beim Bundeskartellamt gegen die Auswahl eines anderen Bieters als „preferred bidder". Dieses wies den Nachprüfungsantrag als unzulässig zurück, da es sich weder um einen Bauauftrag noch um eine Baukonzession handele. Über die dagegen eingelegte Beschwerde hatte dann das OLG Düsseldorf zu entscheiden.

Das OLG Düsseldorf entschied, dass es sich bei dem Vertrag, zu dessen Abschluss die Ausschreibung führen sollte, um eine Baukonzession gemäß § 99 Abs. 3 GWB handele. Die Baukonzession unterscheidet sich vom Bauauftrag nur in der Gestaltung der Gegenleistung. Während der öffentliche Auftraggeber dem Auftragnehmer ein festes Entgelt gewährt, beschränkt sich die Gegenleistung bei der Baukonzession auf die Einräumung von Nutzungsrechten. Bei der Baukonzession trägt also der Auftragnehmer das Risiko der Amortisierung seiner Kosten. Ob es sich aber bei der Leistungsflicht des Auftragnehmers um eine

308 OLG Düsseldorf, Beschl. v. 13.06.2007, VII-Verg 2/07, NZBau 2007, 530 – Flughafen Ahlhorn.

vergaberechtsrelevante Bauleistung handelt, ist für beide Konstruktionen identisch zu beurteilen. Daher wird im Folgenden nur die Baukonzession aufgeführt, die Ausführungen gelten aber ebenso für den Bauauftrag.

Das OLG führt dazu aus, dass Vertragsgegenstand schon dann eine Baukonzession sei, wenn der Auftraggeber den Auftragnehmer mit der Erstellung von Bauwerken/Bauvorhaben entsprechend seinen Erfordernissen beauftrage. Es sei nicht notwendig, dass der öffentlichen Auftraggeber hiermit einen eigenen Bedarf decken wolle.[309] Das OLG zieht die oben dargestellten EuGH-Entscheidungen als Beleg dafür heran, dass entgegen der bisherigen Rechtsprechung ein öffentlicher Auftrag im Sinne des § 99 GWB bei richtlinienkonformer Auslegung immer dann vorliege, wenn der Staat überhaupt Aufträge vergebe.[310] Erforderlich sei lediglich ein Eigeninteresse des öffentlichen Auftraggebers. Es genüge aber schon ein mittelbares Interesse, wie z. B. das an einer geordneten Stadtplanung.[311]

Für eine Entscheidung der Frage, ob die Vergabe eines öffentlichen Auftrags ein Beschaffungselement erfordert, die über die Analyse der EuGH-Rechtsprechung hinausgeht, ist wiederum nach Sinn und Zweck des Vergaberechts zu fragen. Wie oben dargestellt, soll das Vergaberecht als Teil des europäischen Wettbewerbsrechts verhindern, dass der Staat durch seine besondere Machtposition den Wettbewerb anders als durch wirtschaftliche Entscheidungen beeinträchtigt. Die Verwaltung unterliegt nicht ausschließlich den Zwängen des Marktes, sondern verfügt über kraft Hoheitsakts erworbenen Haushaltsmittel, ist nicht von Insolvenz bedroht und unterliegt politischen Einflüssen.[312] Die davon geprägte Auftragsvergabe gepaart mit einer typischerweise fehlenden Marktübersicht läuft leicht auf eine Ungleichbehandlung der Unternehmen hinaus.[313]

Fraglich ist also, ob in dem Fall, in dem eine staatliche Stelle eine Beschaffung vornimmt, um eine eigene vertragliche – und nicht gesetzliche – Verpflichtung zu erfüllen, die Gefahr besteht, dass der Staat durch seine besondere Machtposition den Wettbewerb beeinträchtigen kann. In einem zweiten Schritt stellt sich dann die Frage, ob diese Gefahr auch besteht, wenn gar kein Beschaffungsvorgang einer staatlichen Stelle gewollt ist.

---

309 OLG Düsseldorf, Beschl. v. 13.06.2007, VII-Verg 2/07, NZBau 2007, 530, 531 – Flughafen Ahlhorn.

310 OLG Düsseldorf, Beschl. v. 13.06.2007, VII-Verg 2/07, NZBau 2007, 530, 531 – Flughafen Ahlhorn; so in der Folge auch VK Münster, Beschl. v. 26.09.2007, VK 17/07, Rn. 97, insoweit nicht abgedruckt in GewArch 2008, 134.

311 OLG Düsseldorf, Beschl. v. 13.06.2007, VII-Verg 2/07, NZBau 2007, 530, 531 – Flughafen Ahlhorn.

312 Pietzcker, Grenzen des Vergaberechts, NVwZ 2007, 1225.

313 Pietzcker, Grenzen des Vergaberechts, NVwZ 2007, 1225.

Pietzcker bejaht die Anwendbarkeit des Vergaberechts in Übereinstimmung mit der EuGH-Entscheidung *Donau-Wald* jedenfalls für die Fälle, in denen ein öffentlicher Auftraggeber eine Beschaffung vornimmt, um eine eigene vertragliche Verpflichtung zu erfüllen. Das erscheint zweifelhaft. Die Notwendigkeit eines speziellen Wettbewerbsrechts für wirtschaftliches Handeln des Staates endet dort, wo die besonderen Befugnisse und die besondere Machtstellung des Staates keine Rolle mehr spielen und der staatlichen Auftraggeber wie jeder andere Marktteilnehmer auftritt. Die speziellen Wettbewerbsvorschriften sind im Bereich der staatlichen Beschaffungsvorgänge nur aus der übergroßen Nachfragemacht des Staates gerechtfertigt. Wenn ein staatseigener Betrieb nun wie im Fall Donau-Wald an einer Ausschreibung für Abfallentsorgung teilnimmt und zur Durchführung der ausgeschriebenen Dienstleistung sich eines Dritten bedienen will und daher nach einem Unterauftragnehmer sucht, handelt das staatseigene Unternehmen dann nicht wie jeder andere Marktteilnehmer, der an der Ausschreibung teilnehmen will? Dagegen könnte eingewandt werden, dass das staatseigene Unternehmen auf dem Nachfragemarkt für Unterauftragnehmer deshalb eine besonders mächtige Stellung hat, weil es einen besonders großen finanziellen Spielraum hat. Jede wirtschaftliche Einheit, hinter der der Staat steht, hat durch den Staatshaushalt große finanzielle Ressourcen. Im konkreten Fall könnte also die Stadt München einem Unterauftragnehmer u.U. mehr bezahlen als ein Privatunternehmen und trotzdem die Erfüllung der ausgeschriebenen Abfallentsorgungsdienstleistung preiswerter anbieten als ein privates Unternehmen.

Problematisch ist dabei aber zunächst, ob dem tatsächlich so ist oder ob nicht der Markt durchaus über Sanktionsmöglichkeiten gegenüber dem Staat als „unsolidem Beschaffer“ verfügt, bis hin zu faktischen Angebotssperren.[314] Fraglich ist darüber hinaus, ob das noch in den Regelungszweck des Vergaberechts fällt oder ob für die Verhinderung solcher Szenarien nicht andere wettbewerbsbezogene Regeln existieren. Nach dem oben dargestellten Wortlaut und systematischem Zusammenhang der §§ 98, 99 GWB in ihrem europarechtlichen Kontext sind aber auch solche staatlichen Erwerbsvorgänge vom Anwendungsbereich umfasst, die der Erfüllung eigener vertraglicher Verpflichtungen dienen. § 98 Nr. 1 GWB unterstellt eine öffentlich-rechtliche Gebietskörperschaft der Anwendbarkeit des Vergaberechts, indem er diese als öffentlichen Auftraggeber einstuft. Auf die Beweggründe des getätigten Geschäfts wird dabei nicht abgestellt. Auch § 98 Nr. 2 GWB, der den Begriff des öffentlichen Auftraggebers erweitert, stellt auf die strukturelle Zusammensetzung der juristischen Person ab, nicht auf die Auftragsart oder die Motivation.

---

314 So Ziekow, GewArch 2009, 136.

Auch der § 99 Abs. 1 GWB, der den Begriff des öffentlichen Auftrags legal definiert, lässt von seinem Wortlaut keine Einschränkung auf solche Geschäfte, die der Bedarfsdeckung zur Erfüllung einer öffentlichen Aufgabe dienen, erkennen. Darin heißt es: „Öffentliche Aufträge sind entgeltliche Verträge von öffentlichen Auftraggebern mit Unternehmen über die Beschaffung von Leistungen, die Liefer-, Bau- oder Dienstleistungen zum Gegenstand haben, Baukonzessionen und Auslobungsverfahren, die zu Dienstleistungsaufträgen führen sollen." Wofür oder aus welchem Beweggrund ein solcher Vertrag geschlossen wird, ist demnach unerheblich.

Daraus folgt, dass der Staat nicht nur bei Beschaffungsvorgängen im Rahmen der Erfüllung seiner öffentlichen Aufgaben besonderen Regeln zur Herstellung und Aufrechterhaltung von Wettbewerb unterworfen sein soll, sondern für jeglichen Abschluss eines entgeltlichen Vertrages, der eine Beschaffung zum Gegenstand hat. Nun stellen sich zwei Fragen:

Soll das Vergaberecht anwendbar sein, wenn es sich um einen Beschaffungsvorgang eines öffentlichen Auftraggebers handelt, obwohl der Staat in dem konkreten Fall wie jeder private Wettbewerber auch agiert?

Soll dieses besondere Regime auf Beschaffungsvorgänge beschränkt sein? Woraus rechtfertigt sich eine solche Beschränkung?

Zur ersten Frage: Diese Frage scheint sich angesichts obiger Darstellung des Gesetzeszusammenhangs nur mit ja beantworten zu lassen. Zu untersuchen bleibt allerdings noch die Möglichkeit einer teleologischen Reduktion. Wie oben dargestellt ist der Sinn und Zweck des Vergaberechts zweierlei. Einerseits soll die sparsame Haushaltsführung gesichert werden (haushaltsrechtliche Sicht), andererseits soll auch für die Anbieter von den vom Staat nachgefragten Gütern und Dienstleistungen ein fairer und transparenter Wettbewerb gesichert werden (kartellrechtliche Sicht). Tritt der Staat nun als Nachfrager wie ein privater Nachfrager auf, so ist zur Sicherung des Wettbewerbs kein besonderes Regime als Handlungsbeschränkung des Staates notwendig. Der Staat hat hier keine besondere Marktmacht, die er zur Verfälschung des Wettbewerbs einsetzen könnte. Möglicherweise ist aber wegen des haushaltsrechtlichen Zieles die Anwendung des Vergaberechts weiterhin geboten. Dazu muss zunächst der genaue Inhalt des Grundsatzes der sparsamen Haushaltsführung beleuchtet werden. Hintergrund hierfür ist die Pflicht des Staates, mit den vom Bürger eingenommenen Mitteln möglichst sparsam umzugehen. Eine andere Ausgabepraxis würde nämlich unter Umständen dazu führen, dass die Einnahme der Mittel (vorwiegend über Steuererhebung) einen unverhältnismäßigen Grundrechtseingriff darstellen würde.[315] Daher muss bei jedem Geschäft, das der Staat abschließt, sichergestellt

---

315 BVerfGE 93, 121, 131.

sein, dass dieser Grundsatz eingehalten wird. Speziell dafür wurde das Vergabeverfahren entwickelt. Daher muss das Vergaberecht auch dann Anwendung finden, wenn der Staat wie jeder andere private Wettbewerbsteilnehmer auch als Nachfrager agiert. § 99 Abs. 1 GWB ist insoweit nicht teleologisch zu reduzieren.

Zur zweiten Frage: Warum ist nicht jeder Austauschvertrag, bei dem der Staat Vertragspartei ist, Gegenstand des Vergaberechts? Zur Begründung dafür lässt sich zunächst der Wortlaut von § 99 Abs. 1 GWB anführen. Hierin wird ausdrücklich eine Beschaffung des öffentlichen Auftraggebers als Voraussetzung der Eigenschaft als öffentlicher Auftrag verlangt. Die oben aufgeworfene Frage, nur um eine Nuance verschoben, nämlich dahingehend, was unter Beschaffung zu verstehen ist (ob noch der klassische „Einkaufsbegriff") drängt sich förmlich auf bei der Lektüre von § 99 Abs. 3 GWB. Hierin wird der Begriff des Bauauftrags definiert und damit die Legaldefinition des „öffentlichen Auftrags" in § 99 Abs. 1 GWB für einen Spezialfall konkretisiert. Darunter fällt neben der Planung und Ausführung eines Bauvorhabens auch „eine dem Auftraggeber unmittelbar wirtschaftlich zugute kommenden Bauleistung durch Dritte gemäß den vom Auftraggeber genannten Erfordernissen". Diese Formulierung legt die Vermutung nahe, dass der Begriff der „Beschaffung" nicht eng als „Einkaufstätigkeit" ausgelegt werden muss, sondern weit. Losgelöst vom Begriff des Bauauftrags ließe sich als Kriterium die „wirtschaftliche Vorteilhaftigkeit" einer Auftragsvergabe als Kriterium für die Beschaffungseigenschaft aus § 99 Abs. 3 GWB herausfiltern. Problematisch erscheinen hierbei aber zwei Punkte. Zunächst ist aus methodischer Sicht fragwürdig, ob aus einer Regelung für einen Spezialfall eine Auslegungsdirektive für die allgemeinere Regel hergeleitet werden kann.

Darüber hinaus ist zu berücksichtigen, dass die Grenze der Auslegung immer im Wortsinn liegt. Der Wortsinn des Begriffs „Beschaffung" im allgemeinen Sprachgebrauch ist „die Besorgung von materiellen oder immateriellen Gütern"[316]. Es stellt sich also die Folgefrage, ob jeder wirtschaftliche Vorteil, der dem öffentlichen Auftraggeber aus der Ausführung/Planung einer Bauleistung erwächst, noch als Besorgung von immateriellen Gütern verstanden werden kann. Betriebswirtschaftlich beschreibt der Begriff „Gut" alle Mittel und Leistungen, die irgendeinen Nutzen stiften und damit der Bedarfsbefriedigung dienen.[317]

In der Betriebswirtschaftslehre wird als Beschaffung im weiten Sinne die kostenoptimale Bereitstellung aller Einsatzfaktoren bezeichnet, die zur betriebli-

---

316 Dichtl/Issing, Vahlens Großes Wirtschaftslexikon, Band 1, S. 235.

317 Dichtl/Issing, Vahlens Großes Wirtschaftslexikon, Band 2, S. 870.

chen Leistungserstellung erforderlich sind. Beschaffungsobjekte können Materialien, Güter des Sachanlagevermögens, Rechte, Dienstleistungen, Finanzmittel und Personal sein.[318] Hierbei kommt es also nicht zwingend darauf an, dass der Gegenstand der Beschaffung in das Vermögen des Beschaffenden oder in dessen Verfügungsgewalt kommt. Es kommt nur darauf an, ob der Gegenstand zur betrieblichen Leistungserstellung erforderlich ist und bereitgestellt wird.

Möglicherweise ist die Eigenschaft der Beschaffung eine Voraussetzung des öffentlichen Auftrags gemäß § 99 Abs. 1 GWB. Für den Spezialfall des Bauauftrags ist die Definition aber weiter und erfasst auch Verträge über die Bauleistung eines Dritten, die nach den vom Auftraggeber genannten Erfordernissen durchgeführt wird. Bei dieser Formulierung ist zunächst unklar, zwischen wem überhaupt ein Vertrag zustande gekommen sein muss. Jedenfalls muss wohl der Auftraggeber Vertragspartei sein. Die andere Vertragspartei darf dann aber nicht derjenige selbst sein, der die Bauleistung ausführt oder plant, er soll ja gerade Dritter sein.

bb) Dienstleistungsaufträge

Gemäß Art. 1 Abs. 2 lit. d) RL 2004/18/EG sind öffentliche Dienstleistungsaufträge öffentliche Aufträge über die Erbringung von Dienstleistungen im Sinne von Anhang II, die keine öffentlichen Bau- oder Lieferaufträge sind. Hiermit wird der Anwendungsbereich der Vergaberichtlinien also sehr weit gefasst. Bei einem Blick in den Anhang II der RL 2004/18/EG fällt auf, dass es kaum einen Vertrag über die Erbringung einer Dienstleistung gibt, der nicht unter eine der aufgezählten Kategorien fällt. Anlässlich öffentlicher Dienstleistungsaufträge ist immer wieder problematisch, ob überhaupt ein öffentlicher Auftrag vergeben wird, oder ob es sich nur um die Delegierung einer Aufgabe innerhalb der Einrichtungen des Staates handelt.

cc) Stellungnahme

Für die Festlegung des Anwendungsbereichs des Vergaberechts anhand von Sinn und Zweck des Vergaberechts muss auch berücksichtigt werden, inwieweit das Vergaberecht überhaupt geeignet ist, das Ziel der Marktöffnung zu erreichen.[319] Die Vorschriften sind in Beziehung zu setzen zu anderen Vorschriften mit den gleichen oder ähnlichen Zielen, um sodann zu einer stimmigen Abgrenzung der Anwendungsbereiche zu kommen. Im Bereich des Beihilfenrechts hat der EuGH z. B. dogmatisch überzeugend herausgearbeitet, dass das Merkmal der „Finanzierung aus staatlichen Mitteln" nicht über den Wortsinn hinaus weit

318 Dichtl/Issing, Vahlens Großes Wirtschaftslexikon, Band 1, S. 235

319 Vgl. hierzu auch Pietzcker, NVwZ 2007, 1225ff.

ausgelegt werden muss, um eine Verhinderung der Verfälschung des Wettbewerbs durch bloß staatlich angeordnete Zahlungsverpflichtungen Privater zu verhindern.[320] Hierfür gibt es wiederum andere Vorschriften, nämlich die der Art. 101, 102 EG, die ein wettbewerbsverfälschendes Verhalten der durch solche Zahlungen begünstigten Unternehmen erfassen.

Das Vergabeverfahren ist ein Kompromiss zwischen der Sicherstellung der Aufrechterhaltung von Wettbewerb ohne politischen Einfluss und der wirtschaftlichen Verwendung der Haushaltsmittel. Beide Gesetzeszwecke stehen nämlich untereinander schon im Spannungsverhältnis und teilweise im Widerspruch.[321] So dient das sehr bürokratische und aufwändige Ausschreibungsverfahren der Verhinderung von politischem Einfluss auf die Auswahl und damit auf den Wettbewerb. Gleichzeitig verursacht es hohe Kosten und ist nicht flexibel genug, um auf kurzfristige Preisschwankungen nach unten reagieren zu können. Insoweit dient es nicht der Erfüllung des Grundsatzes der sparsamen Haushaltsführung. Andererseits dient es diesem Grundsatz aber, indem es die Auswahl eines teureren Angebots aus politischen Gründen verhindert.[322]

Diese Ambivalenz spiegelt sich auch in der Rechtsschutzproblematik wieder. Würde der Gesetzgeber die für Aufträge oberhalb der Schwellenwerte europarechtlich geforderte Lösung, nämlich die Verhinderung des Zuschlags bis zur gegebenenfalls rechtskräftigen Klärung der Ansprüche unterlegener Bieter, auf sämtliche öffentlichen Aufträge erstrecken, wäre es denkbar, dass der Aufwand in vielen Fällen in keinem Verhältnis mehr zu dem Wert des jeweiligen Auftrags und dem Beschaffungsziel stünde.[323]

Darüber hinaus stellte sich immer wieder die Frage, ob das aufwändige Vergaberecht hinreichend zur Schaffung eines Binnenmarkts der öffentlichen Aufträge beigetragen hat. Die Auswertung der Wirkung der immer weiter entwickelten gemeinschaftsrechtlichen Vergabevorschriften war in dieser Hinsicht eher ernüchternd.[324] Entweder hat es das formalisierte Vergaberecht nicht ver-

---

320 EuGH, Urt. v. 13.03.2001, Rs. C-379/98, Slg. 2001, S. I-2099 Rn. 63ff. – PreussenElektra.

321 So auch Pietzcker, NVwZ 2007, 1225.

322 Vgl. hierzu Pietzcker, NVwZ 2007, 1225, 1226.

323 So wurde in einer Studie 2003 festgestellt, dass der Unterschied zwischen Anwendung und Nichtanwendung der EU-Vergabevorschriften bis zu 34% der Gesamtkosten ausmachen kann: Mitteilung der Kommission an den Rat, das Europäische Parlament, den Europäischen Wirtschafts- und Sozialausschuss und den Ausschuss der Regionen – Bericht über die Umsetzung der Binnenmarktstrategie (2003-2006), KOM (2004) 22 endg., S. 12; vgl. hierzu auch Pietzcker, NVwZ 2007, 1225; Sauer/Hollands, NZBau 2006, 763, 764f.

324 Hailbronner/Kau, NZBau 2006, 16, 19f.

mocht, die Tendenzen zur Marktabschottung wirksam zu bekämpfen oder aber es kommt in diesen empirischen Untersuchungen auch die große Bedeutung ökonomisch-sachlicher Gesichtspunkte, etwa solcher des Standortvorteils, zum Ausdruck.[325]

In Deutschland hat die Verrechtlichung des Vergaberechts spürbare Auswirkungen. Die neuen Rechtschutzverfahren werden von vielen Bietern in Anspruch genommen und verhelfen den unterlegenen Bietern auch oft zum Erfolg.[326] Allerdings ist dies allein kein Beweis dafür, dass das Vergaberecht geeignet ist, seine Ziele zu erreichen. Denn die Existenz eines ausgeprägten Rechtschutzverfahrens birgt wiederum die Gefahr der Blockierung von Beschaffungsvorgängen durch Konkurrenten, die das wettbewerbsimmanente Unterliegen durch Geltendmachung kleiner formeller Fehler negieren oder jedenfalls den Vorteil des obsiegenden Wettbewerbers minimieren wollen.

Darüber hinaus ist fraglich, ob der Wettbewerbsaspekt des Vergaberechts genauso weit gefasst sein kann wie der des Kartellrechts oder ob nicht aus der Tatsache, dass hier der Staat handelt, schon denklogisch ein anderes Wettbewerbsverständnis zu Grunde gelegt werden muss. Nach *Pietzcker* handelt es sich beim Vergaberecht um das Recht eines künstlich geschaffenen Wettbewerbs.[327] Nach seiner Ansicht ist der Wettbewerbsgedanke dem öffentlichen Recht zwar auch nicht fremd, aber nicht im gleichen Maße wie im Privatrecht dominierend.[328] Gleichzeitig führt er aus, dass der Wettbewerb, der durch die Grundrechte der Berufsfreiheit und des Eigentums geschützt sei, durch Gesetz zum Schutz bestimmter anderer Interessen eingeschränkt werden könne.[329] Als Beispiel führt *Pietzcker* an, dass die Vergabe nach bestimmten „vergabefremden Kriterien“ verfassungsrechtlich legitim sei, wie das Bundesverfassungsgericht in seinem Urteil zu Tariftreueklauseln[330] bestätigt habe.[331] Damit werden aber zwei

---

325 Grünbuch der Europäischen Kommission, Das öffentliche Auftragswesen in der Europäischen Union: Überlegungen für die Zukunft, KOM(96) 583, S. 14f.; Hailbronner/Kau, NZBau 2006, 16, 19f.

326 Es gab einen konstanten Anstieg an Verfahren vor den OLGen bis 2004 (314), danach ging die Zahl wieder zurück (227 in 2005), ebenso nahm die Zahl der erfolgreichen Beschwerden seit 2004 ab, vgl. Statistische Meldungen des Bundeswirtschaftsministeriums über Vergabenachprüfungsverfahren gemäß § 22 Vergabeverordnung, Oberlandesgerichte, abrufbar unter http://www.bmwi.de/BMWi/Navigation/Wirtschaft/Wirtschaftspolitik/oeffentliche-auftraege,did=191022.html.

327 Pietzcker, NVwZ 2007, 1225, 1226.

328 Pietzcker, NVwZ 2007, 1225, 1226.

329 Pietzcker, NVwZ 2007, 1225, 1226.

330 BVerfGE 116, 202.

331 Pietzcker, NVwZ 2007, 1225, 1226.

verschiedene Aspekte in einen Topf geworfen. Unzweifelhaft können die Grundrechte bei Einhaltung des Gesetzesvorbehalts und des Verhältnismäßigkeitsgrundsatzes eingeschränkt werden.[332] Dies hat aber nichts mit der Frage zu tun, ob das öffentliche Recht den Wettbewerbsgedanken in gleichem Maße enthält wie das Zivilrecht. Es handelt sich vielmehr um zwei Ansätze zur Verwirklichung der Ziele des Vergaberechts, die getrennt voneinander zu untersuchen sind.

Als Beispiele für die Begrenzung des Wettbewerbsgedankens durch den Grundsatz der sparsamen Haushaltsführung führt *Pietzcker* Fälle an, in denen die Vergabe eines Auftrags an ein ortsansässiges Unternehmen ökonomisch sinnvoll sein kann, dem reinen Wettbewerbsgedanken des europäischen Rechts aber widerspreche.[333] Hier besteht also ein Konflikt zwischen europäischem Recht und nationalem Recht. Wie oben dargestellt, entstanden die europäischen vergaberechtlichen Vorschriften aus den Grundfreiheiten und dem allgemeinen Diskriminierungsverbot. Das europäische Vergaberecht hat im Gegensatz zum deutschen Recht nur ein Ziel, die Herstellung des Wettbewerbs im Bereich der öffentlichen Auftragsvergabe. Der EuGH hat wiederholt betont, dass die Vergaberichtlinien Beschränkungen der Niederlassungsfreiheit und des freien Dienstleistungsverkehrs auf dem Gebiet der öffentlichen Aufträge beseitigen sollen, um diese Märkte einem echten Wettbewerb zu öffnen. Es sei nämlich die Öffnung dieses Bereichs für den gemeinschaftlichen Wettbewerb mittels der in der Richtlinie vorgesehenen Verfahren, die die Gefahr von Bevorzugungen durch die öffentliche Verwaltung ausschließe.[334] Diesen Vorschriften ist der Grundsatz der sparsamen Haushaltsführung fremd, wie überhaupt den Vorschriften des Vertrags, da es sich hierbei gerade um Regeln eines Zusammenschlusses souveräner Staaten handelt. Innerstaatliche verfassungsrechtliche Vorschriften bleiben demnach ungeregelt. Denkbar wäre aber, den Grundsatz der sparsamen Haushaltsführung als Rechtfertigungsgrund im Rahmen des Art. 36 AEUV anzuführen. Er würde dann eine Einschränkung der Grundfreiheiten rechtfertigen, wenn er zur Wahrung zwingender Gründe des Allgemeinwohls geeignet, erforderlich und angemessen wäre. Eine solche Rechtfertigung erscheint zunächst problematisch vor dem Hintergrund, dass der EuGH wiederholt betont hat, dass Art. 36 AEUV nur Maßnahmen nicht wirtschaftlicher Art erfasst.[335]

---

332 BVerfGE 60, 253, 295; 69, 1, 25; Maunz/Dürig/Grzeszick, GG Art. 20 Rn. 92.

333 Pietzcker, NVwZ 2007, 1225, 1226.

334 EuGH, Urt. v. 12.07.2001, Rs. C-399/98, Slg. 2001, S. I-5409 Rn. 52 - Teatro alla Bicocca.

335 Vgl z. B. EuGH, Urt. v. 07.02.1984, Rs. 238/82, Slg. 1984, 523 Rn. 23 – Duphar.

Pietzcker weist aber zu Recht darauf hin, dass die EU selbst durch ihre Industrie- und Beihilfenpolitik Einschränkungen des Wettbewerbs herbeiführt und hinnimmt.[336]

Weitaus größere Spannungen zwischen Vorgaben des Verwaltungsrechts und dem reinen Wettbewerbsgedanken - unter Umständen mit der Konsequenz der Nichtanwendbarkeit des Vergaberechts - sieht Pietzcker im Bereich der interkommunalen Zusammenarbeit.[337]

III. Der Begriff der Begünstigung im Sinne des Art. 107 Abs. 1 AEUV bezogen auf den Gegenstand der öffentlichen Auftragsvergabe

Voraussetzung für die Anwendbarkeit des Beihilfeverbots – und damit insbesondere des Durchführungsverbots und der Notifizierungspflicht des Art. 108 Abs. 3 AEUV – ist der Beihilfecharakter einer Maßnahme. Aus Art. 107 Abs. 1 AEUV lassen sich mit der Rechtsprechung des EuGH fünf Merkmale für das Vorliegen einer solchen Beihilfe ableiten. Es muss sich (1) um eine Begünstigung (2) bestimmter Unternehmen oder Produktionszweige handeln, die (3) aus staatlichen Mitteln gewährleistet wird, (4) eine Wettbewerbsverfälschung tatsächlich bewirkt oder zu bewirken droht und (5) den zwischenstaatlichen Handel zu beeinträchtigen geeignet ist.[338]

Hinsichtlich der ersten drei Voraussetzungen ist in der Vergangenheit heftiger Streit entbrannt, der im Folgenden anhand der Rechtsprechung, Kommissionsdokumenten und Stellungnahmen in der Literatur dargestellt wird. Bezogen auf die Konstellationen der öffentlichen Auftragsvergabe erfolgt sodann eine Klärung des genauen Inhalts der einzelnen Voraussetzungen.

Die Frage, ob die Vergabe eines öffentlichen Auftrags das Tatbestandsmerkmal der Begünstigung erfüllen kann, ist wohl die meistdiskutierte Frage.[339] Oftmals erschöpfen sich die Diskussionen leider in pauschalen Ableitungen. Im Folgenden soll daher die Rechtsprechung des EuGH zu der Vorteilhaftigkeit einer Begünstigung unter Berücksichtigung der tatsächlichen Konsequenzen des Erhalts eines öffentlichen Auftrags für ein Unternehmen analysiert werden. Dabei ist zwischen Erwerbsvorgängen der öffentlichen Hand (Güterbeschaffung)

---

336 Pietzcker, NVwZ 2007, 1225, 1227.

337 Pietzcker, NVwZ 2007, 1225, 1227.

338 Vgl. nur EuGH Urt. v. 13.03.2001, Rs. C-379/98, Slg. 2001, S. I-2099 Rn. 57ff – PreussenElektra.

339 Vgl. nur Bartosch, WuW 2001, 673, 675; Eilmannsberger, WuW 2004, 384, 385f.; Fischer, VergR 2004, 1, 2ff.; Kese/Lukasik, VblBW 2003, 226, 228ff.

und der Übertragung der Ausführung einer öffentlichen Aufgabe im Allgemeininteresse gegen Entgelt zu unterscheiden.

Die Begünstigung im Sinne des Art. 107 Abs. 1 AEUV wird vom EuGH ausgelegt als jeder wirtschaftliche Vorteil[340], den ein Unternehmen durch die Zuwendung des Staates erhält, den es unter normalen Marktbedingungen nicht erhalten hätte.[341] Anders formuliert ist eine staatliche Maßnahme dann eine Begünstigung im Sinne von Art. 107 Abs. 1 AEUV, wenn das Unternehmen eine Leistung ohne angemessene, d. h. marktübliche Gegenleistung (Kompensation) erlangt.[342] Teilweise wird die Beihilfe auch definiert als alle Mittel zur Verfolgung bestimmter Ziele, die in der Regel von den Empfängern nicht ohne fremde Hilfe erreicht werden können[343].

Dabei kann die Leistung sowohl durch die Zuführung von Geldmitteln erfolgen als auch durch Maßnahmen, die die normalerweise von einem Unternehmen zu tragenden Belastungen mindern.[344] Damit ist der Begriff der Begünstigung weiter als der der Subvention. Letzterer erfasst nur positive Zuwendungen.[345]

1. Erwerbsvorgänge der öffentlichen Hand

Bei Erwerbsvorgängen der öffentlichen Hand stellt sich die Frage, ob der für die gelieferte Ware oder Dienstleistung gezahlte Preis eine einseitige Vorteilsgewährung darstellt. Dies ist nach der Rechtsprechung des EuGH jedenfalls dann der Fall, wenn eine Überkompensation gewährt wird.

---

340 Vgl. schon zum Beihilfenbegriff im EGKS-Vertrag EuGH, Urt. v. 23. Februar 1961, Rs. 30/59, Slg. 1961, S. 3, 42 – De Gezamenlijke Steenkolenmijnen.

341 St. Rspr., z. B. EuGH, Urt. v. 08.05.2003, verb. Rs. C-328/99 und C-399/00, Slg. 2003, S. I-4035 Rn. 35 - Italien und SIM 2 Multimedia; Urt. v. 11.07.1996, Rs. C-39/94, Slg. 1996, S. I-3547 Rn. 60 – SFEI; Urt. v. 29.04.1999, Rs. C-342/96, Slg. 1999, S. I-2459 Rn. 41 – Spanien/Komm; Heidenhain/Heidenhain, § 4 Rn. 2.

342 Koenig/Kühling/Ritter, EG-Beihilfenrecht, Rn 67; kritisch zu diesen Kriterien Müller-Graff, ZHR 152 (1988), 403, 418.

343 Immenga/Mestmäcker/Ehricke, Art. 87 Abs. 1 EGV, Rn. 36.

344 EuGH, Urt. v. 23.02.1961, Rs. 30/59, Slg. 1961, S. 3, 42 – De Gezamenlijke Steenkolenmijnen; Urt. v. 10.07.1986, Rs. 234/84, Slg. 1986, S. 2263, Rn. 13 – Belgien/Komm; Urt. v. 15.03.1994, Rs. C-387/92, Slg. 1994, S. I-877, Rn. 13f. – Banco Exterior de Espana; Urt. v. 17.06.1999, Rs. C-295/97, Slg. 1999, I-3735, Rn. 34 – Piaggio; Urt. v. 20.11.2003, Rs. C-126/01, Slg. 2003, S. I-13769 Rn. 28 - GEMO; Urt v. 3. 3. 2005, Rs. C-172/03, EuZW 2005, 224 L Rdnr. 36 - Heiser; EuG, Urt. v. 16.09.2004, Rs. T-274/01, Slg. 2004, S. II-3145, Rn. 44 – Valmont Nederland.

345 EuGH, Urt. v. 23.02.1961, Rs. 30/59, Slg. 1961, S. 3, 42 – De Gezamenlijke Steenkolenmijnen.

Umstritten ist, ob ohne Überkompensation überhaupt eine Begünstigung im Sinne des Art. 107 Abs. 1 AEUV vorliegen kann.[346] Als Argument dagegen wird unter anderem die Schwierigkeit aufgeführt, in diesen Fällen die Höhe der Beihilfe zu bestimmen.[347]

Das EuG hat hierzu allerdings ausdrücklich entschieden, dass auch ohne Überkompensation im Preis eine Beihilfe vorliegen kann. In der Sache *BAI* musste sich das Gericht erster Instanz aus beihilfenrechtlicher Sicht mit einem Fall beschäftigten, der durchaus auch vergaberechtliche Aspekte aufweist. Im Rahmen einer Nichtigkeitsklage hatte das EuG zu entscheiden, ob eine Vereinbarung zwischen einem Fährbetreiber (Ferries Golfo de Vizcaya) und den baskischen Behörden (also dem MS Spanien) eine Beihilfe im Sinne des Art. 107 Abs. 1 AEUV darstelle, in der die baskischen Behörden sich verpflichteten, während der ersten drei Betriebsjahre für die Fährverbindung Bilbao-Portsmouth jährlich ein festes Kontingent an Reisegutscheinen von dem Fährbetreiber zu kaufen.[348] Der dafür von den Behörden zu zahlende Preis wurde auf Grundlage eines Referenztarifs festgelegt und unter Berücksichtigung der langfristigen Erwerbsverpflichtung herabgesetzt.[349] Die baskischen Behörden verteilten die Gutscheine im Rahmen eines sozialen Aktionsplans an einkommensschwache Personen. Die Kommission erließ eine Entscheidung über die Einstellung des wegen der Beihilfen zugunsten von Ferries Golfo de Vizcaya eingeleiteten Prüfungsverfahrens. Zur Begründung führte sie an, die Zahl der von den baskischen Behörden abzunehmenden Gutscheine sei auf der Grundlage der voraussichtlichen Nachfrage bestimmter einkommensschwacher und durch soziale und kulturelle Programme begünstigter Gruppen festgelegt worden und der Stückpreis für die Gutscheine liege unter dem veröffentlichten Fahrkartenpreis für die betreffende Jahreszeit. Dies entspreche der üblichen Marktpraxis von Mengenrabatten für Großkunden, die kommerzielle Dienste in Anspruch nähmen.[350] Zudem zeigten die Geschäftsergebnisse die Rentabilität des Fährdienstes von Ferries Golfo de Vizcaya und belegten, dass diese Gesellschaft ihren Fährdienst ohne Inan-

346 Vgl. hierzu Lipka, Beihilferechtliche Anforderungen an Vergabeverfahrens, S. 116; Müller-Graff, ZHR 152 (1988), 403,419.

347 EuGH, Schlussanträge v. 28.11.1989, Rs. 21/88, Slg. 1990, S. I-889 Rn. 58 – Du Pont de Nemours;

348 EuG, Urt. v. 28.01.1999, Rs. T-14/96, Slg. 1999, S. II-139 Rn. 5 – Bretagne Angleterre Irlande (BAI)/Komm.

349 EuG, Urt. v. 28.01.1999, Rs. T-14/96, Slg. 1999, S. II-139 Rn. 9 – Bretagne Angleterre Irlande (BAI)/Komm.

350 EuG, Urt. v. 28.01.1999, Rs. T-14/96, Slg. 1999, S. II-139 Rn. 15 – Bretagne Angleterre Irlande (BAI)/Komm.

spruchnahme staatlicher Förderung habe betreiben können.[351] Mangels besonderer Rechte zur Nutzung des Hafens von Bilbao entspreche die Vereinbarung auch in sonstiger Hinsicht einer normalen Geschäftsbeziehung mit unabhängiger Preisgestaltung für die angebotenen Dienste.[352] Diese Wertung erklärte das EuG als fehlerhafte Auslegung des Art. 107 Abs. 1 AEUV. Das Gericht führt zunächst aus, dass die bloße Vereinbarung gegenseitiger Leistungspflichten die Beihilfeneigenschaft nicht automatisch ausschließe, da Art. 107 AEUV verhindern solle, dass der Handel zwischen Mitgliedstaaten durch von staatlichen Stellen gewährte Vergünstigungen beeinträchtigt wird, die den Wettbewerb in verschiedener Form durch die Bevorzugung bestimmter Unternehmen oder Produktionszweige verfälschen oder zu verfälschen drohen.[353] Vielmehr komme es darauf an, ob die Vertragsbeziehung einer normalen Geschäftsbeziehung entspreche. Das sei hier nicht der Fall, da die Anzahl der von den baskischen Behörden jährlich zu kaufenden Reisegutscheine nicht vom tatsächlichen Bedarf bestimmt, sondern von vornherein im Vertrag festgelegt sei.[354] Darüber hinaus untersucht das EuG aber auch den Vorteilsbegriff unter Berücksichtigung von Sinn und Zweck des Beihilfenbegriffs und führt dazu aus, dass eine von den staatlichen Stellen gewährte finanzielle Hilfe an ein Unternehmen dann in den Anwendungsbereich des Art. 107 Abs. 1 AEUV falle, wenn sie die Position dieses Unternehmens gegenüber Konkurrenzunternehmen verstärkt. Aus der Rechtsprechung ergebe sich, dass die Eignung einer Finanzhilfe, die Wettbewerbsstellung des begünstigten Unternehmens zu verstärken, nach Maßgabe des diesem Unternehmen gewährten Vorteils beurteilt wird, ohne dass die Unternehmensergebnisse seiner Konkurrenten zu untersuchen seien.[355]

Auf den ersten Blick erscheint es so, als würde das EuG diese Auswirkung auf die Wettbewerbsstellung des begünstigten Unternehmens schon im Rahmen des Vorteilsbegriffs prüfen. Bei genauer Analyse des Urteils fällt aber auf, dass das EuG hier von der Prüfung der Eigenschaft des Vertrages als normales Han-

351 EuG, Urt. v. 28.01.1999, Rs. T-14/96, Slg. 1999, S. II-139 Rn. 16 – Bretagne Angleterre Irlande (BAI)/Komm.

352 EuG, Urt. v. 28.01.1999, Rs. T-14/96, Slg. 1999, S. II-139 Rn. 16 – Bretagne Angleterre Irlande (BAI)/Komm.

353 EuG, Urt. v. 28.01.1999, Rs. T-14/96, Slg. 1999, S. II-139 Rn. 71 – Bretagne Angleterre Irlande (BAI)/Komm; so auch schon EuGH, Urt. v. 24.02.1987, Rs. 310/85, Slg. 1987, S. 901 Rn. 8 – Deufil/Kommission.

354 EuG, Urt. v. 28.01.1999, Rs. T-14/96, Slg. 1999, S. II-139 Rn. 71 – Bretagne Angleterre Irlande (BAI)/Komm.

355 EuG, Urt. v. 28.01.1999, Rs. T-14/96, Slg. 1999, S. II-139 Rn. 78 – Bretagne Angleterre Irlande (BAI)/Komm unter Hinweis auf EuGH, Urt. v. 17.09.1980, Rs. 730/79, Slg. 1980, S. 2671 Rn. 11 – Philip Morris.

delsgeschäft auf eine weitere Voraussetzung des Art. 107 Abs. 1 AEUV, nämlich die Auswirkungen der Begünstigung auf den Wettbewerb und den Handel zwischen den Mitgliedstaaten.[356] Das verwundert, weil Gegenstand der Nichtigkeitsklage nur die Frage war, ob die Kommission die Beihilfeneigenschaft der Vereinbarung zwischen der spanischen Behörde und dem Fährbetreiber richtig beurteilt hat. Eine Beihilfe ist nach oben dargestellter Rechtsprechung des EuGH aber schon jede Vorteilsgewährung an ein bestimmtes Unternehmen, für die keine marktübliche Gegenleistung gewährt wurde. Das EuG verknüpft die beiden Mermale dergestalt, dass es darauf abstellt, dass die bloße Reduzierung des Preises für ein einzelnes Ticket gegenüber einer ursprünglichen Vereinbarung zwischen den Parteien, die von der Kommission als Beihilfe eingestuft wurde, nicht dazu führe, dass der Vorteil für den Fährbetreiber, der seine „Wettbewerbsstellung stärken konnte" entfalle.[357] Die Wettbewerbsstärkung ist aber nach der bisherigen Rechtsprechung kein Argument für die Begründung der Begünstigung. Das EuG scheint die Wettbewerbsstärkung aber als ein Kriterium der Vorteilsgewährung zu prüfen, schließt es doch später ihre Ausführungen mit dem Satz: „Nach alledem stützt sich die von der Kommission vorgenommene Beurteilung, nach der die Vereinbarung von 1995 keine staatliche Beihilfe darstellt, auf eine fehlerhafte Auslegung von Art. 92 Absatz 1 [jetzt: Art. 107 Abs. 1] des Vertrages."[358]

Interessant ist das Argument der Kommission und der spanischen Regierung, die baskischen Behörden hätten nicht beabsichtigt, ein bestimmtes Unternehmen zu begünstigen. Es gebe nur einen Betreiber, der in der Lage sei, die Beförderungsleistungen zu erbringen, die die Bezirksbehörden für die in ihrem Gebiet wohnenden Personen verlangten.[359] Auf die Absicht, ein bestimmtes Unternehmen zu begünstigen, darf es nach dem objektiven Beihilfenbegriff nicht ankommen.[360] Das EuG ist auf dieses Argument in seiner rechtlichen Würdigung nicht eingegangen.

Das gleiche Argument spielt auch im Vergaberecht eine Rolle[361], und zwar hinsichtlich der Anwendungsvoraussetzung des entgeltlichen Vertrages. Dort

---

356 EuG, Urt. v. 28.01.1999, Rs. T-14/96, Slg. 1999, S. II-139 Rn. 75, 76 – Bretagne Angleterre Irlande (BAI)/Komm.

357 EuG, Urt. v. 28.01.1999, Rs. T-14/96, Slg. 1999, S. II-139 Rn. 76 – Bretagne Angleterre Irlande (BAI)/Komm.

358 EuG, Urt. v. 28.01.1999, Rs. T-14/96, Slg. 1999, S. II-139 Rn. 82 – Bretagne Angleterre Irlande (BAI)/Komm.

359 EuG, Urt. v. 28.01.1999, Rs. T-14/96, Slg. 1999, S. II-139 Rn. 56, 79 – Bretagne Angleterre Irlande (BAI)/Komm.

360 Vgl. hierzu Hauptteil B. III. 4.

361 Vgl. hierzu Hauptteil B. II. 1. a).

spielt die mangelnde Wahlmöglichkeit des Vertragspartners dem Vorliegen eines entgeltlichen Vertrages nach richtiger Ansicht des EuGH keine Rolle, da die Auswahl des Vertragspartners kein konstitutives Element des Vertrages ist. Unter Berücksichtigung des Grundsatzes, dass es für die Annahme einer Beihilfe auf die Wirkung der staatlichen Maßnahme ankommt, muss hier das Gleiche gelten. Denn dann kann nicht entscheidend sein, ob der Staat durch die Bestellung der Fährtickets ein bestimmtes Unternehmen begünstigen wollte oder auch nur darauf, ob er es gezielt begünstigen konnte. Entscheidend ist allein, dass als Konsequenz des Kaufs der Fährtickets dem Unternehmen ein wirtschaftlicher und damit ein Wettbewerbvorteil entstanden ist, den es unter normalen Marktbedingungen nicht hätte erhalten können.

Aus diesem Argument und der an Stelle des EuG vorgenommenen beihilfenrechtlichen Bewertung lassen sich für das Verhältnis und die Kohärenz zwischen Beihilfen- und Vergaberecht zwei Feststellungen treffen.

Zunächst kommen auch an dieser Stelle Beihilfen- und Vergaberecht zum gleichen Ergebnis – beide sind anwendbar und unterstellen die Maßnahme damit der Kontrolle des Gemeinschaftsrechts anhand weiterer Kriterien. Sie kommen zum gleichen Ergebnis, aber auf verschiedenen Wegen. Dies spricht dafür, dass hinter dem Beihilfen- und Vergaberecht die gleichen Ziele und Wertentscheidungen stehen, wie oben zum Verhältnis von Beihilfenrecht und Grundfreiheiten hergeleitet.

Zweitens zeigt der Fall die Zufälligkeit der Einordnung unter eines der beiden Rechtsgebiete. Der Fall wurde hier vom EuG aufgrund einer Nichtigkeitsklage gegen eine Kommissionsentscheidung entschieden, weil letztere die beihilfenrechtliche Prüfung eingeleitet hatte. Genauso hätte aber auch ein Konkurrent nationalen Vergaberechtsschutz suchen können und Schadenseratz oder sogar Rückabwicklung des Vertrages wegen eines Verstoßes gegen die Ausschreibungspflicht verlangen können. Dann wäre vermutlich eine Auslegungsfrage zur Anwendbarkeit der europäischen Vergabevorschriften im Wege des Vorabentscheidungsverfahrens an den EuGH herangetragen worden. Die RL 2004/18/EG wäre hier ohne weiteres anwendbar. Es handelt sich um einen öffentlichen Auftraggeber und einen Wirtschaftsteilnehmer. Nur die Frage des Vertrages wäre fraglich, da nur ein Unternehmen den Auftrag ausführen kann und daher keine Wahlmglichkeit des Auftraggebers besteht. Der Fall macht auch deutlich, dass Ziel im Umgang mit dieser Zufälligkeit, die im System des Vertrages angelegt ist, insbesondere im Notifizierungsverfahren und der damit zusammenhängenden Prüfungskompetenz der Kommission, nicht sein kann, die einen oder die anderen Vorschriften durch gezwungene rechtliche Herleitungen auszuschließen. Vielmehr muss sichergestellt werden, dass Beihilfen- und Vergaberecht zu den gleichen Ergebnissen kommen. Dies kann aber nur durch Besinnung auf die oben dargestellten gemeinsamen Ziele von Beihilfenrecht und Grundfreiheiten und dementsprechende Auslegung der Vorschriften geschehen.

2. Der Private Investor Test

Zur Feststellung der marktüblichen Gegenleistung hat sich in der Kommissionspraxis und in der Rechtsprechung des EuGH der sogenannte Private Investor Test (Maßstab des marktwirtschaftlich handelnden Kapitalgebers[362]) entwickelt.[363] Danach wird das wirtschaftliche Handeln der betreffenden staatlichen Stelle mit dem hypothetischen Verhalten eines nach Rentabilitätsgesichtspunkten agierenden privaten Investors verglichen.[364] Eine Begünstigung liegt danach vor, wenn der hypothetische private Investor die Zuwendung dem Unternehmen nicht oder nur zu ungünstigeren Bedingungen gewährt hätte. Dabei hat die Rechtsprechung anerkannt, dass der hypothetische private Investor nicht ein solcher sein muss, der kurzfristige Rendite erzielen will. Es darf vielmehr ein solcher privater Unternehmer als Maßstab herangezogen werden, der längerfristige strategische Überlegungen und Rentabilitätsrechnungen zur Grundlage seiner Entscheidung macht („Long-term-investor-Maßstab").[365]

Wegen der erforderlichen komplexen ökonomischen Beurteilung spricht der EuGH der Kommission hier einen weiten Beurteilungs- und Ermessenspielraum zu.[366] Insbesondere setzen die europäischen Gerichte nicht ihre eigene Wertung an die Stelle derjenigen der Kommission.[367] Allerdings kann bei fehlerhafter Anwendung des „private-investor-tests" eine Kommissionsentscheidung für

362 EuGH, Urt. v. 10.07.1986, Rs. 234/84, Slg. 1986, S. 2263 Rn. 14 – Meura; Urt. v. 10.07.1986, Rs. 40/85, Slg. 1986, 2321, Rn. 13 – Belgien/Komm.

363 EuGH, Urt. v. 10.07.1986, Rs. 234/84, Slg. 1986, S. 2263 Rn. 15 – Belgien/Komm; Urt. v. 21.03.1991, Rs. C-303/88, Slg. 1991, S. I-1433, Rn. 20f. - Italien/Komm; Urt. v. 11.07.1996, Rs. C-39/94, Slg. 1996, S. I-3547, Rn. 60f. – SFEI; EuG, Urt. v. 12.12.1996, Rs. T-358/94, Slg. 1996, S. II-2109, Rn. 70f. - Air France; zur Entstehung und unterschiedlichen Nuancen in Kommissionspraxis und Rechtsprechung vgl. Deckert/Schroeder, EuR 1998, 291, 295ff.

364 EuGH, Urt. v. 16.05.2002, Rs. C-482/99, Slg. 2002, S. I-4397 Rn. 70 – Stardust Marine.

365 EuGH, Urt. v.21.03.1991, Rs. C-303/88, Slg. 1991, S. I-1433 Rn. 21f. - Italien/Komm; Urt. v. 24.10.1996, verb. Rs. C-329/93, C-62/95 und C-63/95, Slg. 1996, S. I-5151 Rn. 36 - Bremer Vulkan.

366 Bartosch, 39 CMLR (2003), 551, 552.

367 EuGH, Urt. v. 29.02.1996, Rs. C-56/93, Slg. 1996, S. I-723 Rn. 11 - Belgien/Komm; Urt. v. 08.05.2003, Rs. C-328/99, Slg. 2003, S. I-4035 Rn. 39 – Italien und SIM 2 Multimedia; EuG, Urt. v. 11.07.2002, Rs. T-152/99, Slg. 2002, S. II-3049 Rn. 127 - HAMSA; Urt. v. 12.12.2000, Rs. T-296/97, Slg. 2000, S. II-3871 Rn. 105 – Alitalia.

nichtig erklärt werden.[368] Kritiker des private-invesot-tests führen diese vermeintlich unzureichende gerichtliche Nachprüfbarkeit als einen Kritikpunkt auf.[369]

Zu berücksichtigen ist auch, dass der EuGH den von der Kommission entwickelten private investor test zur Qualifizierung einer staatlichen Unterstützung als Beihilfe im Sinne des Art. 107 Abs. 1 AEUV ausschließlich für die Kapitalhilfe der öffentliche Hand an ein Unternehmen entwickelt hat.[370] Für diesen Fall sei darauf abzustellen, ob auch ein privater Gesellschafter diese Kapitalhilfe gewährt hätte. Der EuGH führt dazu wörtlich aus:

> „Mittel, die der Staat einem Unternehmen direkt oder indirekt unter normalen Marktbedingungen zur Verfügung stellt, sind nicht als staatliche Beihilfen anzusehen. In diesem Rahmen hält es sich, wenn ein privater Anteilseigner einem Unternehmen das Kapital zuführt, das zur Sicherstellung seines Fortbestandes erforderlich ist, wenn dieses sich in vorübergehenden Schwierigkeiten befindet, aber seine Rentabilität - gegebenenfalls nach einer Umstrukturierung - wieder zurückgewinnen kann, oder wenn eine Muttergesellschaft während eines beschränkten Zeitraums Verluste einer ihrer Tochtergesellschaften übernimmt, um dieser die Einstellung ihrer Tätigkeit unter möglichst günstigen Bedingungen zu ermöglichen. Solche Entscheidungen können nicht nur mit der Wahrscheinlichkeit eines mittelbaren materiellen Gewinns begründet werden, sondern auch mit anderen Erwägungen, etwa dem Bemühen um Imagepflege des Konzerns oder um Neuorientierung seiner Tätigkeit. Wenn Kapitalzuschüsse eines öffentlichen Kapitalgebers jedoch selbst langfristig von jeder Aussicht auf Rentabilität absehen, sind sie als Beihilfen im Sinne des Art. 92 EWG-Vertrag anzusehen.“[371]

Hieran wird deutlich, dass auch der fiktive private Investor nicht nur unmittelbar wirtschaftliche Kriterien zur Entscheidungsfindung heranzieht. Ein besonders weites Einfallstor für Erwägungen aller Art scheint dabei das Abstellen auf die Imagepflege zu sein. Dies bietet eine kaum kontrollierbare Fülle an Argumenta-

---

368 EuGH, Urt. v. 16.05.2002, Rs. C-482/99, Slg. 2002, S. I-4397 Rn. 70ff. – Stardust Marine.

369 Parish, 28 E.L.Rev. (2003), 70, 79.

370 Erstmals in EuGH, Urt. v. 10. Juli 1986, Rs. 234/84, Slg. 1986, S. 2263 Rn. 14 – Meura; vorhergehend EuGH, Urt. v. 14.11.1984, Rs. 323/82, Slg. 1984, S. 3809 Rn. 24 – Intermills, in der der EuGH feststellte, dass grundsätzlich keine Unterscheidung zwischen Darlehen und Beteiligungen des Staates an Unternehmen bezüglich ihrer Beihilfeneigenschaft gemacht werden dürfe.

371 Erstmals in EuGH, Urt. v. 10. Juli 1986, Rs. 234/84, Slg. 1986, S. 2263 – Belgien/Komm; EuGH, Urt. v. 21.03.1991, Rs. C-303/88, Slg. 1991, S. I-1433, Ls. 2 – Italien/Komm; EuGH, Urt. v. 21.03.1991, Rs. C-305/89; Slg. 1991, S. I-1603 – Alfa Romeo zur globalen oder sektoralen Strukturpolitik sowie längerfristigen Rentabilitätsaussichten einer Holding; EuGH, Urt. v. 14.09.1994, s. C-42/93, Slg. 1994, S- I-4175, Rn. 13ff. – Spanien/Komm.

tionsmöglichkeiten, welche Gründe ein Unternehmen zu einer Investition bewegen können.[372]

Der Private Investor Test ist Ausfluss des aus Art. 106 AEUV und Art. 345 AEUV abgeleiteten Grundsatzes der Gleichbehandlung öffentlicher und privater Unternehmen.[373] Die Kommission darf entsprechend diesem Grundsatz die öffentliche Hand bei der Anwendung der Wettbewerbsregeln im Vergleich zu privaten Unternehmen weder bevorzugen noch benachteiligen. Dem trägt das Prinzip des marktwirtschaftlich handelnden Kapitalgebers Rechnung. Nur wenn die öffentliche Hand unter Nichtbeachtung marktwirtschaftlicher Handlungsmaxime einem Unternehmen Kapital zuführt, besteht die Gefahr, dass das Unternehmen einen wirtschaftlichen Vorteil im Sinne des Art. 107 Abs. 1 AEUV erlangt, den es unter normalen Marktbedingungen nicht hätte erlangen können.[374]

Es ist aber festzustellen, dass der EuGH auch für andere Fälle durchaus das Handeln des Staates mit dem eines privaten Wirtschaftsteilnehmers vergleicht und ohne ausdrückliche Nennung des Private Investor Tests auf das Verhalten eines privaten Marktteilnehmers abstellt. So zum Beispiel betreffend einen Nachlass, der vom staatlichen Energielieferanten für bestimmte Unternehmen auf Gaspreise gewährt wird.[375] Der EuGH hatte über einen Erdgasvorzugstarif zu entscheiden, der niederländischen Gartenbaubetrieben von öffentlichen Stellen gewährt wurde. Er hatte sich dabei mit dem Argument auseinanderzusetzen, dass die Entscheidung, das vom Preisanstieg bei Erdölerzeugnissen ausgelöste Ansteigen der Gaspreise zu begrenzen, im Wesentlichen durch die Notwendigkeit gerechtfertigt gewesen sei, der Gefahr zu begegnen, dass die Gartenbaubetriebe ihre Heizungsanlagen auf Kohle umstellten, deren Preis in letzter Zeit deutlich gefallen sei. Diese Gefahr habe die dazu gezwungen, den Gashöchstpreis so festzusetzen, daß er den Wettbewerb der Kohle berücksichtige.[376] Die Kommission wendete hiergegen ein, dass auch bei anderen Industrien die Gefahr des Umsteigens auf Kohle bestanden habe, hier aber keine Tarifreduktion

---

372 Betonung dieser Gefahr auch in EuG, Urt. v. 21.01.1999, Rs. T-129/95, Slg. 1999, S. II-17 Rn. 125 – Neue Maxhütte.

373 Immenga/Mestmäcker/Mestmäcker/Schweitzer, Art. 86 im System des EG-Vertrages, Rn. 11.

374 Heidenhain/ Montag/Leibenath, Handbuch des Beihilfenrechts, § 6 Rn. 2.

375 EuGH, Urt. v. 02.02.1988, verb. Rs. 67/85, 68/85 und 70/85, Slg. 1988, S. 219 – Kwekerij Gebroeders van der Kooy BV; ähnlich EuGH, Urt. v. 12.07.1990, Rs. 169/84, Slg. 1990, S. 3083 – CDF Chimie et Fertilisants (hier wird geprüft, ob eine Gaspreisreduktion für Großabnehmer den tatsächlich für den Gaslieferanten ersparten Kosten entspricht.

376 EuGH, Urt. v. 2.2.1988, verb. Rs. 67, 68 und 70/85, Slg. 1988, S. 219, Rn. 41ff. – Kwekerij Gebroeders van der Kooy BV.

erfolgt sei, so dass der Verhaltensweise ein beihilfenrechtlicher Charakter innewohne. Der EuGH bejaht hier die „wettbewerbliche Rechtfertigung". Die Begründung fällt allerdings sehr knapp aus und beschränkt sich im Wesentlichen darauf, dass die Kommission selbst auf Tatsachenebene festgestellt habe, dass 30 % des vom Gartenbau verbrauchten Erdgases in weniger als drei Jahren durch Kohle ersetzt würden[377]. In der Konsequenz prüft der EuGH weiter, ob die Reduktion des Gaspreises nicht höher sei als unter Berücksichtigung der Gefahr der Umstellung auf Kohle notwendig. Die Wechselgefahr war hier für verschiedene Gartenbaubetriebe bei unterschiedlichen Preisgrenzen für den Gasbezug gegeben, je nachdem ob der Betrieb einen Kondensator hatte oder nicht. Der EuGH gibt als Parameter für diese Prüfung an, dass durchaus auch auf die Wechselgefahr bei Untergruppen der Gartenbauunternehmen abgestellt werden kann, wenn die Situation von Betrieben dieser Art als bedeutend und repräsentativ anzusehen wäre.[378] Das verneinte der EuGH im vorliegenden Fall. Daran ist aber zu erkennen, dass sowohl bei der Frage des Ob einer Vorteilsgewährung als auch bei der Frage der Höhe auf einen privaten, den wettbewerblichen Zwängen ausgesetzten Wirtschaftsteilnehmer abzustellen ist.

Zu Recht wird der Private Investor Test kritisiert. Er führe zu willkürlichen Ergebnissen.[379] Denn der private Investor treffe seine Entscheidungen nicht nach rein rechnerischen Erwägungen. Wegen der Kontrolle durch Medien und Konsumenten spielten vielmehr auch soziale und andere Kriterien eine große Rolle.[380] Da es unter diesen Gesichtspunkten immer mehrere Handlungsmöglichkeiten für den privaten Investor gebe, die gleichsam unternehmerisch nachvollziehbar und überlegt seien, müssten alle diese Handlungsvarianten das Vorteilsmerkmal entfallen lassen.[381] Sie unterscheiden sich nur in der Motivation des Unternehmers. Richtigerweise stellt *Parish* aber fest, dass das europäische Beihilfenrecht Störungen des Binnenmarktes unterbinden soll, nicht aber den Mitgliedstaaten moralische Vorgaben für die Gründe ihres Handelns vorgeben.[382] So hat der EuGH wiederholt betont, dass der europäische Beihilfentest ein solcher sein müsse, der auf die Auswirkungen des staatlichen Handelns abstelle,

377 EuGH, Urt. v. 2.2.1988, verb. Rs. 67, 68 und 70/85, Slg. 1988, S. 219, Rn. 44 – Kwekerij Gebroeders van der Kooy BV.

378 EuGH, Urt. v. 2.2.1988, verb. Rs. 67, 68 und 70/85, Slg. 1988, S. 219, Rn. 50 – Kwekerij Gebroeders van der Kooy BV.

379 Parish, 28 E.L.Rev. (2003), 70, 71.

380 Parish, 28 E.L.Rev. (2003), 70, 77.

381 Parish, 28 E.L.Rev. (2003), 70, 75.

382 Parish, 28 E.L.Rev. (2003), 70, 77.

nicht auf die zugrunde liegenden Motive.[383] Ob sich eine solche Wirkungsanalyse bei Maßnahmen im Rahmen der wirtschaftlichen Tätigkeit der öffentlichen Hand wirklich durchhalten lässt, ist fraglich.[384]

Darüber hinaus stellt sich die Frage, ob staatliches Handeln überhaupt mit dem eines privaten Wirtschaftsteilnehmers verglichen werden kann. Denn in der Konsequenz der Eigenschaft als Staat ist das staatliche Handeln am eigenen staatlichen Interesse orientiert. Ob das mit den Interessen eines privaten Wirtschaftsteilnehmers übereinstimmt, hängt allein vom Zufall ab.[385] Die Interessen und Aufgaben, die ein Staat mit seiner Beschaffungstätigkeit verfolgt, sind so vielfältig und weit gestreut, dass typischerweise Zielkonflikte entstehen.[386]

Zudem hat der Staat Befugnisse und auch finanzielle Resourcen, die mit denen eines privaten Wirtschaftsteilnehmers nicht vergleichbar sind. Gerade letzteres führt auch wieder zu einem dem Test inhärenten Problem. Fragt man danach, ob ein privater Wirtschaftsteilnehmer eine bestimmte Investitionsentscheidung getroffen hätte, hängt dies sicherlich auch davon ab, wie groß das Investitionsvolumen im Vergleich zum Gesamtkapital des Unternehmens ist. Diese Relation ist bei einem Staat und einem privaten Wirtschaftsteilnehmer in der Regel grundverschieden.[387] Der Ansatz, von einem privaten Investor von vergleichbarer Größe wie die Einrichtung des öffentlichen Rechts mit gleichen finanziellen und kompetenziellen Mitteln auszugehen[388], führt nur zur weiteren Idealisierung des Modells, dass zu noch größerer Abstraktion führt.

Schließlich ist gerade für die Frage der Beihilfeneigenschaft der Vergabe öffentlicher Aufträge zu berücksichtigen, dass es staatliche Aufgaben gibt, die einen Bedarf an speziellen Gütern hervorrufen. In diesen Bereichen ist ein Abstellen auf die normalen Marktbedingungen sehr schwierig. Dazu zählt z. B. die Auftragsvergabe im Bereich der Verteidigung.[389]

Es ist auch zu berücksichtigen, dass der Private Investor Test kein Allheilmittel sein kann. Der Gesamtvorgang der Beschaffung kann trotzdem eine Bei-

383 EuGH, Urt. v. 02.07.1974, Rs. 173/73, Slg. 1974, S. 718 Rn. 26/28 – Familienzulagen; Urt. v. 24.02.1987, Rs. 310/85, Slg. 1987, S. 901 Rn. 8 – Deufil.

384 So schon Müller-Graf, ZHR 152 (1988), 403, 416.

385 Parish, 28 E.L.Rev. (2003), 70, 77; Koenig/Kühling, NJW 2000, 1065, 1067.

386 Wallerath, Öffentliche Bedarfsdeckung und Verfassungsrecht, S. 163ff.

387 Parish, 28 E.L.Rev. (2003), 70, 77.

388 EuGH, Urt. v. 21.03.1991, Rs. C-305/89, Slg. 1991, S. I-1603 Rn. 19 – Alfa Romeo; EuGH, Urt. v. 28.02.1003, Rs. C-334/99, Slg. 2003, S. I-1139 Rn. 133 – Gröditzer Stahlwerke.

389 Vgl. hierzu Heuninckx, 46 CMLR (2009), 191, 192.

hilfengewährung darstellen.[390] Der Private Investor Test schließt nur aus, dass ein zu hoher Preis gezahlt wurde, der eine Begünstigung des den Zuschlag erhaltenden Unternehmens bewirkt.

Nun kann zur Rechtfertigung des Tests angeführt werden, dass er von seinem Prinzip her durchaus ein solcher ist, der die Wirkungen auf den Binnenmarkt untersuchen soll, nicht die den Handlungen zu Grunde liegenden Motive des Staates. Die hinter dem Test stehende Überlegung ist ja, dass dann nicht der freie Wettbewerb im Binnenmarkt durch eine staatliche Zuwendung verfälscht wird, wenn diese Zuwendung auch ein privater Wirtschaftsteilnehmer getätigt hätte, dem die Grundfreiheiten diese Handlungsweise im europäischen Binnenmarkt gerade erlauben. Dem Staat dürfen bei seiner wirtschaftlichen Betätigung nicht engere Grenzen gesetzt werden als jedem privaten Wirtschaftsteilnehmer.[391] Ein erhöhter Kontrollbedarf entsteht nur dort, wo die Ausübung von Staatsgewalt droht, die normalen Marktabläufe zu stören. Nur ist der Nachweis des hypothetischen Verhaltens eines privaten Investors zumeist schwierig. Hierbei behelfen sich Kommission und EuGH mit Überlegungen dahingehend, welche Handlungsmotive ein privater Wirtschaftsteilnehmer hat und zu welchen Handlungen diese führen. Nur daher rührt die letztendliche Prüfung der Beihilfeneigenschaft anhand subjektiver Kriterien, nämlich der Handlungsmotive. Eine Vermeidung dieses Widerspruchs zu den Grundsätzen des Beihilfenrechts wäre die Prüfung des Beihilfentatbestands allein anhand buchhalterischer Ausgeglichenheit einer Investition.[392] Alle anderen Erwägungen würden dann nur auf der Ebene der Rechtfertigung eine Rolle spielen. Das ist allerdings unbefriedigend, weil dann jede Investition des Staates, die mit einer längerfristigen Renditeaussicht getätigt wird, zunächst den Beihilfentatbestand erfüllen würde, obwohl offensichtlich keine Beeinträchtigung des Wettbewerbs auf dem Binnenmarkt zu befürchten ist.

Auch bewertet *Parish* den Test zu sehr aus Investor-Sicht. Wenn er darauf abstellt, dass der Staat, würde er seine finanziellen Ressourcen umsichtig einsetzen, zunächst die Staatsverschuldung abbauen würde[393], verkennt er, dass der Test nicht danach fragt, wofür ein dem Staat vergleichbarer Investor sein Geld einsetzen würde, sondern danach, ob der Begünstigte eine solche Zuwendung wie diejenige vom Staat auch unter normalen Marktumständen von *irgendeinem*

---

390 EuGH, Urt. v. 14.09.1994, verb. Rs. C-278/92, C-279/92 und C-280/92, Slg. 1994, S. I-4103 Rn. 28f. – Spanien/Komm.

391 EuGH, Urt. v. 21.03.1991, Rs. C-303/88, Slg. 1991, S. I-1433 Rn. 16ff. – Italien/Kom; Urt. v. 03.10.1991, Rs. C-261/89, Slg. 1991, S. I-4437 Rn. 15 – Italien/Kom.; EuG, Urt. v. 12.12.1996, Rs. T-358/94, Slg. 1996, S. II-2109 Rn. 70 – Air France/Kom.

392 Dafür wohl Koenig/Kühling, NJW 2000, 1065, 1067.

393 Parish, 28 E.L.Rev. (2003), 70, 80.

privaten Investor hätte bekommen können. Sicherlich kann dabei als Kriterium ebenso wie das Verhältnis des Investitionsvolumens zum gesamten Budget auch die Frage anderweitiger Verschuldung eine Rolle spielen. Bei konsequenter Anwendung des private investor tests aus Nachfragesicht (also aus Sicht des Zuwendungsempfängers) müssten solche Kriterien aber eigentlich außen vor bleiben. Denn es kommt nicht darauf an, ob die Investition von einem bestimmten privaten Wirtschaftsteilnehmer getätigt worden wäre, sondern ob von irgendeinem. Dabei können wiederum nur allgemeine strategische Überlegungen eine Rolle spielen. Entgegen Parish muss auf einen Investor abgestellt werden, der alle erdenklichen Mittel zu Verfügung hat. Dies führt nicht zu einer erhöhten Abstraktion des Tests, sondern zu einer Vereinfachung. Es schließt zusätzlich verkomplizierende Umstände der Realität aus.

Daraus folgt die Ungeeignetheit des Private Investor Tests. Wenn auch durch die Betrachtung aus einem etwas anderen Winkel ist die von *Parish* bemängelte logische Lücke[394] durchaus vorhanden. Es beitet sich zur Qualifikation einer staatlichen Maßnahme als Begünstigung stattdessen eine Herangehensweise an, die tatsächlich darauf abstellt, welche Wirkungen die staatliche Zuwendung auf dem Markt hat.

Parish schlägt einen Test nach objektiven Kriterien vor. Einerseits will er die von der Kommission in Mitteilungen niedergelegten Regeln für die Beurteilung der Vereinbarkeit staatlicher Zuwendungen in bestimmten Bereichen mit dem gemeinsamen Markt heranziehen. Diese böten detaillierte klare Abgrenzungskriterien, deren Vorliegen der Mitgliedstaat auch selbst prüfen und dann von einer Notifizierung absehen könne.[395] Andererseits will er danach unterscheiden, ob wirklich der Staat handelt (dann soll immer eine notifizierungsbedürftige Beihilfe vorliegen) oder ob ein privatwirtschaftliches Unternehmen, dessen Anteile vom Staat gehalten werden in seiner Eigenschaft als privatwirtschaftliches Unternehmen handelt (dann hält er das Beihilfenrecht nicht für einschlägig).[396] Er stellt hierbei auch auf das Merkmal „staatlich oder aus staatlichen Mitteln“ ab. Im Rahmen dessen sei eine Belastung für den Staat erforderlich, die nicht gegeben sei, wenn eine private Gesellschaft, deren Anteile vom Staat gehalten werden, im Rahmen des normalen Geschäftsablaufs Investitionen tätige.[397] Gegen das Argument, eine erhöhte Notifizierungspflicht lähme die Erfüllung öffentlicher Aufgaben wendet Parish ein, dass vom Stillhaltegebot ab-

394 Parish, 28 E.L.Rev. (2003), 70, 79.

395 Parish, 28 E.L.Rev. (2003), 70, 83.

396 Parish, 28 E.L.Rev. (2003), 70, 86 unter Bezugnahme auf EuGH, Urt. v. 16.05.2002, Rs. C-482/99, Slg. 2002, S. I-4397 - Stardust Marine und Anträge des Generalanwalts dieses Falles.

397 Parish, 28 E.L.Rev. (2003), 70, 86.

gewichen werden könne, wenn die beteiligten Parteien sich bei der Notifizierung bereit erklärten, im Fall der Unvereinbarkeit der Beihilfe mit dem gemeinsamen Markt die ganze Transaktion rückabzuwickeln. In Fällen, in denen ein Konkurrent dies nicht für ausreichenden Schutz seiner Interessen hält, soll er vor den nationalen Gerichten Rechtsschutz erwirken können.[398] Das scheint vor dem Hintergrund der Kodifizierung des Stillhaltegebots in Art. 108 Abs. 3 AEUV und der jetzt schon bestehenden Notifizierungsflut nicht von heute auf morgen umsetzbar. Es müsste jedenfalls ein vereinfachtes Verfahren, eine Art Vorprüfung der eindeutigen Fälle bei der Kommission stattfinden, wie auch *Parish* es anregt.[399]

Koenig/Kühling sehen den Private Investor Test als ein förmliches Prüfverfahren zur Feststellung der Begünstigung einer Zuwendung, aber nicht als das ausschlaggebende Kriterium.[400] Sie führen aus, dass bei der Bejahung des identischen Verhaltens eines privaten Investors die Begünstigung entfalle. Bei negativem Testergebnis sei aber keineswegs automatisch die Begünstigung gegeben. Vielmehr könne auch auf anderem Wege die Marktüblichkeit der Gegenleistung nachgewiesen werden.[401] Als Beispiel führen die Autoren den Unternehmensverkauf durch die öffentliche Hand an, bei dem in der Ausschreibung schon die Verpflichtung des Erwerbers aufgestellt wurde, Arbeitsplätze zu erhalten, einen vorgegebenen Unternehmensplan einzuhalten, einen Großteil der zur Produktion benötigten Rohstoffe von regionalen Erzeugern zu beziehen und den Produktionsstandort für mindestens fünf Jahre beizubehalten.[402] Obwohl der private Investor den Verkauf seines Unternehmens nicht an diese Bedingungen geknüpft hätte, könne durch ein Ausschreibungsverfahren, dass allen potentiellen Käufern im Gebiet der Europäischen Gemeinschaft gleichermaßen zugänglich ist, ein angemessener Marktpreis eben für den Kauf eines solchen Unternehmens mit den oben beschriebenen Verpflichtungen ermittelt werden.[403] Dieser Argumentation ist auf den ersten Blick jedenfalls dahingehend zuzustimmen, dass es absurd erscheint, ein Unternehmen als begünstigt ansehen zu wollen, dem eine zusätzliche Verpflichtung auferlegt wird. Aber diese Verpflichtungen können doch gerade für regionale potentielle Käufer einen Vorteil darstellen, weil sich die übernommenen Verpflichtungen auf den Preis auswirken und für regionale Unter-

398 Parish, 28 E.L.Rev. (2003), 70, 86.
399 Parish, 28 E.L.Rev. (2003), 70, 86.
400 Koenig/Kühling, NVwZ 2003, 780ff.
401 Koenig/Kühling, NVwZ 2003, 780, 782.
402 Kommission, Entsch. v. 11. 4. 2000, K(2000) 1173, Abl. 2000 L 265/15 – Centrale del Latte di Roma.
403 Koenig/Kühling, NVwZ 2003, 780, 782.

nehmen, die mit den Gegebenheiten vor Ort vertraut sind, unter Umständen leichter zu erfüllen sind als für ausländische Unternehmen.

Müller-Graff spricht in diesem Zusammenhang davon, dass die beihilfenrechtlich erhebliche Begünstigungseigenschaft von Leistungen der öffentlichen Hand in deren marktrelevanter Günstigkeit für den Nutznießer liege.[404] Auch er stellt dann aber jedenfalls bei der Übernahme von Arbeitgeberzuschüssen zur Sozialversicherung darauf ab, dass die im Gegenzug übernommene Verpflichtung zur Schaffung oder Erhaltung von Arbeitsplätzen keine den Beihilfecharakter ausschließende Gegenleistung sei, da hierfür auf dem privaten Kapitalmarkt idR kein Geld erlangbar wäre.[405] Diese Bewertung erscheint aus heutiger Sicht im Hinblick auf die Altmark-Trans-Rechtsprechung zumindest zweifelhaft. Für die Fälle der öffentlichen Auftragsvergabe geht *Müller-Graff* hingegen nur dann von einer beihilferelevanten Begünstigung aus, wenn der Zuschlag bei typisierender Bewertung von Leistung und Gegenleistung im Vergleich zu konkurrierenden Angeboten dem Kalkül eines ordentlichen Kaufmanns grob zuwiderlaufe.[406] Er gesteht also der öffentlichen Hand bei Beschaffungsvorgängen einen großen wirtschaftlichen Entscheidungsspielraum zu. Zwar ist dieser Maßstab angesichts der Vielzahl wirtschaftlicher Handlungsmöglichkeiten dem private investor test vorzuziehen. Ebenso wie beim private investor test besteht jedoch auch hier die Schwierigkeit, dass für die Bewertung die hinter der Entscheidung stehenden Erwägungen der öffentlichen Hand berücksichtigt werden müssen. Damit entsteht ein Widerspruch zwischen der Beurteilung des Beihilfecharakters mittels der objektiven Wirkungsanalyse und der Prüfung anhand eines solchen Vergleichsmaßstabs.

Im Einklang mit der oben dargestellten Rechtsprechung des EuGH nimmt *Müller-Graff* für Kapitalbeteiligungen der öffentlichen Hand an privaten Unternehmen die Beihilfeneigenschaft dann an, wenn ein nach sachgemäßen wirtschaftlichen Überlegungen handelnder privater Eigentümer in vergleichbarer Lage zu denselben Bedingungen nicht zu einem entsprechenden Kapitaleinsatz oder einer sonstigen Maßnahme bereit gewesen wäre.[407]

404 Müller-Graff, ZHR 152 (1988), 403, 418.

405 Müller-Graff, ZHR 152 (1988), 403, 418, solche und ähnliche Zuwendungen nennt er „offen interventionistische Maßnahmen".

406 Müller-Graff, ZHR 152 (1988), 403, 420.

407 Müller-Graff, ZHR 152 (1988), 403, 421.

3. Übertragung einer Aufgabe im Interesse des Gemeinwohls

Als Sonderfall der Beihilfengewährung wird die Bezahlung der Erfüllung einer im Allgemeininteresse liegenden Aufgabe durch einen Privaten betrachtet.[408] Diese Fälle bergen in der Tat die Schwierigkeit, dass dabei Art. 106 Abs. 2 AEUV zu berücksichtigen ist, dessen Einordnung in die beihilfenrechtliche Prüfung unklar ist. Einerseits ist Art. 106 Abs. 2 AEUV unmittelbar anwendbar[409] und kann durchaus als Tatbestandsausnahme ausgelegt werden, die dazu führt, dass Art. 107ff. AEUV gar nicht erst anwendbar sind. Teilweise wird vertreten, es handele sich nur um einen Rechtfertigungsgrund, der nachrangig zu Art. 107 Abs. 2, 3 AEUV zu prüfen sei, so dass die Entscheidungskompetenz allein bei der Kommission liege.[410] Dennoch handelt es sich nicht um einen Sonderfall der Beihilfengewährung. Das Merkmal der Begünstigung wir hier von der Rechtsprechung ebenso ausgelegt wie bei anderen Austauschverträgen. Die Rechtsprechung fragt nämlich danach, ob die vom Staat gewährten Zahlungen die erhöhten Kosten überstiegen, die dem Unternehmen durch Erfüllung der Gemeinnützigen Aufgabe entstehen.[411] Hierin liegt aber teilweise eine Überschneidung mit den Merkmalen des Art. 106 Abs. 2 AEUV. Danach gelten die Wettbewerbsvorschriften des Vertrages nämlich auch für solche Unternehmen, die mit Dienstleistungen von allgemeinem oder wirtschaftlichem Interesse betraut sind, soweit die Anwendung der Vorschriften nicht die Erfüllung der ihnen übertragenen besonderen Aufgaben rechtlich oder tatsächlich verhindert. Zu den Ausgleichszahlungen für Aufgaben im Interesse des Gemeinwohls ist eine Fülle an Rechtsprechung ergangen. Es stellte sich immer wieder die Frage, ob ein bloßer Ausgleich erhöhter Kosten für die Erfüllung einer Aufgabe im Allgemeininteresse schon tatbestandlich keine Beihilfe darstellen solle[412] (mangels „Begünstigung") oder ob dies erst auf Rechtfertigungsebene berücksichtigt werden sol-

---

408 Vgl. z. B. Quigley, European State Aid Law and Policy, S. 101ff. für den Erwerb von Waren und Dienstleistungen, S. 157ff. für Dienstleistungen im Interesse des Allgemeinwohls.

409 EuGH, Urt. v. 19.05.1995, Rs. C-320/91, Slg. 1993, S. I-2533 Rn. 21 – Corbeau; Urt. v. 27.04.1994, Rs. C-393/92, Slg. 1994, S. I-1477 Rn. 51 – Almelo.

410 EuGH, Urt. v. 15.03.1994, Rs. C-387/92, Slg. 1994, S. I-877 Rn. 18 – Banco Exterior de Espana; Urt. v. 22.06.2000, Rs. C-332/98, Slg. 2000, S.I-4833 Rn. 31 – CELF; Urt. v. 21.10.2003, verb. C-Rs. 261/01 und C-262/01, Slg. 2003, S. I-12249 Rn. 61 – van Calster; Immenga/Mestmäcker/Mestmäcker/Schweitzer, Art. 31, 86 EGV Rn. 38; Heidenhain/Heidenhain, § 3 Rn. 18.

411 EuGH, Urt. v. 07.02.1985, Rs. 240/83, Slg. 1985, S. 531 Rn. 18 – ADBHU.

412 EuGH, Urt. v. 07.02.1985, Rs. 240/83, Slg. 1985, S. 531 Rn. 18 – ADBHU; Urt. v. 22.11.2001, Rs. C-53/00, Slg. 2001, S. I-9067 Rn. 27 – Ferring; Urt. v. 24. Juli 2003, Rs. C-280/00, Slg. 2003, S. I-7747, Rn. 87ff. – Altmark Trans.

le[413]. Zwar wird in dem Zusammenhang nur selten auf die Überschneidung mit Art. 106 Abs. 2 AEUV und die Schwierigkeit einer konsistenten Auslegung eingegangen. Der Zusammenhang zu den in beiden Vorschriften auftauchenden bzw. in sie hineininterpretierten Tatbestandsmerkmalen ist jedoch offensichtlich. Der EuGH hat sich im Urteil Altmark Trans nach einer ausführlichen Auseinandersetzung mit beiden Ansichten für den sogenannten Auslgeichsansatz entschieden, wonach schon keine Beihilfe vorliegt, wenn der Private eine Ausgleichszahlung erhält, die die erhöhten Kosten für die Erfüllung der Aufgabe im Interesse des Allgemeinwohls nicht übersteigt.[414] Im Folgenden wird der Gang der Rechtsprechung zu diesen Fällen analysiert, um aufzuzeigen, dass es sich nicht um einen Sonderfall handelt, sondern um eine konsequente Weiterentwicklung der Grundsätze zur Ermittlung einer Begünstigung im Sinnde des Art. 107 Abs. 1 AEUV.

a) *EuGH-Entscheidung ADBHU*[415]

Die Rechtssache ADBHU betraf die Vereinbarkeit einer Bestimmung einer Gemeinschaftsrichtlinie mit den Vorschriften des Vertrages. Diese Richtlinie erlegte den Mitgliedstaaten die Pflicht auf, die erforderlichen Maßnahmen zur schadlosen Sammlung und Beseitigung von Altölen zu ergreifen.[416] Im Rahmen dessen durften die Mitgliedstaaten Altölverwertungsunternehmen einen die tatsächlichen jährlichen Kosten nicht übersteigenden Betrag als Ausgleich gewähren. Der Gerichtshof hat entschieden, dass ein derartiger Zuschuss keine Beihilfe im Sinne des Art. 107 Abs. 1 AEUV darstelle, sondern eine Gegenleistung für die von den Abhol- oder Beseitigungsunternehmen erbrachten Leistungen im Interesse des Gemeinwohls.[417] Hier folgt der EuGH also dem heute so benannten Ausgleichsansatz, ohne eine nähere Begründung dafür zu geben. Auch die Höhe des Zuschusses und eine etwaige Grenze, wann eine solche Zahlung eine Beihilfe darstelle, wurden nicht thematisiert. Allerdings war die Vorgabe der Richtlinie ja auch, dass der Zuschuss die tatsächlichen Kosten der Altölentsorgung nicht übersteigen dürfe. Der Fall wäre heute aber wohl nicht mehr so einfach zu entscheiden vor dem Hintergrund der diffizilen Anforderungen an die Höhe und die Art der Bezuschussung, wie sie in dem Urteil Altmark Trans aufgestellt wurden.

---

413 EuGH, Urt. v. 15.03.1994, Rs. C-387/92, Slg. 1994, S. I-877 Rn. 18 – Banco Exterior de Espana.

414 EuGH, Urt. v. 24.07.2003, Rs. C-280/00, Slg. 2003, S. I- 7747, Rn. 87ff. – Altmark Trans.

415 EuGH, Urt. v. 07.02.1985, Rs. 240/83, Slg. 1985, S. 531 – ADBHU.

416 EuGH, Urt. v. 07.02.1985, Rs. 240/83, Slg. 1985, S. 531 Rn. 3 – ADBHU.

417 EuGH, Urt. v. 07.02.1985, Rs. 240/83, Slg. 1985, S. 531 Rn. 18 – ADBHU.

b) EuGH-Entscheidung Banco Exterior de España[418]

Im Urteil Banco Exterior de España hat der Gerichtshof festgestellt, dass eine in Spanien öffentlichen Banken gewährte Abgabenbefreiung eine staatliche Beihilfe darstelle. Zur Begründung beschränkt sich der EuGH auf den Verweis auf die frühere Rechtsprechung, dass auch die Befreiung von einer Belastung, die ein Unternehmen normalerweise zu tragen habe, eine Beihilfe im Sinnde des. heutigen Art. 107 Abs. 1 AEUV darstelle.[419] Erst in der Folge wirft der EuGH die Frage auf, ob die Steuerbefreiung der Banken gemäß dem heutigen Art. 106 Abs. 2 AEUV vom Verbot der heutigen Art. 107ff. AEUV ausgenommen sein könne, weil sie Dienstleistungen von allgemeinem wirtschaftlichen Interesse erbringen.[420] Die Tatsache, dass eine finanzielle Vergünstigung unter Umständen eine Gegenleistung für die Erfüllung einer Dienstleistung im Interesse des Allgemeinwohls darstellt, wird hier also auf Tatbestandsebene gar nicht berücksichtigt. Damit wendet der EuGH in diesem Fall den heute so genannten Beihilfenansatz an, nachdem die Ausgleichszahlung für Dienstleistungen im Interesse des Allgemeinwohls erst auf Rechtfertigungsebene berücksichtigt werden dürfen. Wiederum begründet der EuGH seine Vorgehensweise nicht. Auch ist nicht eindeutig, ob der EuGH hier wirklich auf die Rechtfertigungsebene verweist, denn er gibt eine Lösung über den heutigen Art. 106 Abs. 2 AEUV vor, bei dem nicht klar ist, ob der eine Tatbestandsausnahme oder einen Rechtfertigungsgrund darstellt. Der Wortlaut des Urteils spricht eher dafür, dass der EuGH die Vorschrift als Tabestandsausnahme auslegt. Er formuliert nämlich, dass „diese Beihilfe gemäß Art. 90 Absatz 2 EWG-Vertrag vom Verbot des Art. 92 ausgenommen sein könnte“.[421] Gleichzeitig spricht er aber die Prüfungskompetenz auch der Ausnahmevorschrift der Kommission zu.[422]

c) Das Urteil des EuGH in der Sache Ferring[423]

In Frankreich konnten Medikamente über zwei Vertriebswege vertrieben werden, zum einen durch die Arzneimittelhersteller direkt, zum anderen durch da-

---

418 EuGH, Urt. v. 15.03.1994, Rs. C-387/92, Slg. 1994, S. I-877 – Banco Exterior de Espana.

419 EuGH, Urt. v. 15.03.1994, Rs. C-387/92, Slg. 1994, S. I-877 Rn. 13f. – Banco Exterior de Espana.

420 EuGH, Urt. v. 15.03.1994, Rs. C-387/92, Slg. 1994, S. I-877 Rn. 17f. – Banco Exterior de Espana.

421 EuGH, Urt. v. 15.03.1994, Rs. C-387/92, Slg. 1994, S. I-877 Rn. 21 – Banco Exterior de Espana.

422 EuGH, Urt. v. 15.03.1994, Rs. C-387/92, Slg. 1994, S. I-877 Rn. 17 – Banco Exterior de Espana

423 EuGH, Urt. v. 22.11.2001, Rs. C-53/00, Slg. 2001, S. I-9067 – Ferring.

zwischen geschaltete Großhändler. Die Großhändler werden durch französische Gesetze besonderen Verpflichtungen unterworfen: U.a. müssen sie einen bestimmten Vorrat an Arzneimitteln bereithalten, um jederzeit den Bedarf ihrer üblichen Kundschaft für mindestens zwei Wochen decken zu können. Darüberhinaus müssen sie in der Lage sein, jedes zu ihrem Sortiment zählende Arzneimittel binnen 24 Stunden nach Eingang der Bestellung liefern zu können.[424] Beim Bezug von Arzneimitteln direkt vom Hersteller ist aufgrund einer gesetzlichen Anordnung eine „Direktverkaufsabgabe" zu zahlen. Diese Zahlungsverpflichtung besteht nicht beim Bezug der Medikamente vom Großhändler. Der EuGH hatte im Rahmen eines Vorabentscheidungsverfahrens darüber zu entscheiden, ob es sich bei der „Direktverkaufsabgabe" um eine Beihilfe im Sinnde des Art. 107 Abs. 1 AEUV handele.

Der EuGH weist in seinen Entscheidungsgründen darauf hin, dass ein einseitiger Vorteil im Sinnde des Art. 107 Abs. 1 AEUV nicht schon automatisch dann vorliege, wenn zwei Unternehmen unterschiedlich behandelt würden. Ein Vorteil sei vielmehr dann ausgeschlossen, wenn die unterschiedliche Behandlung aus systemimmanenten Gründen gerechtfertigt sei.[425] Er stuft dann allerdings die Direktverkaufsabgabe grundsätzlich als Beihilfe ein, da die Pharmahersteller und die Großhändler bezüglich des Vertriebs der Medikamente in unmittelbarem Wettbewerb stünden, der französische Staat durch Einführung der Direktverkaufsabgabe die Position der Großhändler in diesem Wettbewerb stärken wolle und nach empirischen Erhebungen auch tatsächlich gestärkt habe.[426]

In einem zweiten Schritt prüft der EuGH ob die Einstufung dieser Regelung als Beihilfe wegen der besonderen gemeinwirtschaftlichen Pflichten auszuschließen ist, die das französische System der Versorgung der Apotheken mit Arzneimitteln den Großhändlern auferlegt.[427] Er stellt dabei fest, dass die französische Regelung nur den Großhändlern die Verpflichtung auferlege, ständig ein Sortiment von Arzneimitteln bereitzuhalten, das dem Bedarf eines bestimmten geographischen Gebietes entspreche, und die rasche Verfügbarkeit dieser Arzneimittel innerhalb dieses Gebietes zu gewährleisten, so dass eine Versorgung der gesamten Bevölkerung mit Arzneimitteln jederzeit gewährleistet sei.[428] Die Erfüllung dieser Pflichten verursache den Großhändlern zusätzliche Kosten, die die Pharmahersteller nicht zu tragen verpflichtet seien. Unter Anwendung der im Urteil ABDHU hergeleiteten Grundsätze könne die Befreiung der Groß-

424 EuGH, Urt. v. 22.11.2001, Rs. C-53/00, Slg. 2001, S. I-9067 Rn. 7 – Ferring.
425 EuGH, Urt. v. 22.11.2001, Rs. C-53/00, Slg. 2001, S. I-9067 Rn. 17 – Ferring.
426 EuGH, Urt. v. 22.11.2001, Rs. C-53/00, Slg. 2001, S. I-9067 Rn. 19 – Ferring.
427 EuGH, Urt. v. 22.11.2001, Rs. C-53/00, Slg. 2001, S. I-9067 Rn. 23 – Ferring.
428 EuGH, Urt. v. 22.11.2001, Rs. C-53/00, Slg. 2001, S. I-9067 Rn. 24 – Ferring.

händler von der Abgabe als Gegenleistung für die erbrachten Leistungen zu betrachten sein. Dies gelte allerdings nur, soweit die bei den Pharmaherstellern erhobene Direktverkaufsabgabe den tatsächlich den Großhändlern für die Erfüllung ihrer gemeinwirtschaftlichen Pflichten entstandenen zusätzlichen Kosten entspreche. Dann liege keine staatliche Beihilfe im Sinne des Art. 107 Abs. 1 AEUV vor. Im Übrigen genössen die Großhändler, wenn die gewährte Befreiung den entstandenen zusätzlichen Kosten entspricht, tatsächlich keinen Vorteil im Sinne von Art. 107 Abs. 1 AEUV, denn die betreffende Maßnahme bewirke nur, dass sie und die Pharmahersteller vergleichbaren Wettbewerbsbedingungen unterworfen seien.[429] Daher sei die zu zahlende Direktverkaufsabgabe nur insoweit eine staatliche Beihilfe zugunsten der Großhändler, als der Vorteil, den diese aus der Befreiung zögen, die zusätzlichen Kosten übersteige, die ihnen durch die Erfüllung der ihnen durch die nationale Regelung auferlegten gemeinwirtschaftlichen Pflichten entstünden.[430] Ob das der Fall sei, falle aber in die Prüfungskompetenz des nationalen Gerichts.

Hier folgt der EuGH also wieder dem Ausgleichsansatz, immerhin in der Begründung unter Rückgriff auf die aus der Rechtsprechung zu Austauschverträgen bekannte Frage danach, ob die Zuwendungen „marktgerechter Preis" für eine erbrachte Dienstleistung seien, hier angepasst dahingehend, dass auf den finanziellen Ausgleich tatsächlich entstandener Kosten abgestellt wird.

d) Die Entscheidung des EuGH in der Sache GEMO[431]

Eine erste Auseinandersetzung mit der divergierenden Rechtsprechung und der systematischen Begründung beider Auslegungsansätze fand in den Schlussanträgen des Generalanwalts und dem Urteil des EuGH in der Rechtssache *GEMO* statt.

aa) Der Fall

Dieser Fall betraf die Beurteilung eines französischen Gesetzes über die Beseitigung von nicht zum menschlichen Verzehr bestimmtem Tiermaterial. Nach diesem Gesetz wurde ein öffentlicher Dienst der Sammlung und Verwertung von Tierkörpern und gefährlichen Schlachtabfällen eingeführt, dessen Inanspruchnahme für Viehhalter und Schlachthöfe zwingend und unentgeltlich ist. Der Dienst wird von privaten Tierkörperverwertungsunternehmen durchgeführt, deren Dienstleistungen im Rahmen von Verträgen, die nach Durchführung von Verfahren zur Vergabe öffentlicher Aufträge geschlossen werden. Die hierfür

429 EuGH, Urt. v. 22.11.2001, Rs. C-53/00, Slg. 2001, S. I-9067 Rn. 27 – Ferring.

430 EuGH, Urt. v. 22.11.2001, Rs. C-53/00, Slg. 2001, S. I-9067 Rn. 29 – Ferring.

431 EuGH, Urt. v. 20. 11.2003, Rs. C-126/01, Slg. 2003, S. I-13769 – GEMO.

vom Staat gezahlte Vergütung wird durch eine Abgabe auf den Kauf von Fleisch (im Folgenden: Fleischkaufabgabe) finanziert, die hauptsächlich von Supermärkten mit Fleischeinzelhandel, nicht aber von kleineren Unternehmen des Fleischeinzelhandels erhoben wird.[432] Dieses System betrifft ausschließlich die Entsorgung solcher Tierkörperteile, die wegen einer eventuellen BSE-Belastung als gefährlich eingestuft werden.[433]

Es geht im Wesentlichen um die Frage, ob das Gesetz eine staatliche Beihilfe gewährt.

bb) Die Argumentation des Generalanwalts

Der Generalanwalt differenziert in seinen Schlußanträgen zutreffend in drei Prüfungen, nämlich, ob (1) eine Beihilfe zugunsten von Schlachthöfen und Viehhaltern, (2) zugunsten der Tierkörperverwertungsunternehmen oder (3) zugunsten kleinerer Fleischeinzelhändler vorliegt.[434]

Der Generalanwalt fragt also zunächst nach einem Vorteil im Sinne des Art. 107 Abs. 1 AEUV für Schlachthöfe und Viehhalter. Diese müssen die Dienstleistungen der Tierkörperverwertungsunternehmen für nicht zum menschlichen Verzehr geeignete Tierkörperteile in Anspruch nehmen, dafür aber kein Entgelt bezahlen. Die Tierkörperverwertungsunternehmen werden nach oben beschriebenem Gesetz vom Staat bezahlt. Der Generalanwalt prüft diesen Sachverhalt auf ein begünstigendes Element unter Berufung auf die Rechtsprechung des Gerichtshofes, dass der Begriff der Beihilfe nicht nur positive Leistungen wie Subventionen umfasse, sondern auch Maßnahmen, die in verschiedener Form die Belastungen vermindern, die ein Unternehmen normalerweise zu tragen hat.[435] In der Konsequenz fragt er danach, ob die Beseitigung der Tierkörperteile unter normalen Umständen in den Risikobereich der Schlachthöfe und Viehhalter falle und die Kosten daher von diesen zu tragen seien. Hierfür ist das im Gemeinschaftsrecht geltende Verursacherprinzip heranzuziehen.[436] Dieses wurde in der Wirtschaftstheorie entwickelt um einem Marktversagen zu begegnen. Es gibt nämlich sogenannte negative externe Effekte, die einen nicht bezifferbaren Ver-

---

432 EuGH, Urt. v. 20. 11.2003, Rs. C-126/01, Slg. 2003, S. I-13769 Rn. 18ff. – GEMO; Schlussanträge v. 30.04.2002, Rs. 126/01, Slg. 2003, S. I-13769 Rn. 17ff. – GEMO.

433 EuGH, Schlussanträge v. 30.04.2002, Rs. 126/01, Slg. 2003, S. I-13769 Rn. 16 – GEMO.

434 EuGH, Schlussanträge v. 30.04.2002, Rs. 126/01, Slg. 2003, S. I-13769 Rn. 53 – GEMO.

435 EuGH, Schlussanträge v. 30.04.2002, Rs. 126/01, Slg. 2003, S. I-13769 Rn. 59 – GEMO.

436 EuGH, Schlussanträge v. 30.04.2002, Rs. 126/01, Slg. 2003, S. I-13769 Rn. 64ff. – GEMO.

lust für die gesamte Gesellschaft herbeiführen (z. B. die Umweltverschmutzung bei der Produktion bestimmter Güter).[437] Eine Nichtberücksichtigung dieser Effekte würde zu einer Wettbewerbsverzerrung dergestalt führen, dass der Unternehmer die Kosten hierfür ignorieren könnte.[438] Der Markt kann hier keine Regulierung herbeiführen, denn diese Effekte bleiben lange Zeit unsichtbar und haben damit keinen Einfluss auf das Marktverhalten. Dem wirkt das Verursacherprinzip entgegen. Die Kosten von Maßnahmen, mit denen die Umweltverschmutzung bekämpft wird, sind danach nicht von der Gesellschaft im Rahmen allgemeiner Besteuerung, sondern vom Verschmutzer, der die Umweltverschmutzung verursacht, zu tragen. Die durch den Umweltschutz verursachten Kosten sind in die Produktionskosten des Unternehmens einzubeziehen. Der Grundsatz kann durch verschiedene staatliche Maßnahmen, wie die Besteuerung der Umweltverschmutzung oder Haftungsvorschriften, in die Praxis umgesetzt werden.[439]

Die Kommission zieht in ihrer Entscheidungspraxis im Bereich der staatlichen Beihilfen das Verursacherprinzip zu zwei Zwecken heran, und zwar um a) festzustellen, ob eine Maßnahme eine staatliche Beihilfe im Sinne von Art. 107 Absatz 1 AEUV darstellt, und b) um zu entscheiden, ob eine bestimmte Beihilfe nach Art. 107 Absatz 3 AEUV als mit dem Vertrag vereinbar angesehen werden kann.[440] Der Generalanwalt kommt zu dem Ergebnis, dass die Kosten der Tierkörperbeseitigung grundsätzlich von den Schlachthöfen und Viehhaltern zu tragen seien.

Der Generalanwalt geht auch ausdrücklich auf das Argument der französischen Regierung ein, die einen Vorteil verneinen will, da mit der Maßnahme ein gesundheitspolitisches Ziel verfolgt werde. Er weist dabei darauf hin, dass nach gefestigter Rechtsprechung der Begriff der staatlichen Beihilfe ein objektiver sei. Art. 107 Abs. 1 AEUV unterscheide nicht verschiedene Arten staatlicher Interventionsmaßnahmen nach Maßgabe ihrer Gründe oder Ziele, sondern definiere sie nach ihren Wirkungen. Die Gründe oder Ziele einer Maßnahme seien nicht bei deren Einstufung als Beihilfe, sondern nur bei der Beurteilung ihrer Vereinbarkeit gemäß Art. 107 Absätze 2 und 3 AEUV zu berücksichtigen. Im vorliegenden Fall könnten für einen Staat tatsächlich stichhaltige Gründe bestehen, einen öffentlichen Tierkörperbeseitigungsdienst einzurichten, dessen Leistungen unentgeltlich erbracht werden, um z. B. zu verhindern, dass Viehhalter

---

437 Pieper, DÖV 1996, 232, 239.

438 Kommission, X. Bericht über die Wettbewerbspolitik (1980) Tz. 222.

439 EuGH, Schlussanträge v. 30.04.2002, Rs. 126/01, Slg. 2003, S. I-13769 Rn. 66 – GEMO.

440 EuGH, Schlussanträge v. 30.04.2002, Rs. 126/01, Slg. 2003, S. I-13769 Rn. 68 – GEMO.

gefährliches Tiermaterial auf dem Hofgelände vergraben. Diese Gründe berührten indessen die Einstufung der Maßnahme als staatliche Beihilfe nicht.[441]

Die Frage nach dem Beihilfencharakter der staatlich finanzierten Tierkörperbeseitigung für die Tierkörperbeseitigungsunternehmen wirft komplizierte Fragen im Zusammenhang mit der Beihilfeneigenschaft staatlicher Finanzierung von Dienstleistungen von allgemeinem Interesse auf, die auch Gegenstand der Sachen Ferring und Altmark-Trans sind. Die Tierkörperbeseitigungsunternehmen erhalten vom Staat Zahlungen für die Beseitigung der Tierkörperteile, die die Schlachthöfe und Viehhalter nicht bezahlen müssen.

Generalanwalt Jacobs stellt sich in diesem Zusammenhang die schon viel diskutierte Frage, ob der „Beihilfen-„ oder der „Ausgleichsansatz“ herangezogen werden sollte, um den Beihilfencharakter solcher Zahlungen zu bestimmen.[442]

Nach dem ersten Beurteilungsansatz („Beihilfenansatz“ oder „Brutto-Ansatz“) stellt die einem Unternehmen für die Wahrnehmung von Gemeinwohlverpflichtungen gewährte staatliche Finanzierung eine staatliche Beihilfe im Sinne von Art. 107 Absatz 1 AEUV dar, die jedoch nach Art. 106 Absatz 2, 3 AEUV gerechtfertigt sein kann, wenn die Voraussetzungen dieser Ausnahmevorschriften erfüllt sind und insbesondere die Finanzierung verhältnismäßig ist.

Nach dem zweiten Beurteilungsansatz („Ausgleichsansatz“ oder „Netto-Ansatz“) stellt die staatliche Finanzierung von Dienstleistungen von allgemeinem Interesse eine staatliche Beihilfe im Sinne von Art. 107 Absatz 1 AEUV nur dar, wenn und soweit der wirtschaftliche Vorteil, der hierdurch gewährt wird, entweder über eine angemessene Vergütung für die Erbringung der Dienstleistungen von allgemeinem Interesse oder über die zusätzlichen Kosten dieser Erbringung hinausgeht.

Generalanwalt Jacob kommt zu einer differenzierenden Lösung. Für den Bereich der öffentlichen Vergabe von Dienstleistungsaufträgen will er den Ausgleichsansatz nur in solchen Fällen anwenden, in denen die Finanzierungsmaßnahmen eindeutig eine Gegenleistung für klar definierte Gemeinwohlverpflichtungen darstellen sollen.[443] In den Fällen, in denen der Zusammenhang zwischen der staatlichen Finanzierung und den auferlegten Gemeinwohlverpflichtungen entweder nicht unmittelbar oder nicht offensichtlich, oder die Gemeinwohlverpflichtung nicht klar definiert ist, muss nach seiner Ansicht der Beihilfenansatz

441 EuGH, Schlussanträge v. 30.04.2002, Rs. 126/01, Slg. 2003, S. I-13769 Rn. 73 – GEMO.

442 EuGH, Schlussanträge v. 30.04.2002, Rs. 126/01, Slg. 2003, S. I-13769 Rn. 94ff. – GEMO.

443 EuGH, Schlussanträge v. 30.04.2002, Rs. 126/01, Slg. 2003, S. I-13769 Rn. 119 – GEMO.

angewendet werden.[444] Er begründet diese Differenzierung mit einer Parallele zu den Fällen, in denen Gegenstand der Beihilfenprüfung nicht die Vergabe von Dienstleistungsaufträgen im Allgemeininteresse ist, sondern der Erwerb von Waren durch den Staat. Nach der gefestigten Rechtsprechung seien zweiseitige Vereinbarungen oder komplexere Geschäfte, bei denen gegenseitige Rechte und Pflichten festgelegt werden, als Ganzes zu beurteilen. Das sei aber nur dort möglich, wo die Verpflichtungen klar definiert und der Zusammenhang zu einer Aufgabe im Allgemeininteresse offensichtlich sei. Als Hauptargumente gegen eine alleinige Anwendung des Ausgleichsansatzes führt Jacob an, dass damit der speziellen Regelung des Art. 106 Abs. 2 AEUV im Bereich der staatlichen Beihilfe jede Bedeutung genommen würde. Denn gehe die staatliche Finanzierung nicht über das hinaus, was zum Ausgleich der zusätzlichen Kosten der erbrachten Dienstleistungen erforderlich ist, so läge keine staatliche Beihilfe im Sinne von Art. 107 Absatz 1 AEUV vor und bestünde somit keine Notwendigkeit, die Vereinbarkeit der Maßnahme mit Art. 106 Absatz 2 AEUV zu prüfen. Soweit die Finanzierung über das notwendige Maß hinausgeht, könnte die Maßnahme aber auch nicht nicht nach Art. 106 Absatz 2 AEUV gerechtfertigt sein, da sie den Grundsatz der Verhältnismäßigkeit verletzen würde. Mithin gäbe es keine Fälle, in denen die Kommission oder ein nationales Gericht nachprüfen könnte, ob die fraglichen Dienstleistungen tatsächlich „Dienstleistungen von allgemeinem wirtschaftlichem Interesse“ darstellen, ob mit den fraglichen Dienstleistungen das betreffende Unternehmen tatsächlich „betraut“ worden ist und ob die fragliche Finanzierung die Entwicklung des Handelsverkehrs in einem Ausmaß beeinträchtigt, das dem Interesse der Gemeinschaft zuwiderläuft (Art. 106 Absatz 2 Satz 2 AEUV).[445]

Die zweistufige Beurteilung nach dem Beihilfenansatz - zunächst Prüfung eines Verstoßes gegen das Verbot des Art.s 107 Absatz 1 AEUV, sodann Prüfung des Vorliegens der Ausnahme des Art 106 Absatz 2 AEUV - entspreche auch mehr der parallelen zweistufigen Beurteilung von Maßnahmen, die gegen Art. 106 Absatz 1 AEUV in Verbindung mit den Wettbewerbsregeln oder den Vorschriften über den freien Warenverkehr verstoßen.[446]

Gegen die alleinige Anwendung des Beihilfenansatzes spricht aus seiner Sicht, dass der Begriff „staatliche Beihilfe“ in Art. 107 Absatz 1 AEUV ist nur auf Maßnahmen anwendbar sei, die zu einem wirtschaftlichen Vorteil führen

---

444 EuGH, Schlussanträge v. 30.04.2002, Rs. 126/01, Slg. 2003, S. I-13769 Rn. 120 – GEMO.

445 EuGH, Schlussanträge v. 30.04.2002, Rs. 126/01, Slg. 2003, S. I-13769 Rn. 116 – GEMO.

446 EuGH, Schlussanträge v. 30.04.2002, Rs. 126/01, Slg. 2003, S. I-13769 Rn. 116 – GEMO.

und den Wettbewerb verfälschen oder zu verfälschen drohen. Es sei nicht ersichtlich, warum diese beiden Voraussetzungen nicht auch in Fällen gelten sollten, in denen es um die Finanzierung von Dienstleistungen von allgemeinem Interesse gehe. Der Generalanwalt zieht hier eine Parallele zur Auslegung des Art. 107 Abs. 1 AEUV in Fällen der staatlichen Güterbeschaffung. Wenn der Staat oder seine Gliederungen auf den Märkten Waren käuflich erwerben oder Dienstleistungen gegen Entgelt in Anspruch nehmen, liege eine staatliche Beihilfe nur vor, wenn und soweit die gezahlte Vergütung über das angemessene Maß hinausgehe. Es sei nicht ersichtlich, warum etwas anderes in Fällen gelten sollte, in denen der Staat Dienstleistungen gegen Entgelt in Anspruch nimmt, die der Allgemeinheit gegenüber zu erbringen sind.[447]

Eine Entscheidung des EuGH hierzu gab es nicht, da schon durch den Vorteil für die Schlachthöfe und Viehhalter der Beihilfentatbestand erfüllt war, es daher auf die Beihilfeneigenschaft des Vorteils für die Tierkörperbeseitigungsunternehmen nicht mehr ankam.

cc) Stellungnahme

Bemerkenswert ist die Auseinandersetzung mit dem Verursacherprinzip und seinen Auswirkungen auf die Auslegung des Tatbestandsmerkmals der Begünstigung in Art. 107 Abs. 1 AEUV. Demnach kann nämlich eine nach dem Verursacherprinzip bei den zur Kostentragung verpflichteten Unternehmen erhobene Abgabe auch eine marktgerechte Kompensation einer später gewährten Begünstigung darstellen.[448] Dabei ist allerdings zu berücksichtigen, dass die Begünstigung nur entfällt, wenn alle zuvor zu der Abgabe herangezogenen Unternehmen gleichmäßig auch von der Begünstigung (die typischerweise eine Abgabenentlastung ist) erfasst werden.[449] Eine besondere Rolle spielen dabei Fälle, in denen ausländische Unternehmen zwar auch die Abgabe zahlen müssen, weil sie gebietsbezogen erhoben wird, die Begünstigung aber nicht erhalten.[450] Hieran wird deutlich, dass die Berücksichtigung einer von dem begünstigten Unternehmen erbrachten Gegenleistung nicht nur bei Austauschverträgen zu berücksichtigen

---

447 EuGH, Schlussanträge v. 30.04.2002, Rs. 126/01, Slg. 2003, S. I-13769 Rn. 15 – GEMO.

448 So auch, Frenz, Handbuch Europarecht, Band 3 Rn. 175

449 Pieper, DÖV 1996, 232, 239.

450 Pieper, DÖV 1996, 232, 239. Nach hier vertretener Ansicht liegt darin auch ein Fall der parallelen Anwendung von Beihilfenrecht und Grundfreiheiten, vgl. oben Hauptteil A. I. 3. Dass es sich hierbei um eine Beihilfe handeln muss ergibt sich danach schon aus dem sonst vorliegenden Verstoß gegen die Grundfreiheiten. Nach aA. müsste danach differenziert werden, ob die Abgabenerhebung eine abtrennbare Modalität der Beihilfengewährung darstellt.

ist, sondern es letztlich immer darauf ankommt, ob ein gewährter Vorteil im konkreten Einzelfall durch eine korrespondierende Belastung des Unternehmens aufgewogen wird.

Darüber hinaus führt das Verursacherprinzip dazu, dass die Abgabenerhebung zum Teil der beihilfenrechtlichen Prüfung wird. Das ist nur in eng begrenzten Ausnahmefällen sachgerecht.

e) Die Entscheidung des EuGH in der Sache Altmark-Trans

Die Firma Altmark Trans erhielt Genehmigungen für Liniendienste nach dem Personenbeförderungsgesetz. Hiergegen klagte die Nahverkehrsgesellschaft Altmark als Konkurrentin. Sie wies in ihrer Klage darauf hin, dass die Altmark Trans auf Subventionen angewiesen sei und daher die erteilten Genehmigungen rechtswidrig seien. Das BVerwG legte im Revisionsverfahren dem EuGH unter anderem die Frage vor, inwieweit Zuschüsse zum Defizitausgleich im öffentlichen Personennahverkehr überhaupt dem Beihilfenverbot unterliegen.

In seinen Schlussanträgen hat Generalanwalt Léger den im Urteil *Ferring* angewandten Ausgleichsansatz kritisiert. Seiner Ansicht nach vermengt dieser Beurteilungsansatz zwei rechtlich unterschiedliche Fragen: die der Qualifizierung der Maßnahme als staatliche Beihilfe und die der Rechtfertigung dieser Maßnahme. Zweitens nehme dieser Ansatz Art. 106 Abs. 2 AEUV und den darin aufgestellten Voraussetzungen ihren Nutzen bei der Beurteilung staatlicher Finanzierungen von Dienstleistungen von allgemeinem Interesse. Drittens würden staatliche Finanzierungen solcher Dienstleistungen durch den Ausgleichsansatz der notwendigen Kontrolle durch die Kommission entzogen. Er hält auch den Private Investor Test, der für Kapitalerhöhungen durch den Staat entwickelt wurde[451] nicht für auf die Vergabe von Dienstleistungsaufträgen übertragbar, weil aus der Rechtsprechung hervorgehe, dass der Gerichtshof auf dem Gebiet der staatlichen Beihilfen zwischen zwei Fallgruppen unterscheide: Fälle, in denen die staatliche Intervention wirtschaftlichen Charakter habe seien anders zu behandeln als solche, in denen die staatliche Intervention zu den Hoheitsakten zähle.[452] Der Gerichtshof wende das Kriterium des privaten Wirtschaftsteilneh-

---

451 EuGH, Urt. v. 10.07.1986, Rs. 234/84, Slg. 1986, S. 2263 Rn. 15 – Belgien/Komm; Urt. v. 21.03.1991, Rs. C-303/88, Slg. 1991, S. I-1433, Rn. 20f. - Italien/Komm; Urt. v. 11.07.1996, Rs. C-39/94, Slg. 1996, S. I-3547, Rn. 60f. – SFEI; EuG, Urt. v. 12.12.1996, Rs. T-358/94, Slg. 1996, S. II-2109, Rn. 70f. - Air France; zur Entstehung und unterschiedlichen Nuancen in Kommissionspraxis und Rechtsprechung vgl. Deckert/Schroeder, EuR 1998, 291, 295ff, vgl. die ausführliche Auseinandersetzung mit dem Private Investor Test oben Hauptteil B. III. 2.

452 EuGH, Schlussanträge v. 14.01.2003, Rs. C-280/00, Slg. 2003, S. I-7747 Rn. 20 – Altmark Trans.

mers nur auf die erste Fallgruppe an. In diesen Fällen könne sich ein privater Wirtschaftsteilnehmer mit Erwerbszweck zumindest grundsätzlich so verhalten wie der Staat. Die Anwendung dieses Kriteriums werde durch den Grundsatz der Gleichbehandlung zwischen dem öffentlichen und dem privaten Sektor gerechtfertigt, wonach für die Intervention des Staates keine strengere Regelung gelten dürfe als für private Unternehmen.[453] Das Kriterium des privaten Wirtschaftsteilnehmers sei hingegen nicht maßgebend, wenn die staatliche Intervention keinen wirtschaftlichen Charakter habe. Das sei der Fall, wenn die staatlichen Stellen einem Unternehmen direkt eine Subvention zahlten, eine Steuererleichterung gewährten oder eine Minderung der Soziallasten einräumten. In Fällen dieser Art könne die Intervention des Staates nicht von einem privaten Wirtschaftsteilnehmer mit Erwerbszweck vorgenommen werden, sondern zähle zu den staatlichen Hoheitsakten. Das Kriterium des privaten Wirtschaftsteilnehmers sei daher nicht maßgebend, da es hier nicht zu einem Verstoß gegen das Gebot der Gleichbehandlung von öffentlichem und privatem Sektor kommen könne.[454] Die Finanzierung der öffentlichen Dienstleistungen sei aber eine Tätigkeit, die typischerweise zu den Hoheitsakten zähle. Es sei nämlich Sache der staatlichen Stellen, die Dienstleistungen festzulegen, die der Allgemeinheit zur Verfügung zu stellen sind. Sie hätten auch die erforderlichen Maßnahmen zu treffen, um das Funktionieren und die Finanzierung dieser Dienstleistungen sicherzustellen. Im Übrigen sei es schwer vorstellbar, dass ein privater Wirtschaftsteilnehmer von sich aus im Rahmen einer solchen Finanzierung tätig werde.[455]

Der EuGH folgte diesem Ansatz nicht. Er entwickelte vielmehr den in seiner früheren Rechtsprechung hergeleiteten Grundsatz, dass es sich dann nicht um eine Begünstigung im Sinnde des. Art. 107 Abs. 1 AEUV handele, wenn der gewährte Vorteil marktgerecht kompensiert werde, konsequent fort. Da es sich bei der im Vorlageverfahren streitigen Maßnahme um eine Zahlung im Rahmen eines Austauschvertrages handelt, ist der Vorteil dann beihilfeneutralisierend kompensiert, wenn er als Ausgleich anzusehen ist, der die Gegenleistung für Leistungen bildet, die von den Unternehmen, denen sie zugute kommt, zur Erfüllung gemeinwirtschaftlicher Verpflichtungen erbracht werden. Dann erhält das Unternehmen nach den Ausführugen des EuGH in Wirklichkeit keinen fi-

---

453 EuGH, Schlussanträge v. 14.01.2003, Rs. C-280/00, Slg. 2003, S. I-7747 Rn. 21 – Altmark Trans.

454 EuGH, Schlussanträge v. 14.01.2003, Rs. C-280/00, Slg. 2003, S. I-7747 Rn. 22 – Altmark Trans unter Berufung auf EuGH, Urt. v. 14.09.1994, Rs. C-278/92, Slg. 1994, S. I-4103 – Spanien/Komm, in dem Urteil setzt sich der EuGH allerdings nicht mit der Unterscheidung auseinander.

455 EuGH, Schlussanträge v. 14.01.2003, Rs. C-280/00, Slg. 2003, S. I-7747 Rn. 23f. – Altmark Trans.

nanziellen Vorteil, so dass die genannte Maßnahme nicht bewirke, dass es gegenüber den mit ihm im Wettbewerb stehenden Unternehmen in eine günstigere Wettbewerbsstellung gelange.[456] Ein derartiger Ausgleich sei jedoch nur dann nicht als staatliche Beihilfe zu qualifizieren, wenn eine Reihe von Voraussetzungen erfüllt seien. Erstens müsse das begünstigte Unternehmen tatsächlich mit der Erfüllung gemeinwirtschaftlicher Verpflichtungen betraut sein. Dabei müssten diese Verpflichtungen schon im Voraus klar definiert sein. Zweitens seien die Parameter, anhand deren der Ausgleich berechnet wird, zuvor objektiv und transparent aufzustellen. Drittens dürfe der Ausgleich nicht über das hinausgehen, was erforderlich ist, um die Kosten der Erfüllung der gemeinwirtschaftlichen Verpflichtungen unter Berücksichtigung der dabei erzielten Einnahmen und eines angemessenen Gewinns aus der Erfüllung dieser Verpflichtungen ganz oder teilweise zu decken.[457] Nur bei Einhaltung dieser Voraussetzung sei gewährleistet, dass dem betreffenden Unternehmen kein Vorteil gewährt wird, der dadurch, dass er die Wettbewerbsstellung dieses Unternehmens stärke, den Wettbewerb verfälsche oder zu verfälschen drohe.[458] Viertens müsse entweder die Wahl des Unternehmens, das mit der Erfüllung gemeinwirtschaftlicher Verpflichtungen betraut werden soll, im Rahmen eines Verfahrens zur Vergabe öffentlicher Aufträge erfolgen oder die Höhe des erforderlichen Ausgleichs auf der Grundlage einer Analyse der Kosten bestimmt werden, die ein durchschnittliches, gut geführtes Unternehmen bei der Erfüllung der betreffenden Verpflichtungen hätte. Dabei seien die erzielten Einnahmen und ein angemessener Gewinn zu berücksichtigen.[459]

f) Stellungnahme

In diesem Urteil hat der EuGH nicht nur vier Kriterien[460] aufgestellt, bei deren Erfüllung der Beihilfentatbestand nicht erfüllt ist, sondern er hat auch eine Entscheidung über die Frage herbeigeführt, ob bei der Beihilfeneigenschaft im Rahmen von öffentlichen Dienstleistungsaufträgen der Ausgleichsansatz oder

456 EuGH, Urt. v. 24. Juli 2003, Rs. C-280/00, Slg. 2003, S. I- 7747, Rn. 87 – Altmark Trans.

457 EuGH, Urt. v. 24. Juli 2003, Rs. C-280/00, Slg. 2003, S. I- 7747, Rn. 89ff. – Altmark Trans.

458 EuGH, Urt. v. 24. Juli 2003, Rs. C-280/00, Slg. 2003, S. I- 7747, Rn. 92 – Altmark Trans.

459 EuGH, Urt. v. 24. Juli 2003, Rs. C-280/00, Slg. 2003, S. I- 7747, Rn. 93 – Altmark Trans.

460 Wegen der Aufzählung im Urteil wird in der Literatur häufig von den „vier Altmark-Trans-Kriterien“ gesprochen, die genau genommen nur drei Kriterien sind, wie sogleich zu zeigen ist.

der Beihilfenansatz anzuwenden ist. Seine Lösung kommt dem Vorschlag von Generalanwalt Jacobs im Fall *GEMO* am nächsten. Der Ausgleichsansatz gilt nämlich als Konsequenz dieses Urteils nur, wenn sowohl die gemeinwirtschaftliche Verpflichtung, die das Unternehmen erfüllt als auch die Parameter der Ausgleichszahlung vorher klar definiert sind. Das entspricht dem Vorschlag von Jacobs, zu differenzieren, ob der Zusammenhang zwischen Zahlung und Dienstleistung im Allgemeininteresse offensichtlich ist. Die Entscheidung für den Ausgleichsansatz in diesen Fällen wird aus dem Kriterium der verbotenen Überkompensation deutlich. Wäre der EuGH dem bisher im Beihilfenrecht angewendeten Brutto-Ansatz (Beihilfenansatz) gefolgt, wäre nämlich die Frage der „marktüblichen Gegenleistung" nur eine Frage der Rechtfertigung.

Der EuGH betont in dem Urteil auch, dass die Beihilfevorschriften vorwiegend darauf abzielten einen solchen Vorteil zugunsten einzelner Unternehmen zu verhindern, der diese gegenüber Konkurrenten begünstige.[461] Damit wird die wettbewerbsrechtliche Prägung des Art. 107 Abs. 1 AEUV deutlich. Es sollen nur solche Vorteile erfasst sein, die überhaupt dazu geeignet sind, den Wettbewerb zu verzerren. Die (potentielle) Wettbewerbsverfälschung muss also schon für das Tatbestandsmerkmal der Begünstigung entscheidend sein. Sie spielt nicht erst bei der Prüfung des Merkmals der Beeinträchtigung des Wettbewerbs eine Rolle. Dieses ist vielmehr nur eine Ausprägung der immer im Gemeinschaftsrecht geforderten gemeinschaftsweiten Wirkung einer Maßnahme.

Streng genommen hat der EuGH für die Verneinung des Beihilfetatbestands im Fall der Ausgleichszahlung für die Erbringung von Dienstleistungen im Allgemeininteresse nur drei Kriterien aufgestellt, nämlich die tatsächliche vorherige Übertragung einer solchen Aufgabe, die transparente Festlegung der Parameter der Ausgleichszahlung im Vorhinein und die Beschränkung der Ausgleichszahlung auf das zur Erfüllung der Aufgabe Notwendige. Das häufig als viertes Kriterium genannte Erfordernis der Ausschreibung oder die Kostenanalyse anhand eines durchschnittlichen gut geführten Unternehmens[462] ist nur eine Konkretisierung der dritten Voraussetzung, des Verbots der Überkompensation.

Gerade um diese Konkretisierung gab es in der Literatur viel Aufsehen. Teilweise wurde von einem „rechtstheoretischen Quantensprung"[463] gesprochen. Teilweise wurde das Urteil als Integration des Vergaberechts in das Beihilfenrecht interpretiert. Bei genauer Betrachtung handelt es sich aber nur um eine Fortführung der Auslegung des Tatbestandsmerkmals der Begünstigung als

461 EuGH, Urt. v. 24. Juli 2003, Rs. C-280/00, Slg. 2003, S. I- 7747, Rn. 92 – Altmark Trans.

462 So zB. Jennert, NVwZ 2004, 425; Koenig/Haratsch, ZUM 2003, 804, 805.

463 Pöcker, EuZW 2007, 167.

wirtschaftlicher Vorteil, für den keine marktübliche Gegenleistung erbracht wird. Wie schon in den früheren Urteilen vom EuGH durch die Verneinung eines solchen Vorteils bei bloßer Kompensation der erhöhten Kosten für die Erfüllung einer öffentlichen Aufgabe hergeleitet, wird auch im Urteil Altmark Trans richtigerweise die konkrete Dienstleistung, die Vertragsgegenstand ist, betrachtet. Es handelt sich nicht nur um die Erbringung der Dienstleistung „Busfahrt", sondern um das Betreiben mehrerer Buslinien über einen langen Zeitraum, das den öffentlich-rechtlichen Pflichten der Daseinsvorsorge, nämlich der Versorgung der Bevölkerung mit ausreichender Infrastruktur gerecht werden muss. Hierfür ist der marktübliche Preis schwer zu ermitteln. Daher hat der EuGH eine bloße Beweisregel aufgestellt.

4. Der objektive Begriff der Begünstigung

Wie schon im oben besprochenen Urteil in der Sache GEMO anklingt, ist der Begriff der Begünstigung im Sinne von Art. 107 Abs. 1 AEUV objektiv zu bestimmen.[464] Unerheblich für die Beurteilung des Begünstigungscharakters einer Beihilfe ist die Motivation für ihre Gewährung, entscheidend ist allein die Wirkung der Maßnahme.[465] Der Vorteilseffekt einer Beihilfe besteht regelmäßig in seiner staatlichen induzierten Kostensenkungswirkung bei dem begünstigten Unternehmen.[466] Auch wenn es nur auf die Wirkung einer staatlichen Maßnahme ankommt, ist der EuGH den Bestrebungen in der Literatur[467] nicht gefolgt, auch „Maßnahmen gleicher Wirkung" in den Tatbestand einzubeziehen[468]. In solchen Fällen kommt aber ein Verstoß der Maßnahme gegen die Grundfreiheiten in Betracht.[469]

---

464 Vgl hierzu auch EuG, Urt. v. 10.05.2000, Rs. T-46/97, Slg. 2000, S. II-2125 Rn. 83 – SIC/Komm; Heidenhain/Heidenhain, § 3 Rn. 6; dennoch stellt auch der EuGH immer wieder auf die hinter einer Vergünstigung stehende Intention des Staates ab, vgl. z. B. EuGH, Urt. v. 22. 11.2001, Rs. C-53/00, Slg. 2001, S. I-9067 Rn. 19 – Ferring.

465 EuGH, Urt. v. 02.07.1974, Rs. 173/73, Slg. 1974, S. 709 Rn. 26/28 – Familienbeihilfen im Textilsektor; EuGH, Urt. v. 24.02.1987, Rs. 310/85, Slg. 1987, S. 901 Rn. 8 – Deufil; Urt. v. 20.11.2003, Rs. C-126/01, Slg. 2003, S. I-13769 Rn. 34 – GEMO; EuG, Urt. v. 06.03.2003, verb. Rs. T-228/99 und T-223/99, Slg. 2003, S. II-435 Rn. 180 – WestLB; Götz/Martínez Sora, in: Dauses, Hdb. EU-WirtschR, H. III Rn. 55.

466 Koenig/Kühling/Ritter, EG-Beihilfenrecht, Rn. 60.

467 So zB. Heidenhain/Heidenhain, § 3 Rn. 7; Immenga/Mestmäcker/Ehricke, Art. 87 Abs. 1 EGV Rn. 34.

468 EuGH, Urt. v. 30.01.1985, Rs. 290/83, Slg. 1985, 455, Rn. 18 – Kommission/Frankreich.

469 Z. B. EuGH, Urt. v. 24.11.1982, Rs. 249/81, Slg. 1982, 4005, Rn. 18 – Buy Irish.

5. Die Chancenerhöhung als Begünstigung

Wie in der Einleitung dargestellt, bedeutet jeder zusätzliche Auftrag, den ein Unternehmen erhält, einen wirtschaftlichen Vorteil.[470] Denn jeder Auftrag, selbst wenn durch ihn kein Gewinn erzielt wird, mindert die Fixkosten, die anteilig auf jeden zu erfüllenden Auftrag anfallen, und erhöht den Umsatz.[471] Darüber hinaus führt jeder Auftrag zu einer Steigerung der Planungssicherheit. Allerdings erfüllen die Voraussetzungen des Tatbestandsmerkmals der „Begünstigung" in Art. 107 Abs. 1 AEUV nur solche Vorteile, die der Begünstigte ohne Erbringung einer äquivalenten Gegenleistung erlangt hat bzw. die er so unter normalen Marktbedingungen nicht hätte erlangen können.[472] Bei den oben dargestellten Begleiterscheinungen der Erlangung eines Auftrags, handelt es sich um der Auftragserlangung immanente Vorteile. Sie treten sowohl bei der privaten als auch bei der öffentlichen Auftragsvergabe notwendigerweise auf. Da sie auch bei der privaten Auftragsvergabe auftreten, handelt es sich dabei um Vorteile, die auch unter normalen Marktbedingungen erlangt werden können, ohne dass dafür eine besondere, zusätzliche Gegenleistung zu erbringen ist. Daher scheint es zunächst so, als könne darin kein beihilferelevanter Vorteil gesehen werden. Nun ist aber zu berücksichtigen, dass sich für ein Unternehmen durchaus Unterschiede ergeben, je nachdem, ob es einen privaten oder einen öffentlichen Auftrag erhalten hat. Dabei sollen besondere Konstellationen, die für öffentliche Aufträge typisch sind, wie zum Beispiel die besonders lange Laufzeit eines Vertrages, hier außer Betracht gelassen werden. Auch wenn diese Möglichkeiten unberücksichtigt bleiben, ergeben sich Unterschiede. Der Staat als Auftraggeber ist immer zahlungsfähig, der Zuschlag für einen öffentlichen Auftrag bedeutet daher eine qualitativ größere Planungssicherheit als der für einen privaten Auftrag.

Problematisch bei der Beurteilung, ob die Vergabe eines öffentlichen Auftrags gleichzeitig die Gewährung einer Beihilfe darstellt ist, dass der „Vorteil" nicht immer in einer Überkompensation liegen muss.[473] Dies führt zu Abgrenzungsschwierigkeiten.

---

470 Schon Friedrich, WRP 1998, 291, 293 spricht vom „Wettbewerb um die Begünstigung durch Auftragsvergabe", ohne hierbei aber wohl den Fachbegriff des Beihilfenrechts im Sinn zu haben.

471 Lipka, Beihilfenrechtliche Anforderungen an Vergabeverfahren, S. 103.

472 Vgl. nur EuGH, Urt. v. 11.07.1996, Rs. C-39/94, Slg. 1996, S. I-3547 Rn. 60 – SFEI.

473 Vgl. dazu Hauptteil B. III. 7. c).

Wird einem Bieter zum Beispiel ein Eintrittsrecht[474] gewährt, so liegt der unmittelbare Vorteil zum einen darin, dass der bevorzugte Bieter, der eigentlich ein zu teures Angebot abgegeben hatte, nachbessern darf und zum anderen darin, dass er bei dem nachfolgenden Stichentscheid zwischen den nun vergleichbaren Angeboten automatisch ausgewählt wird.[475] Die Nachverhandlung ist im Vergaberecht verboten, um einen stillschweigenden Wechsel der Verfahrensart zu verhindern. Beihilfenrechtlich ist nach *Lipka* darin jedoch kein Vorteil zu sehen, ebensowenig wie in der automatischen Auswahl eines Bieters.[476] Beihilfenrechtlich sei nur relevant, ob die Nachverhandlung zu einer Auftragsverteilung führe, die vom Ergebnis einer Vergabe durch ein privates Wirtschaftsunternehmen unter normalen Handelsbedingungen abweiche.[477] Dem ist nicht zuzustimmen. Zunächst muss wie oben dargestellt zwischen solchen Auftragsvergaben, die überhaupt auch durch einen privaten Marktteilnehmer hätten ausgeführt werden können und solchen, die der originär hoheitlichen Befugnis des Staates entspringen, unterschieden werden. Denn Sinn und Zweck der Beihilfenregelungen ist es, zu verhindern, dass der Staat durch seine wirtschaftliche Macht oder seine hoheitlichen Befugnisse einzelne Marktteilnehmer begünstigt und dadurch der Binnenmarkt gefährdet wird.[478] Das würde umgangen, wenn der private investor test auch auf originär staatliche Beschaffungsvorgänge angewendet würde, da dann der zum Vergleich herangezogene Marktteilnehmer nur der Staat selbst in der konkreten Situation dieser Auftragsvergabe sein kann. Deshalb überzeugt es auch nicht, wenn Lipka die beihilfenrechtliche Relevanz der Nachverhandlung anhand dessen überprüft, was bei der Auftragsvergabe durch ein Privatunternehmen gestattet ist.[479] Schon gar nicht kann die Begünstigung eines durch das Eintrittsrecht bevorzugten Bieters damit verneint werden, dass dies nur der Fall sei, wenn es auch im Vergleich zu einer Vergabe unter normalen Handelsbedingungen zu einer veränderten Auftragsverteilung gekommen ist. Da dort Nachverhandlungen allgemein möglich seien, jedoch im Ergebnis keine günstigeren Angebote zu erwarten gewesen seien, hätte dort auch der bevorzugte Bieter den Zuschlag erhalten können. Die Einräumung von Eintrittsrechten ohne Mehrpreisgewährung sei daher für den bevorzugten Bieter zwar vorteil-

---

474 Grundsätzlich gilt im Anwendungsbereich des Vergabesekundärrechts das Nachverhandlungsverbot, so dass jeder Bieter sich an dem von ihm ursprünglich abgegeben Angebot festhalten lassen muss, vgl. hierzu Boesen, § 101 Rn. 28.

475 Lipka, Beihilfenrechtliche Anforderungen an das Vergabeverfahren, S. 119.

476 Lipka, Beihilfenrechtliche Anforderungen an das Vergabeverfahren, S. 119; ebenso Egger, Europäisches Vergaberecht, Rn. 215.

477 Lipka, Beihilfenrechtliche Anforderungen an das Vergabeverfahren, S. 119.

478 So schon Müller-Graf, ZHR 152 (1988), 403, 411.

479 Lipka, Beihilfenrechtliche Anforderungen an das Vergabeverfahren, S. 120.

haft, stelle jedoch regelmäßig keine staatliche Begünstigung im Sinne des Beihilfenrechts dar.[480] Hier werden zwei Dinge miteinander vermischt. Einerseits wird auf die Ausschreibung durch private Unternehmen abgestellt, bei denen Nachverhandlungen möglich sind. Andererseits wird darauf abgestellt, dass kein günstigeres Angebot zu erwarten gewesen sei. Dies ist aber wiederum nur wegen einer Besonderheit des öffentlichen Vergabeverfahrens der Fall, nämlich weil hier die Nachverhandlung gerade verboten ist. Ähnlich liegt der Fall der de facto Vergabe.[481]

Egger sieht in der Gewährung von Eintrittsrechten allerdings eine Diskriminierung, die gegen die Grundfreiheiten oder das subsidiär anzuwendende allgemeine Diskriminierungsverbot verstoße.[482] Dem ist zuzustimmen. Jede Bevorzugung eines Bieters in dieser Hinsicht stellt eine Erschwerung der Ausübung der jeweiligen Grundfreiheit für (potentielle) Teilnehmer am Vergabeverfahren aus anderen Mitgliedstaaten dar.[483]

Darüber hinaus stellt aber entgegen der Ansicht von *Lipka* die bloße Chancenerhöhung im Vergabeverfahren (z.B. durch Eintrittsrechte) auch eine Begünstigung im Sinne des Art. 107 Abs. 1 AEUV dar.[484]

Koenig/Kühling halten es für einen Verstoß gegen das europäische Beihilfenrecht, wenn einzelnen Unternehmen Informationsvorsprünge gewährt werden. Dies entspreche dem vergaberechtlichen Diskriminierungsverbot, der zutreffend auf das Beihilfenrecht übertragen worden sei.[485] Die Kommission nimmt eine beihilfenrelevante Begünstigung allerdings nur an, wenn sich diese unmittelbar oder mittelbar auf die wirtschaftliche Tätigkeit des Unternehmens auswirkt. Sie hat daher in einem Fall, in dem einem Weinbauunternehmen staatliche Zuwendungen zur Renovierung historischer Klostergebäude, die nicht wirtschaftlich genutzt wurden, gewährt wurden, die Beihilfeneigenschaft abgelehnt.[486] Auch hier lagen aber möglicherweise in Steuervorteilen, die ohne die staatliche Zuwendung nicht hätten genutzt werden können, finanzielle Vorteile.

---

480 Lipka, Beihilferechtliche Anforderungen an Vergabeverfahren, S. 121.

481 Hierzu: Lipka, Beihilfenrechtliche Anforderungen an Vergabeverfahren, S. 122.

482 Egger, Europäisches Vergaberecht, Rn. 215; Benedict, Sekundärzwecke im Vergabeverfahren, S. 263.

483 Vgl. zu den in dieser Hinsicht nur geringen Voraussetzungen an den grenzüberschreitenden Bezug oben A. II.

484 So wohl auch Koenig/Kühling, DVBl 2003, 289, 295f.

485 Koenig/Kühling, NVwZ 2003, 780, 783; vgl. auch Bauer, EuZW 2001, 748, 753; Koenig, EuZW 2001, 741, 746.

486 Kommission, XXIX. Wettbewerbsbericht (1999) Tz. 229.

6. Die Auftragsvergabe an sich als Begünstigung

Darüber hinaus stellt sich die Frage, ob nicht bereits in der gezielten Auftragsvergabe an sich, durch die ein Unternehmen einen Auftrag erlangt, ohne sich dem Wettbewerb um diesen Auftrag stellen zu müssen, eine Beihilfe in Form der Realförderung darstellt.[487] Hierzu äußerte sich der EuGH im Zusammenhang mit der Figur der sogenannten Inhouse-Vergabe. Das europäische Vergaberecht findet hiernach keine Anwendung, wenn ein öffentlicher Auftrag bloß innerhalb der öffentlichen Hand delegiert wird, aber nicht an einen Dritten vergeben.[488] In der Folge stellt sich allerdings die Frage, ob darunter auch die Vergabe an ein solches Unternehmen fällt, an dem sowohl der Staat als auch private Anteilseigner beteiligt sind. Der EuGH begrenzte die Anwendung der Inhouse-Ausnahme auf die Vergabe an solche Unternehmen, die ausschließlich im Eigentum des Staates stehen und von der vergebenden Stelle ähnlich kontrolliert werden wie eigene Dienststellen.[489] Die Vergabe eines öffentlichen Auftrags an ein gemischtwirtschaftliches Unternehmen ohne Ausschreibung würde das Ziel eines freien und unverfälschten Wettbewerbs beeinträchtigen, insbesondere weil ein solches Verfahren einem am Kapital dieses Unternehmens beteiligten privaten Unternehmen einen Vorteil gegenüber seinen Konkurrenten verschaffen würde.[490] Hieraus könnte nun unter Umständen der Schluss gezogen werden, dass der EuGH nur solche Vergaben eines öffentlichen Auftrags als Vorteil im Sinne des Art. 107 Abs. 1 AEUV auffasst, die ohne Durchführung eines Vergabeverfahrens stattgefunden haben. Dies würde dazu führen, dass überhaupt nur das fehlende Vergabeverfahren den Einstieg in die beihilfenrechtliche Prüfung ermöglicht. In einem zweiten Schritt wäre dann nur für diese Auftragsvergaben die Frage zu erörtern, ob es sich um einen Vorteil ohne marktgerechte Gegenleistung handelt, der eine Begünstigung im Sinne des Art. 107 Abs. 1 AEUV darstellt.

Eine solche Auslegung des Urteils wäre allerdings zu kurz gegriffen. Zunächst ist unklar, ob der EuGH in dieser Stellungnahme überhaupt den Begriff des „Vorteils“ als Äquivalent zu dem Begriff in Art. 107 Abs. 1 AEUV gebraucht. Wie oben schon häufiger aufgezeigt, haben die Verfahren, die unter vergaberechtlichen Aspekten geprüft werden, und diejenigen, die unter beihil-

487 Lipka, Beihilferechtliche Anforderungen an Vergabeverfahren, S. 121.

488 Kulartz/Kus/Portz/Eschenbruch, § 99 Rn. 11.

489 EuGH, Urt. v. 18.11.1999, Rs. C-107/98, Slg. 1999, S. I-8121 Rn. 49f. - Teckal; EuGH, Urt. v. 11.01.2005, Rs. C-26/03, WuW/E Verg 1025, RdNr. 52 - Stadt Halle und RPL Lochau.

490 EuGH, Urt. v. 11.01.2005, Rs. C-26/03, Slg. 2005, S. I-1 Rn. 51 – Stadt Halle und RPL Lochau.

fenrechtlichen Aspekten geprüft werden, stets eine unterschiedliche Historie, so dass nur sehr selten das jeweils andere Rechtsgebiet überhaupt in die Prüfung einbezogen wird. Darüber hinaus ist der Aussage, dass die Vergabe eines solchen Auftrags ohne Vergabeverfahren einen Wettbewerbsvorteil darstelle, nicht zu entnehmen, ob auch eine Vergabe mit Fehlern im Vergabeverfahren einen solchen Vorteil darstellen würde. Der EuGH setzt sich im Vorabentscheidungsverfahren stets nur mit den ihm gestellten Fragen auseinander.

Zu eng scheint die Ansicht von *Zeiss*, der bei einem Verstoß gegen wesentliche Regelungen des Vergaberechts von einer Notifizierungspflicht ausgeht.[491] Wesentliche Verstöße sind dabei solche, die eine Auswirkung auf die Bestimmung des wirtschaftlichsten Angebots haben. Er argumentiert wie folgt: Bei Verstößen gegen wesentliche Vorschriften des Vergaberechts verliere das Ausschreibungsverfahren seine Funktion als formalisiertes Verfahren zur Bestimmung der Marktangemessenheit des Austauschgeschäfts. Damit sei jedoch nicht der Automatismus verbunden, dass es sich um eine verbotene Beihilfe handele. Vielmehr könne im Notifizierungsverfahren der Anschein widerlegt werden, es sei eine verbotene Beihilfe gewährt worden.[492] Diese Ansicht mag in der Praxis die größte Rechtssicherheit gewährleisten. Juristisch wird die Notifizierungspflicht gemäß Art. 108 Abs. 3 AEUV jedoch nicht durch den Verdacht einer Beihilfe ausgelöst, sondern nur, wenn es sich tatsächlich um eine Beihilfe im Sinne des Art. 107 Abs. 1 AEUV handelt.[493] Daher ist im Interesse einer zügigen Vergabe öffentlicher Aufträge genauer zu untersuchen, wann eine Auftragsvergabe eine notifizierungspflichtige Beihilfe darstellt. Der bloße Verdacht genügt dabei nicht. Entgegen den Ausführungen von *Zeiss*, kommt es also für die Rechtwidrigkeit einer Auftragsvergabe (Zuschlagserteilung) gemäß Art. 108 Abs. 3 S. 3 AEUV nicht darauf an, dass der Beihilfenverdacht im Notifizierungsverfahren ausgeräumt wird[494], sondern in einem ersten Schritt darauf, ob es sich überhaupt um eine Beihilfe handelt. Nur wenn dies bejaht wird, ist für die Rechtmäßigkeit der staatlichen Maßnahme entscheidend, ob die Beihilfe im Notifizierungsverfahren von der Kommission für mit dem gemeinsamen Markt vereinbar erklärt wurde oder nicht.

---

491 Zeiss, EWS 2003, 114, 119.

492 Zeiss, EWS 2003, 114, 119.

493 Dies ergibt sich eindeutig aus dem Wortlaut von Art. 1 lit. a) VerfVO, wonach die Verordnung sich nur auf Beihilfen bezieht, die alle Voraussetzungen des Art. 87 Abs. 1 AEUV erfüllen; vgl. hierzu auch EuGH, Urt. v. 15.07.2004, Rs. C-345/02, Slg. 2004, S. I-7139, Rn. 31 – Pearle BV; MünchKommWettbR Band III/Werner/Maier, Art. 108 AEUV Rn. ... (im Erscheinen); Sinnaeve, 44 CMLR (2007), 965, 967.

494 Zeiss, EWS 2003, 114, 119.

Einen sehr interessanten Ansatz führt *Jennert*[495] an. Er beschäftigt sich mit dem Einfluss des Verhaltens des Zuwendungsempfängers auf das Tatbestandsmerkmal des „einseitigen Vorteils". Er untersucht dabei, ob und inwieweit das Empfängerverhalten als tatbestandsausschließende Gegenleistung berücksichtigt werden kann.[496] Für den Fall der vergabefremden Kriterien denkt er daran, in der Erfüllung dieser Kriterien genau jene Gegenleistung zu erblicken, die eine Begünstigung entfallen lässt. Anzumerken ist hierzu allerdings, dass diese Überlegungen vor dem Altmark-Trans-Urteil statttgefunden haben. Die allgemeinen und dogmatischen Überlegungen zu einem solchen Tatbestandsausschluss sind aber auch nach dem Altmark-Trans-Urteil noch weiterführend.

Im Mittelpunkt dieser Prüfung stehen zwei Aspekte des europäischen Beihilfenrechts: Der erste Aspekt betrifft die Tatsache, dass Art. 107 Abs. 2 und 3 AEUV als Ausnahmen vom Beihilfenverbot stets die Anforderung enthalten, dass der Zuwendungsempfänger bestimmte belastende Auflagen erfüllt. Wird die Erfüllung solcher Auflagen als Gegenleistung bereits im Rahmen des Art. 107 Abs. 1 AEUV geprüft, so besteht die Gefahr, dass die Ausnahmevorschriften ihre Bedeutung verlieren.[497] Trotzdem geht *Jennert* davon aus, dass eine bestimmte Kategorie staatlichen Handelns existiere, bei dem eine etwaige erbrachte Gegenleistung tatsächlich tatbestandsausschließend zu berücksichtigen sei.[498] Anderenfalls sei in jedem staatlichen Beschaffungsvorgang eine potentielle Beihilfemaßnahme zu sehen und müsse jede Vergabe eines öffentlichen Auftrags bei der Kommission notifiziert werden.[499] Zur Auflösung dieses Spannungsverhältnisses will *Jennert* danach unterscheiden, ob der Staat hoheitlich oder privatrechtlich tätig wird.[500] Handele der Staat hoheitlich, so sei das Verhalten des Empfängers nur im Rahmen der Vereinbarkeit der Beihilfe mit dem gemeinsamen Markt bzw. im Rahmen der teilweisen Freistellung von den Wettbewerbsregeln gemäß Art. 106 Abs. 2 AEUV zu beurteilen. Handele er dagegen privatrechtlich, so könne das Verhalten des Empfängers bereits auf tatbestandlicher Ebene berücksichtigt werden.[501] Als Erklärung für die Differenzierung werden die unterschiedlichen Gründe für die beihilfenrechtliche Zulässigkeit einer staatlichen Mittelzuwendung angeführt. Eine staatliche Mittelzuwendung könne zum einen von der Gemeinschaftsrechtsordnung gebilligt werden, weil eine Beein-

495 Jennert, EuR 2003, 343ff.

496 Jennert, EuR 2003, 346.

497 Jennert, EuR 2003, 343, 347.

498 Jennert, EuR 2003, 343, 348.

499 Jennert, EuR 2003, 343, 348.

500 Jennert, EuR 2003, 343, 348.

501 Jennert, EuR 2003, 343, 348 unter Hinweis auf EuGH, Urt. v. Rs. C-278/92 bis C-280/92, Slg. 1994, S. I-4103, Rn. 18ff. – Spanien/Kommission.

trächtigung des Wettbewerbs von vornherein nicht zu befürchten stehe, oder weil aufgrund einer politischen Wertentscheidung des Gemeinschaftsgesetzgebers den in den Ausnahmevorschriften genannten Zielen im Einzelfall ein höherer Stellenwert als der hieraus resultierenden Beeinträchtigung des Wettbewerbsrechts eingeräumt und daher eine – tatbestandlich gegebene – Beihilfe entsprechend für mit den Regeln des Gemeinsamen Marktes vereinbar erklärt werde.[502] Dass das Verhalten des Empfängers im Falle hoheitlichen Handelns des Staates nicht auf Tatbestandsebene berücksichtigt werden könne, begründet *Jennert* damit, dass sich hoheitliche Handlungsformen einer wettbewerblichen Beurteilung entzögen. Das Verhalten des Empfängers stelle bei hoheitlicher Handlungsform keine Gegenleistung dar, die im Rahmen des Beihilfenmerkmals berücksichtigt werden könnte. Der Staat gebe nicht weil der Empfänger gebe, sondern in Erfüllung seiner hoheitlichen Aufgaben und Pflichten. Es fehle demnach an der rechtlichen Konnexität und an der dem Leistungsbegriff immanenten Freiwilligkeit und individuellen Verhandlung des Leistungsgegenstands.[503] Vielmehr sei für hoheitlich begründete Rechtsverhältnisse die einseitig verbindliche Vorgabe bestimmter Kriterien durch den Staat charakteristisch.[504]

Diese Differenzierung führt aber auf der Suche nach einem geeigneten Maßstab für die Bestimmung des Vorteils im Sinne des Art. 107 Abs. 1 AEUV nicht weiter. Die Unterscheidung der Bewertung der Beihilfeneigenschaft nach öffentlich-rechtlicher oder privatrechtlicher Handlungsqualität der staatlichen Maßnahme ist mit dem Wortlaut und der Systematik des Art. 107 Abs. 1 AEUV nicht vereinbar. Es darf für die Einordnung einer Maßnahme als Beihilfe nur darauf ankommen, wie selbige sich objektiv auf den Wettbewerb auswirkt. Ob eine vom Zuwendungsempfänger im Gegenzug für die Zuwendung erbrachte Leistung freiwillig oder durch hoheitlichen Zwang erfolgt, kann dabei keine Rolle spielen. Auch wird in dem als Beleg für diese Differenzierung herangezogenen EuGH-Urteil[505] eine solche Unterscheidung gar nicht vorgenommen. Zwar taucht eine Unterscheidung zwischen staatlichen Aufgaben und Handlungen des Staates als privater Wirtschaftsteilnehmer auf, allerdings nur im Rahmen des Private Investor Tests. Der EuGH fragt nämlich danach, ob die Liquidation des besagten Unternehmens oder eine weitere Investition die kaufmännisch richtige Entscheidung gewesen wäre. Er stellt also die Kosten der Liquidation und die Kosten einer Kapitalerhöhung gegenüber. Lediglich in diesem Zusammenhang stellt der EuGH klar, dass als Kosten der Liquidation nur die ei-

502 Jennert, EuR 2003, 343, 348.
503 Jennert, EuR 2003, 343, 349.
504 Jennert, , EuR 2003, 343, 349.
505 EuGH, Urt. v. Rs. C-278/92 bis C-280/92, Slg. 1994, S. I-4103 – Spanien/Kommission.

nem privaten Anteilseigner tatsächlich entstehenden Kosten berücksichtigt werden dürften, nicht hingegen die Kosten, die aus staatlichen Aufgaben erwachsen, wie z. B. die Zahlung von Arbeitslosengeld an diejenigen Angestellten, die im Faller der Liquidation des Unternehmens ihren Arbeitsplatz verlieren.[506]

Problematisch ist nach *Jennert* die Konstellation, in der der Staat wie ein privater Wirtschaftsteilnehmer auftrete, dabei aber trotzdem von bestimmten hoheitlichen Aufgaben geleitet wird, so zum Beispiel die Auftragsvergabe zur Erfüllung von Aufgaben der Daseinsvorsorge.[507] Für diese Fälle hält er die Berücksichtigung des Empfängerverhaltens als Gegenleistung für möglich, da es im Verwaltungsrecht immer die Handlungsform entscheidend sei, die die staatlichen Einrichtungen nach außen nutzen. In der Konsequenz dieses Ansatzes taucht aber das Problem auf, dass der Private Investor Test für die Vergabe öffentlicher Aufträge keine treffenden Kriterien zur Beurteilung der Marktangemessenheit der Gegenleistung bietet, unter anderem weil die Erfüllung der Daseinsvorsorgeaufgabe hoheitlichen Charakter hat[508] und die nachgefragten Leistungen einzigartig sind[509].

Daraus könnte der Schluss gezogen werden, dass die vom Auftragnehmer erbrachte Leistung im Falle der Auftragsvergabe durch den Staat als privatrechtlich handelnde Partei zur Erfüllung einer hoheitlichen Aufgabe nicht als tatbestandsausschließende Gegenleistung im Rahmen von Art. 107 Abs. 1 AEUV berücksichtigt werden kann. In der Literatur finden sich aber weitaus differenziertere Lösungsansätze. *Koenig* kommt z. B. nur zu dem Schluss, dass die Durchführung eines Bieterverfahrens nicht zwingend das Beihilfenelement entfallen lasse.[510] Die bloße Unanwendbarkeit des Private Investor Tests kann nicht zur zwingenden Annahme einer Vorteilsgewährung im Sinne des Beihilfenrechts führen. Es muss auch hier auf einen marktmäßigen Preis abgestellt werden. Allerdings dürfen dabei nicht von der öffentlichen Hand nachgefragte Güter mit solchen gleichgesetzt werden, die vom privaten Konsumenten nachgefragt werden.[511] *Jennert* ist mit anderen der Ansicht, der automatische Rückschluss von der hoheitlichen Natur der Aufgabe auf die hoheitliche Natur der zu ihrer Erfüllung vorgenommenen Handlungen sei unzulässig.[512] Vielmehr sei danach zu dif-

---

506 EuGH, Urt. v. Rs. C-278/92 bis C-280/92, Slg. 1994, S. I-4103, Rn. 22 – Spanien/Kommission.

507 Jennert, EuR 2003, 343, 350.

508 EuGH, Schlussanträge vom 14.1.2003, Rs. C-280/00, Slg. 2203, S. I-7747 Rn. 19 – Altmark Trans.

509 Koenig, EuZW 2001, 741, 744.

510 Koenig, EuZW 2001, 741, 744f.

511 Jennert, EuR 2003, 343, 353.

512 Jennert, EuR 2003, 343, 353.

ferenzieren, welcher Rechtsform sich die öffentliche Hand im Einzelfall zur Erfüllung der ihr obliegenden Aufgaben bediene.[513]

Des Kriteriums des privaten Wirtschaftsteilnehmers bedarf es nur dort, wo kein etablierter Marktpreis als Vergleichsmaßstab exisitert.[514] In der Konsequenz ist die öffentliche Ausschreibung ein Mittel, um eine transparenten Markt zu schaffen, durch den sich ein Marktpreis etablieren kann.[515] Die Annahme des wirtschaftlichsten Angebots soll dann in der Regel auch die Angemessenheit der Ausgleichszahlung im Sinne von Art. 107 Abs. 1 AEUV sicherstellen und damit den Beihilfentatbestand entfallen lassen.[516] Daraus ist allerdings kein Exklusivverhältnis zwischen Beihilfen- und Vergaberecht herzuleiten.[517] Es ist zu berücksichtigen, dass die Frage, ob eine Beeinträchtigung des Wettbewerbs gegeben ist, im Rahmen von Art. 107 Abs. 1 AEUV vorwiegend am Merkmal der Begünstigung geprüft wird, dem Merkmal der wettbewerbsverfälschenden Wirkung bzw. der Beeinträchtigung des Handelsverkehrs kommt daneben demgegenüber kaum eine eigene Bedeutung zu.[518] Wenn eine Wettbewerbsverfälschung bejaht wird, kommt der genauen Prüfung ihrer Intensität im Rahmen des Art. 107 Abs. 3 AEUV eine große Bedeutung zu.

7. Weiterentwicklung der einheitlichen Auslegung

Das Beihilfenrecht und das Vergaberecht entsprechend ihrem gemeinsamen Ziel, der Herstellung des Binnenmarktes, einheitlich auszulegen, ist wie oben dargestellt mitunter schwierig. Neben den unterschiedlichen Prüfungskompetenzen in der Europäischen Gemeinschaft trägt auch die besondere Verfahrensgestaltung der Beihilfenprüfung dazu bei, dass die Notwendigkeit der Vereinheitlichung von Beihilfen- und Vergaberecht nur langsam in die Rechtswirklichkeit aufgenommen wird. Es sind aber Weiterentwicklungen des Gemeinschaftsrechts denkbar und teilweise auch schon erkennbar, die eine weitergehende Vereinheitlichung fördern.

513 Jennert, EuR 2003, 343, 353; etwas anders Endler, NZBau 2002, 125, der für das Vergaberecht danach unterscheidet, ob die Aufgabenverantwortung beim Staat verbleibt oder der Nachfrage auf dem Markt überlassen wird.

514 So auch Jennert, EuR 2003, 343, 353.

515 Jennert, EuR 2003, 343, 353.

516 Jennert, EuR 2003, 343, 354.

517 A. A. Jennert, EuR 2003, 343, 355.

518 Koenig/Kühling, NJW 2000, 1069.

a) Parallelen aus dem Kartellrecht

Möglicherweise kann das Kartellrecht, insbesondere Art. 101 AEUV, und seine Rechtsanwendung sachdienliche dogmatische Anreize bieten. Das Kartellrecht ist der wohl am weitesten entwickelte Bereich des europäischen Wettbewerbsrechts. Durch zahlreiche Kommissionsentscheidungen und deren Überprüfung durch den EuGH wurde der Inhalt des Kartellverbots konkretisiert und systematisiert.[519] Die Idee einer Übertragung der Ansätze und Abgrenzungskriterien auf Art. 107 Abs. 1 AEUV mag zunächst verwundern, erfasst der Art. 101 AEUV doch Absprachen zwischen Unternehmen, der Art. 107 AEUV hingegen Zuwendungen des Staates an Private. Allerdings ist beiden Vorschriften gemeinsam, dass sie der Verwirklichung der Ziele des Vertrages gemäß Art. 3 Abs. 1 AEUV, also insbesondere der Herbeiführung und Aufrechterhaltung eines Binnenmarktes dienen. Dementsprechend sind sowohl die Absprachen zwischen Unternehmen als auch die staatliche Vorteilsgewährung an einzelne Unternehmen nur verboten, wenn sie „den Wettbewerb verfälschen oder zu verfälschen drohen" (Art. 107 AEUV) oder „eine Verhinderung, Einschränkung oder Verfälschung des Wettbewerbs innerhalb des Gemeinsamen Marktes bezwecken oder bewirken" (Art. 101 AEUV). Den Art. 101, 102, 107 AEUV ist darüber hinaus die Voraussetzung gemeinsam, dass die verbotenen Verhaltensweisen „den Handel zwischen Mitgliedstaaten zu beeinträchtigen geeignet" sein müssen. Art. 101 Abs. 1 AEUV verbietet Vereinbarungen zwischen Unternehmen, die den Wettbewerb beeinträchtigen oder beeinträchtigen könnten. In seinem Absatz 3 sieht der Art. 101 AEUV allerdings Ausnahmen vor, bei deren Vorliegen die Kommission eine solche Vereinbarung von dem grundsätzlichen Verbot freistellen kann. Strukturell parallel zu dem Problem, ob die adäquate Gegenleistung des Unternehmens im Rahmen des Art. 107 AEUV schon im Tatbestand oder erst auf Rechtfertigungsebene (Art. 107 Abs. 2 und 3 AEUV) berücksichtigt werden soll, ist im Rahmen des Art. 101 AEUV umstritten, ob Effizienzeffekte, die durch die Vereinbarung herbeigeführt werden, schon auf Tatbestandsebene berücksichtigt werden und damit zum Ausschluss der Anwendung des Wettbewerbsverbots führen oder erst bei der Rechtfertigungsmöglichkeit des Art. 101 Abs. 3 AEUV berücksichtigt werden sollen.[520] Ein moderner Ansatz, der more economic approach, will solche Effizienzeffekte schon im Tatbestand berücksichtigen. Dies stößt allerdings auf Probleme, da genau solche Effizienz-

519 Vgl. nur die Übersicht der heutigen Systematik bei Immenga/Mestmäcker/Mestmäcker, Art. 81 EG.

520 Vgl. hierzu ausführlich Leupold/Weidenbach, WuW 2006, 1003ff.

effekte auch Grund für die Befreiungsmöglichkeit nach Art. 101 Abs. 3 AEUV sind (zum Beispiel Vorteile für den Verbraucher).[521]

Zu berücksichtigen ist auch, dass das Beihilfenrecht nicht vor jeglicher Einflussnahme des Staates auf das Marktgeschehen schützt. Nicht nur über die Rechtfertigungsmöglichkeit des Art. 107 Abs. 2 und 3 AEUV, sondern schon auf Tatbestandsebene hat die Vorschrift einen begrenzten sachlichen und persönlichen Anwendungsbereich. Das Europäische Wettbewerbsrecht hält auch noch eine Reihe anderer Mechanismen bereit, um die Herstellung und Aufrechterhaltung des Binnenmarktes sicher zu stellen. Wie oben dargestellt, greifen hier die Grundfreiheiten, die Vorschriften der Art. 101, 102 AEUV, das Beihilfen- und das Vergaberecht ineinander.

b) Ansätze zur beihilfenkonformen Gestaltung des Vergaberechts durch den europäischen Gesetzgeber

Eine Tendenz zur Vereinheitlichung der Anforderungen des Beihilfen- und des Vergaberechts ist in einem neuen Rechtsetzungsakt der Gemeinschaften erkennbar. Die VO 1370/2008 über öffentliche Personenverkehrsdienste auf Schiene und Straße sieht in Art. 4 vor, dass bei der Vergabe von Aufträgen im Bereich des öffentlichen Personennahverkehrs in den öffentlichen Dienstleistungsaufträgen und den allgemeinen Vorschriften folgende Voraussetzungen erfüllt sind:

> "a) sind die vom Betreiber eines öffentlichen Dienstes zu erfüllenden gemeinwirtschaftlichen Verpflichtungen und die geografischen Geltungsbereiche klar zu definieren;
>
> b) sind zuvor in objektiver und transparenter Weise aufzustellen:
>
> i) die Parameter, anhand deren gegebenenfalls die Ausgleichsleistung berechnet wird, und
>
> ii) die Art und der Umfang der gegebenenfalls gewährten Ausschließlichkeit; dabei ist eine übermäßige Ausgleichsleistung zu vermeiden."

Durch die Aufnahme dieser Kriterien in die Vergaberechtsvorschriften hat der europäische Gesetzgeber sichergestellt, dass bei einem Vergabeverfahren nach diesen Regeln die Erfüllung des Beihilfentatbestands ausgeschlossen ist. Damit bleibt sowohl dem öffentlichen Auftraggeber als auch den Bietern die Prüfung einer Notifizierungspflicht erspart. Auch die anderen Vergaberichtlinien enthalten Vorschriften, die jedenfalls einen Bezug zu dem beihilfenrechtlichen Merkmal des „Vorteils" aufweisen. Die Richtlinien verbieten, Produkte einer bestimmten Marke oder eines bestimmten Ursprungs oder einer bestimmten Produktion aufzuführen, da durch eine solche Angabe Unternehmen bevorzugt bzw.

---

521 Leupold/Weidenbach, WuW 2006, 1003, 1006.

ausgeschlossen werden. Zulässig ist die Angabe von Marken, Patenten oder Typen oder die Angabe eines bestimmten Ursprungs oder einer bestimmten Produktion nur dann, wenn der Auftraggeber den Auftragsgegenstand nicht durch hinreichend genaue, allgemein verständliche Bezeichnungen beschreiben kann. In diesem Fall muss die Angabe jedoch mit dem Zusatz *„oder gleichwertiger Art“* versehen werden.[522]

c) Abschließende Stellungnahme

Der Rechtsanwender braucht klare Regeln insbesondere für die Prüfung, ob eine anmeldepflichtige Beihilfe vorliegt oder nicht. Da eine solche klare Abgrenzung nach Auswertung der derzeitigen Rechtsprechung und Kommissionspraxis nicht möglich ist, muss jede Ausschreibung eines öffentlichen Auftrags als Beihilfe notifiziert werden. Ausnahmen bestehen nur dort, wo die Kommission durch Mitteilungen oder Verordnungen eine Befreiung von der Notifizierung festgelegt hat. Es bleibt der Appell an die Europäische Kommission, in allen Bereichen Freistellungsverordnungen zu schaffen, die eine Notifizierung entbehrlich machen, um eine Verzögerung öffentlicher Erwerbsvorgänge und Aufgabenerfüllung zu verhindern.

Zu berücksichtigen ist, dass auch die Grundfreiheiten den Mitgliedstaat binden.[523] Deshalb bedeutet die Tatsache, dass bestimmte Sachverhalte der öffentlichen Auftragsvergabe nicht auch dem Beihilfenrecht unterfallen, nicht, dass sie im europarechtsfreien Raum stehen (abgesehen vom Vergaberecht). Hieraus wurden ja gerade die Vergabegrundsätze hergeleitet. Bei der Anwendung der Grundrechte und des Beihilfenrechts muss berücksichtigt werden, dass die Mitgliedstaaten und deren Auftraggeber außerhalb des Anwendungsbereichs der Vergaberichtlinien nicht strengeren Regeln unterliegen dürfen als in deren Geltungsbereich.[524] So darf zum Beispiel nicht die Vergabe ohne Bekanntmachung oder die direkte Kontaktaufnahme mit potentiellen Auftragnehmern als generell unzulässig angesehen werden. Denn auch die Vergaberichtlinien sehen diese Möglichkeiten in Ausnahmefällen vor.[525]

522 Kommission, Interpretierende Mitteilung über das auf das öffentliche Auftragswesen anwendbare Gemeinschaftsrecht und die Möglichkeit zur Berücksichtigung von Umweltbelangen bei der Vergabe öffentlicher Aufträge, KOM(2001) 274 endgültig, S. 11.

523 Vgl. hierzu vertiefend Egger, Europäisches Vergaberecht, Rn. 248ff.

524 EuGH, Urt. v. 13.10.2005, Rs. C-458/03, Slg. 2005, S. I-8585 Rn. 61f. – Parking Brixen; Egger, Europäisches Vergaberecht, Rn. 251.

525 So Egger, Europäisches Vergaberecht, Rn. 251.

C. Das Merkmal der „staatlichen Finanzierung“

Am Merkmal der staatlichen Zurechenbarkeit kann ein Gleichlauf der Merkmale des Beihilfen- und des Vergaberechts in der Rechtsprechung des EuGH besonders anschaulich untersucht werden.

Dieses Merkmal erscheint nämlich auch im Vergaberecht. Nach Art. 1 Abs. 9 VKR sind öffentliche Auftraggeber unter anderem öffentliche Einrichtungen. Eine öffentliche Einrichtung wird in derselben Norm definiert als eine Einrichtung, die zu dem besonderen Zweck gegründet wurde, im Allgemeininteresse liegende Aufgaben nicht gewerblicher Art zu erfüllen, die Rechtspersönlichkeit besitzt und entweder überwiegend vom Staat finanziert oder kontrolliert bzw. beeinflusst wird.

Demnach ist also die staatliche Finanzierung Voraussetzung einer Variante für die Eigenschaft als öffentlicher Auftraggeber und für die Einordnung einer Zuwendung als staatliche Beihilfe.

Das Merkmal steht in beiden Rechtsgebieten in einem etwas unterschiedlichen systematischen Zusammenhang. Für die Prüfung der staatlichen Zurechenbarkeit einer Beihilfe ist nämlich der Geldzufluss zum Begünstigten zu prüfen. Für die Eigenschaft als öffentlicher Auftraggeber ist der Geldfluss des Staates zu einer juristischen Person entscheidend, um diese überhaupt zum öffentlichen Auftraggeber zu machen und damit den Anwendungsbereich des Vergaberechts zu eröffnen. Auch hier kann jedoch ein systematischer Zusammenhang hergestellt werden, der eine Verschränkung beider Rechtsgebiete bedeutet. Es stellt sich nämlich die Frage, ob die Gewährung einer staatlichen Beihilfe den Beihilfeempfänger zum öffentlichen Auftraggeber macht (oder jedenfalls dazu führt, dass das Kriterium der übrwiegenden staatlichen Finanzierung erfüllt ist).

I. Die staatliche Zurechnung im Beihilfenrecht

1. Der Grundsatz: Erforderlichkeit der Belastung des Staatshaushalts

Gemäß Art. 107 Abs. 1 AEUV handelt es sich um eine gemeinschaftsrechtlich verbotene Beihilfe nur dann, wenn sie „staatlich oder aus staatlichen Mitteln“ finanziert wurde. Nach der ständigen Rechtsprechung des EuGH bedeutet dies allerdings nicht, dass alle von einem Staat gewährten Vorteile unabhängig davon Beihilfen darstellen, ob sie aus staatlichen Mitteln finanziert werden. Die Tatbestandsvoraussetzung dient nur dazu, die unmittelbar vom Staat gewährten Vorteile sowie diejenigen, die über eine vom Staat benannte oder errichtete öffentliche oder private Einrichtung gewährt werden, einzubeziehen.[526] Damit scheiden z. B. solche Vorteile aus, die einem Unternehmen dadurch zu Gute kommen, dass sie durch gesetzliche Anordnung einen finanziellen Vorteil von anderen Privaten erhalten.[527] Die Zurechnung zum staatlichen Haushalt kann in diesen Fällen auch nicht durch verminderte Steuereinnahmen konstruiert werden, die an sich eine Belastung des Staatshaushalts darstellen.[528] Sie sind nämlich nach den Ausführungen des EuGH nur immanente Folge der gesetzlichen Regelung und stellten für sich genommen kein Mittel dar, um dem betroffenen Unternehmen einen Vorteil zu gewähren.[529] Dies entschied der EuGH z. B. im Zusammenhang mit einer deutschen gesetzlichen Regelung, die es Reedereien ermöglicht, Verträge mit Schiffsangestellten aus Drittstaaten abzuschließen, die nicht dem deutschen Recht unterfallen. Dadurch entfallen für die Reeder bestimmte finanzielle Lasten, insbesondere höhere Sozialversicherungsbeiträge, die im Fall der Beschäftigung deutscher Seeleute zu entrichten wären.[530]

2. Rundfunkgebühren: Die Ausnahme von der Regel?

Die Institutionen der Europäischen Gemeinschaft haben sich hinsichtlich der staatlichen Zurechnung sowohl im Beihilfen- als auch im Vergaberecht in jüngster Zeit mit den deutschen öffentlich-rechtlichen Rundfunkanstalten beschäftigt. Zu berücksichtigen ist dabei, dass dem öffentlich-rechtlichen Rundfunk in der EU eine besondere Bedeutung für die demokratischen, sozialen und kulturellen Bedürfnisse jeder Gesellschaft in den einzelnen Mitgliedstaaten und der Aufrechterhaltung des Medienpluralismus beigemessen wird. In Anbetracht dieser Erwägung wurde durch das Amsterdamer Protokoll eine Auslegungsregel geschsffen, nach der die Bestimmungen des Vertrages die Zuständigkeit der Mitgliedstaaten, Auftrag und Finanzierung des öffentlich-rechtlichen Rundfunks festzulegen, nicht berühren. Diese Befugnis wird allerdings unter die gemeinschaftsrechtliche Schranke gestellt, dass „[d]ie Finanzierung der Rundfunkan-

---

526 EuGH, Urt. v. 24.01.1978, Rs. 82/77, Slg. 1978, S. 25 Rn. 23/25. – Van Tiggele; Urt. v. 17.03.1993, verb. Rs. C-72/91 und C-73/91, Slg. 1993, S. I-887, Rn. 19 – Sloman Neptun, Urt. v. 30.11.1993 in der Rechtssache C-189/91, Slg. 1993, S. I-6185, Rn. 16 – Kirsammer-Hack.

527 EuGH, Urt. v. 24.01.1978, Rs. 82/77, Slg. 1978, S. 25 Rn. 23/25. – Van Tiggele zur Festsetzung von Mindestpreiesen im Einzelhandel;

528 EuGH, Urt. v. 17.03.1993, verb. Rs. C-72/91 und C-73/91, Slg. 1993, S. I-887, Rn. 21 – Sloman Neptun.

529 EuGH, Urt. v. 17.03.1993, verb. Rs. C-72/91 und C-73/91, Slg. 1993, S. I-887, Rn. 21 – Sloman Neptun.

530 EuGH, Urt. v. 17.03.1993, verb. Rs. C-72/91 und C-73/91, Slg. 1993, S. I-887, Rn. 15 – Sloman Neptun.

stalten dem öffentlich-rechtlichen Auftrag, wie er von den Mitgliedstaaten den Anstalten übertragen, festgelegt und ausgestaltet wird, dient und die Handels- und Wettbewerbsbedingungen in der Gemeinschaft nicht in einem Ausmaß beeinträchtigt, das dem gemeinsamen Interesse zuwiderläuft, wobei der Erfüllung des öffentlich-rechtlichen Auftrags Rechnung zu tragen ist."[531] Die Kommission hat diese Wertung der Mitgliedstaaten, ergänzt durch die Entschließung des Rates über den öffentlichen Rundfunk[532], in ihrer Rundfunkmitteilung[533] übernommen. Der öffentlich-rechtliche Rundfunk hat also eine Sonderstellung. Die wettbewerbsrechtlichen Vorschriften sind aber dennoch vollumfänglich anwendbar. Die besondere Bedeutung des öffentlich-rechtlichen Rundfunks ist nur innerhalb der Wertungsfragen zu berücksichtigen.

Die Kommission hat sich schon mehrfach in ihren Entscheidungen damit auseinandergesetzt, ob es sich bei der Finanzierung der öffentlich-rechtlichen Rundfunkanstalten um eine Beihilfe im Sinne des Art. 107 Abs. 1 AEUV handelt.[534] Die staatliche Zurechnung wurde hier bejaht, obwohl die finanziellen Mittel, die den Rundfunkanstalten zur Verfügung gestellt wurden, von denjenigen Privatpersonen stammen, die ein empfangsbereites Rundfunkgerät vorhalten.[535] Als Begründung führt die Kommission sowohl in einigen Entscheidungen als auch in der Rundfunkmitteilung an, jeder Besitzer eines Fernsehgeräts müsse Rundfunkgebühren entrichten, unabhängig davon, ob die Programme der öffentlich-rechtlichen Rundfunkanstalten tatsächlich genutzt werden. Da es sich also um verbindliche, gesetzlich festgelegte Gebühren handele, seien die Einnahmen als staatliche Mittel im Sinne von Art. 107 Abs. 1 AEUV anzusehen.[536] Da bisher die Mitgliedstaaten auf die Kommissionsentscheidungen immer reagiert haben und die Finanzierungssysteme so geändert haben, dass das Merkmal der Begünstigung nach den Grundsätzen über Ausgleichszahlungen für Dienstleistun-

531 Protokoll Nr. 23 zum Vertrag von Amsterdam, BGBl. 1998 II, S. 429 ff.

532 Entschließung des Rates über den öffentlichen Rundfunk v. 25.01.1999, ABl. 1999 C 30/1, Ziff. 2.

533 Kommission, Mitteilung über die Anwendung der Vorschriften über staatliche Beihilfen auf den öffentlichen Rundfunk, ABl. 2001 C 320/5.

534 Für Deutschland vgl. Kommission, Entsch. v. 24. 2. 1999, Staatliche Beihilfe NN 70/98 - Deutschland (Kinderkanal/Phoenix); ähnliche Fragen stellten sich auch im Zusammenhang mit den Finanzierungssystemen anderer Mitgliedstaaten, vgl. zB. für Spanien EuG, Urt. v. 15.09.1998, Rs. T-95/96, Slg. 1998, S. II-3407 – Gestevisión Telecino, für Frackreich EuG, Urt. V. 03.06.1999, Rs. T-17/96, Slg. 1999, II-1757 – TF 1.

535 Dies müsste nach den oben dargestellten Grundsätzen zu einer Verneinung der staatlichen Zurechenbarkeit führen.

536 Kommission, Entsch. v. 24. 2. 1999, Staatliche Beihilfe NN 70/98 - Deutschland (Kinderkanal/Phoenix); Entsch. v. 14. 12. 1999, Staatliche Beihilfe NN 88/98, Rdnr. 22 - Vereinigtes Königreich (BBC News 24).

gen im Interesse des Allgemeinwohls entfiel[537], gibt es hierzu noch keine Rechtsprechung der europäischen Gerichte.

3. Die Rundfunkgebühren und das PreussenElektra-Urteil[538]

Ob die gerade dargestellte Auffassung der Kommission aufrechterhalten werden kann, wird aber wegen des 2001 ergangenen Urteils *PreussenElektra* in der Literatur bezweifelt.[539]

In diesem Vorabentscheidungsverfahren hatte der EuGH über die Vereinbarkeit einer Regelung des deutschen Stromeinspeisungsgesetzes mit den Beihilfevorschriften zu entscheiden, wonach Netzbetreiber verpflichtet waren, eine bestimmte Menge an Strom aus erneuerbaren Energien in das Stromnetz einzuspeisen und hierfür einen gesetzlich festgelegten Mindestpreis zu bezahlen. Der EuGH stellte fest, dass es für die staatliche Zurechnung einer Beihilfengewährung nicht ausreiche, dass die Abnahmepflicht auf einem Gesetz beruhe.[540] Auch die negativen Auswirkungen der finanziellen Belastung durch die Abnahmepflicht zu Mindestpreisen, auf das wirtschaftliche Ergebnis der dieser Pflicht unterliegenden Unternehmen die dadurch verringerten Steuereinnahmen des Staates stellten keine ausreichende Verbindung zum Staatshaushalt her.[541] Die hierzu angestellten Erwägungen des EuGH waren auch keineswegs neu, sondern finden sich schon in der frühen Rechtsprechung des EuGH.

Erfreulicherweise hat der EuGH eine Argumentation der Kommisson verworfen, die aus Sinn und Zweck der Beihilfevorschriften eine erweiternde Auslegung des Art. 107 Abs. 1 AEUV herleitet. Die Kommission wollte in Analogie zu Art. 101 AEUV[542] auch solche Unterstützungsmaßnahmen als „staatlich oder aus staatlichen Mitteln finanziert" auffassen, die vom Staat beschlossen, aber durch private Unternehmen finanziert werden.[543] Hier hat der EuGH zutreffend darauf hingewiesen, dass Art. 107 Abs. 1 AEUV schon nach seinem Wortlaut eben nur „staatliche oder aus staatlichen Mitteln finanzierte" Manßnahmen erfasse. Daher könne auch Art. 4 Abs. 3 EUV nicht zu einer erweiternden Ausle-

537 So wurde in Deutschland im Jahr 2008 eine Trennung der Rundfunkinhalte von anderen Internetinhalten, die auf Gewinnerzielung gerichtet sind, zugesagt.

538 EuGH, Urt. v. 13.03.2001, Rs. C-379/98, Slg. 2001, S. I-2099 – PreussenElektra.

539 Koenig/Kühling, ZUM 2001, 537, 545f.

540 EuGH, Urt. v. 13.03.2001, Rs. C-379/98, Slg. 2001, S. I-2099 Rn. 61 – PreussenElektra.

541 EuGH, Urt. v. 13.03.2001, Rs. C-379/98, Slg. 2001, S. I-2099 Rn. 62 – PreussenElektra.

542 EuGH, Urt. v. 17.11.1993, Rs. C-2/91, Slg. 1993, S. I-5751 Rn. 14 – Provisionsabgabeverbot.

543 EuGH, Urt. v. 13.03.2001, Rs. C-379/98, Slg. 2001, S. I-2099 Rn. 63 – PreussenElektra.

gung führen.[544] Anders ist es hingegen bei Art. 101 AEUV. Diese Vorschrift richtet sich direkt an die Unternehmen in den Mitgliedstaaten und über Art. 4 Abs. 3 EUV sind die Mitgliedstaaten natürlich verpflichtet, alle Maßnahmen zu unterlassen, die der Vorschrift ihre effektive Wirksamkeit nehmen.

Zusammenfassend kann dem Urteil PreussenElektra also entnommen werden, dass die bloße Anordnung einer Zahlungspflicht durch Gesetz nicht zu einer staatlichen oder aus staatlichen Mitteln finanzierten Beihilfe führt. Diese Aussage ist zwar nicht neu, hat aber – wohl durch den unmittelbaren zeitlichen Zusammenhang zum Aufgreifen der Problematik der Finanzierung der öffentlich-rechtlichen Rundfunkanstalten durch die Kommission – zu einer neuen Diskussion hinsichtlich der staatlichen Zurechenbarkeit dieser Finanzierung geführt.[545]

4. Stellungnahme

Es fällt auf, dass gerade hinsichtlich des Tatbestandsmerkmals der staatlichen Finanzierung der EuGH die wettbewerbsrechtlich konsequente Anwendung des objektiven Beihilfenbegriffs nicht durchhält. Zum Tatbestandsmerkmal der Begünstigung führt er aus, dass angesichts von Sinn und Zweck des Beihilfenverbots, den Wettbewerb vor verzerrenden Einflüssen des Staates zu schützen, es nicht darauf ankommen dürfe, ob der Staat eine Begünstigung beabsichtige. Entscheidend müsse allein die Wirkung einer Maßnahme auf die Stellung des Begünstigten im Wettbewerb sein. Genauso objektiv muss nach Sinn und Zweck der Vorschrift allerdings auch das Tatbestandsmerkmal der staatlichen Zurechnung ausgelegt werden. Denn auch hier darf es nicht darauf ankommen, ob der Staat durch eine Maßnahme, die ein Unternehmen begünstigt, den Staatshaushalt belasten wollte. Zur Erreichung des Ziels der Vorschrift muss allein darauf abgestellt werden, ob einem Unternehmen ein Vorteil zu Lasten des Staatshaushalts gewährt wurde, der seine Wettbewerbsposition gegenüber seinen Konkurrenten verbessert. Es verwundert also, wenn der EuGH darauf abstellt, dass der Staat mit einer gesetzlichen Maßnahme dem Unternehmen nicht auf die Schaffung eines Vorteils „abziele", der eine zusätzliche Belastung für den Staat oder für die genannten Einrichtungen darstellen würde.[546] Auch die Erwägung, dass

544 EuGH, Urt. v. 13.03.2001, Rs. C-379/98, Slg. 2001, S. I-2099 Rn. 64f. – PreussenElektra.

545 Vgl. hierzu Heidenhain/Montag/Leibenath, § 31 Rn. 54f.; Koenig/Kühling, ZUM 2001, 537, 542.

546 EuGH, Urt. v. 24.01.1978, Rs. 82/77, Slg. 1978, S. 25 Rn. 23/25. – Van Tiggele zur Festsetzung von Mindestpreiesen im Einzelhandel; Urt. v. 17.03.1993, verb. Rs. C-72/91 und C-73/91, Slg. 1993, S. I-887, Rn. 21 – Sloman Neptun.

eine Steuereinbuße eine einer gesetzlichen Regelung immanente Folge sei und kein Mittel darstelle, um dem Unternehmen einen Vorteil zu gewähren[547], scheint vor diesem Hintergrund nicht als Auslegung anhand von Sinn und Zweck des Beihilfenverbots. Vielmehr muss es darauf ankommen, ob der Begünstigung des Unternehmens eine Belastung des Staatshaushalts gegenübersteht. Denn für die Verzerrung des Wettbewerbs durch staatliche Zuwendungen kommt es nur auf die objektive Wirkung auf dem Markt an und darauf, ob der Staatshaushalt die Begünstigung ermöglicht. Die Gefahr von Wettbewerbsverzerrungen durch staatliche Maßnahmen ist ja gerade deshalb so groß, weil der Staatshaushalt Eingriffe durch große finanzielle Zuwendungen ermöglicht. Konsequenterweise hätte im Urteil *Sloman Neptun* also darauf abgestellt werden müssen, ob die Befreiung der Reeder von den finanziellen Lasten eine Belastung der Allgemeinheit bedeutet, nicht darauf, ob eine Belastung des Staatshaushalts bezweckt wird.

Ebenso muss die im Moment umstrittene Frage, zu welchem Grad die dem Unternehmen gewährten Mittel zuvor im Staatshaushalt verankert waren, allein anhand von Sinn und Zweck der Vorschriften beantwortet werden. Durch das Beihilfenverbot sollen Wettbewerbsverzerrungen verhindert werden, die der Staat durch seine besondere Machtstellung herbeiführen kann. Vor diesem Hintergrund muss bei der Finanzierung des Vorteils durch Private darauf abgestellt werden, ob besondere Hoheitsbefugnisse eingesetzt werden, um die Zahlung sicherzustellen. Denn dann wird die besondere Machtstellung des Staates benutzt, um bestimmten Unternehmen einen Vorteil zu gewähren. Einer wirklichen Einspeisung der erhobenen Abgabe in den Staatshaushalt bedarf es dafür nicht. Mit dieser Auslegung entsteht auch kein Widerspruch zwischen dem Urteil *PreussenElektra* und der Kommissionspraxis zu den Rundfunkgebühren. Im Fall *PreussenElektra* lag die einzige staatliche Einflussnahme in der Schaffung eines gesetzlichen Tatbestands mit der Rechtsfolge der Einspeisungsverpflichtung zu einem Mindestpreis. Kommt der Verpflichtete der Einspeisungs- und Zahlungspflicht nicht nach, so muss der durch den gesetzlichen Tatbestand Begünstigte seinen Anspruch im Wege der Zivilgerichtsbarkeit geltend machen. Im Falle der Rundfunkgebühren geht die staatliche Einflussnahme auf die tatsächliche Beihilfengewährung jedoch über die bloße Schaffung einer gesetzlichen Zahlungsverpflichtung hinaus. In § 7 Abs. 5, 6 Rundfunkgebührenstaatsvertrag heißt es, die Gebühren würden durch Bescheid der Landesrundfunkanstalt festgesetzt, die im Verwaltungszwangsverfahren vollstreckt werden. Damit schafft eine staatlich kontrollierte Körperschaft, nämlich die Landesrundfunkanstalt, einen vollstreck-

547 EuGH, Urt. v. 17.03.1993, verb. Rs. C-72/91 und C-73/91, Slg. 1993, S. I-887, Rn. 21 – Sloman Neptun.

baren Titel. Diese Befugnis der eigenen Titelbeschaffung ist eine originär hoheitliche.[548] Darüber hinaus sieht § 9 Rundfunkgebührenstaatsvertrag einen Ordnungswidrigkeitentatbestand für das Nichtanmelden eines empfangsbereiten Rundfunkgeräts und das Nichtzahlen der Gebühr vor. Damit geht das System der staatlichen Rundfunkfinanzierung weit über die staatliche Anordnung einer Zahlungspflicht hinaus. Vielmehr nutzt der Staat seine besonderen Befugnisse, um bestimmten Unternehmen einen Vorteil zukommen zu lassen. Hierin liegt aber gerade eine Ausnutzung der staatlichen Machtstellung, die durch die Beihilfevorschriften verhindert werden soll. Dennoch kann die Begründung der Kommission nicht aufrechterhalten werden, es handele sich schon deshalb um eine Beihilfe aus staatlichen Mitteln, weil jeder Inhaber eines Rundfunkgeräts unabhängig von der tatsächlichen Nutzung die Abgabe leisten müsse. Denn in der bloßen Anordnung eines Tatbestands und der Rechtsfolge einer Zahlungspflicht liegt noch keine Nutzung der besonderen staatlichen Macht zur tatsächlichen Gewährung der Beihilfe.

Es ist hierbei auch zu berücksichtigen, dass für die staatliche Zurechnung einer Beihilfe zwei Elemte entscheidend sind. Zum einen ist zu prüfen, wer die Beihilfe gewährt. Sollte dies keine staatliche Einrichtung sein, genügt zur Vermeidung einer Umgehung der Beihilfevorschriften auch die Beihilfengewährung durch Private aus staatlichen Mitteln. Hieraus folgt, dass je höher die organisatorische Einbindung der die Mittel verteilenden Stelle in die staatliche Verwaltung ist, um so geringer dürfen nur die Anforderungen an die Eingliederung der Mittel selbst in den Staatshaushalt sein.[549] Denn entscheidend für die Verwirklichung des Ziels der Vorschrift ist wie oben dargestellt die Ausnutzung der besonderen staatlichen Machtstellung zur Wettbewerbsverzerrung zugunsten einzelner Unternehmen.

II. Die staatliche Zurechnung im Vergaberecht

1. Der öffentliche Auftraggeber

Der Begriff des öffentlichen Auftraggebers ist in § 98 GWB legal definiert. Danach fallen darunter neben den klassischen Adressaten, den Gebietskörperschaften und deren Sondervermögen, auch juristische Personen des öffentlichen und des privaten Rechts, die zu dem besonderen Zweck gegründet wurden, im Allgemeininteresse liegende Aufgaben nicht gewerblicher Art zu erfüllen, wenn Stellen, die unter § 99 Nr. 1 oder 3 GWB fallen (also öffentliche Stellen), sie

548 Vgl. näher hierzu Stelkens/Bonk/Sachs/Stelkens, § 35 Rn. 38ff.

549 So insgesamt auch Immenga/Mestmäcker/Ehricke, Art. 87 Abs. 1 Rn. 61ff.

einzeln oder gemeinsam durch Beteiligung oder auf sonstige Weise überwiegend finanzieren oder über ihre Leitung die Aufsicht ausüben oder mehr als die Hälfte der Mitglieder eines ihrer zur Geschäftsführung oder zur Aufsicht berufenen Organe bestimmt haben.

Im Jahre 2007 hat sich der EuGH unter vergaberechtlichen Aspekten mit den öffentlichen Rundfunkanstalten beschäftigt.[550] Diese hatten zur Durchführung von Reinigungsarbeiten Aufträge ohne Durchführung eines Vergabeverfahrens erteilt. Dagegen wendeten sich die Wettbewerber des beauftragten Reinigungsunternehmens. Der EuGH hatte sich im Rahmen eines Vorabentscheidungsverfahrens also mit der Frage zu beschäftigen, ob die öffentlich-rechtlichen Rundfunkanstalten ein „öffentlicher Auftraggeber" wegen überwiegender „staatlicher Finanzierung" sind. Er kam zu dem Ergebnis, dass dies zu bejahen sei. Als Gründe führte er an, dass die Frage nicht nach den Modalitäten der Finanzierung zu beurteilen sei, sondern nach Sinn und Zweck der Vergabekoordinierungsrichtlinie. Dieser Zweck bestehe darin, die Gefahr einer Bevorzugung einheimischer Bieter oder Bewerber bei der Auftragsvergabe durch öffentliche Auftraggeber auszuschalten und zugleich die Möglichkeit auszuschließen, dass eine vom Staat, von Gebietskörperschaften oder anderen Einrichtungen des öffentlichen Rechts finanzierte oder kontrollierte Stelle sich von anderen als wirtschaftlichen Überlegungen leiten lässt.[551] Der Begriff sei funktionell auszulegen, um die Hemmnisse für den freien Dienstleistungs- und Warenverkehr zu beseitigen und somit die Interessen der in einem Mitgliedstaat niedergelassenen Wirtschaftsteilnehmer zu schützen, die den in einem anderen Mitgliedstaat niedergelassenen öffentlichen Auftraggebern Waren oder Dienstleistungen anbieten möchten. In diesem Sinne komme es allein darauf an, dass die von den Landesrundfunkanstalten aufgrund gesetzlicher Vorschriften eingezogenen finanziellen Mittel mit Hilfe hoheitlicher Befugnisse eingezogen und ohne spezifische Gegenleistung zur Verfügung gestellt würden. Hierbei stellt der EuGH darauf ab, dass nicht der einzelne Verbraucher mit den Rundfunkanstalten in ein synallagmatisches Vertragsverhältnis eintritt und somit freiwillig Leistungen in Anspruch nimmt und dafür eine Gegenleistung erbringt, sondern an die bloße Tatsache des Besitzes eines empfangsbereiten Rundfunkgeräts gesetzlich die Zahlungsverpflichtung geknüpft wird.[552]

---

550 EuGH, Urt. v. 13.12.07, Rs. C-337/06, Slg. 2007, S. I-11173 – Bayerischer Rundfunk.

551 EuGH, Urt. v. 13.12.07, Rs. C-337/06, Slg. 2007, S. I-11173 Rn. 36 – Bayerischer Rundfunk.

552 EuGH, Urt. v. 13.12.07, Rs. C-337/06, Slg. 2007, S. I-11173 Rn. 45 – Bayerischer Rundfunk.

Weiter begründet der EuGH die Staatliche Finanzierung damit, dass es keinen Unterschied machen dürfe, ob die finanziellen Mittel den Staatshaushalt tatsächlich durchlaufen oder ob der Staat diesen Anstalten das Recht einräumt, die Gebühren selbst einzuziehen.

Auf den ersten Blick könnte man meinen, der Begriff der „staatlichen Finanzierung“ werde im Vergaberecht weiter ausgelegt als im Beihilfenrecht. Von der Literatur wird teilweise angeführt, dass es im Vergaberecht nicht schade, dass letztlich Privatpersonen die Zahlungen an den Begünstigten tätigen, solange die Gebührenpflicht staatlich veranlasst sei.[553] Es könne vergaberechtlich keinen Unterschied machen, ob der Staat selbst Gebühren einnehme und diese an die Einrichtung weiterreiche oder ob er der Einrichtung selbst das Recht zur Gebührenerhebung einräume. Wolle man anders entscheiden, bestünde die Gefahr der Umgehung der Vergabevorschriften durch Übertragung der Gebührenerhebungsbefugnis.[554] Die Anwendung des Vergaberechts ist immer dann erforderlich, wenn kein funktionierender Wettbewerb existiert, der für eine transparente und wirtschaftlichen Kriterien folgende Auftragsvergabe sorgen kann.[555] Wegen der schon durch die staatlich angeordnete Finanzierung bestehenden Gefahren gelte das unabhängig davon, ob der Staat auf die konkrete Auftragsvergabe durchzugreifen vermöge.[556] Eine solche Einflussnahme des Staates auf den konkret zu vergebenden Auftrag ist im Bereich des öffentlichen Rundfunks gerade ausgeschlossen.[557]

Auch die Staatsferne der öffentlichen Rundfunkanstalten sei kein Argument gegen ihre Eigenschaft als öffentlicher Auftraggeber, da sie hauptsächlich die Programmgestaltung und die Sendeinhalte betreffe.[558] Diese Ansicht werde auch dadurch gestützt, dass RL 2004/18/EG in Art. 16 lit. b) den sachlichen Anwendungsbereich des Vergaberechts nur für solche Auftragsvergaben ausschließt, die den Kauf, die Entwicklung und Produktion von Programmen zur Ausstrahlung durch Rundfunk- und Fernsehanstalten sowie die Ausstrahlung von Sen-

---

553 Frenz, WPR 2007, 264, 271; Opitz, NVwZ 2003, 1087, 1090 mit der Betonung, dass die Finanzierung dem Staat eine Einflussmöglichkeit auf den Auftraggeber einräumen müsse, die der staatlichen Aufsicht über die Leitung einer Einrichtung gemäß § 98 Nr. 2 GWB vergleichbar sei; diese Einschränkung macht der EuGH in seiner Rechtsprechung allerdings nicht.

554 OLG Düsseldorf, VergabeR 2006, 893, 898; Müller-Wrede, VergabeR 2006, 899, 901; a. A. Dreher, NZBau 2005, 297, 302f.

555 Frenz, WPR 2007, 264, 272.

556 OLG Düsseldorf, VergabeR 2006, 893, 898; Frenz, WPR 2007, 264, 272; aA. Dreher, NZBau 2005, 297, 303; Opitz, NVwZ 2003, 1087, 1090.

557 Opitz, NVwZ 2003, 1087, 1090.

558 Frenz, WPR 2007, 264, 272; aA. Opitz, NVwZ 2003, 1087, 1090.

dungen betreffen. Dabei ist zwar zu berücksichtigen, dass der Bereich der verfassungsrechtlich garantierten Autonomie in Bezug auf Programminhalte nach der Rechtsprechung des Bundesverfassungsgerichts weit auszulegen ist.[559] Aber auch diese weite Auslegung steht der Annahme nicht entgegen, dass außerhalb des Bereichs der inhaltlichen Gestaltung der Rundfunkprogramme keine Staatsferne der öffentlich-rechtlichen Rundfunkanstalten besteht, die eine Ausnahme von den Vorschriften des Vergaberechts begründet.

Da die Grundsätze des europäischen Vergaberechts – wie oben dargestellt – direkt aus dem Primärrecht, genauer den Grundfreiheiten, folgen, könnte die Gefahr gesehen werden, dass die Anwendung der Vergaberechtsgrundsätze auf die Auftragsvergabe durch Private ausgeweitet wird. Denn der EuGH nimmt unter bestimmten Voraussetzungen eine unmittelbare Drittwirkung der Grundfreiheiten an.[560] Allerdings gibt es eine dahingehende Rechtsprechung bisher nur im Zusammenhang mit zwar privaten, aber kollektiv erlassenen Regelungswerken, die also eine ähnliche Bindungswirkung für die Adressaten haben wie staatliche Normen. Der einzige Fall, in dem eine unmittelbare Wirkung der Grundfreiheiten zwischen privaten Individuen angenommen wurde, bezog sich auf die Einstellungsvoraussetzungen eines Arbeitgebers. Jeweils liegen also Kostellationen vor, in denen eine besondere Machtstellung vorlag. Hat ein privates Unternehmen eine solche besondere Machtstellung, die sich typischerweise als marktbeherrschende Stellung im Sinnde des. Art. 102 Abs. 1 AEUV äußern wird, so ergeben sich schon aus dieser Vorschrift Beschränkungen für die Auftragsvergabe und für Vertragsbedingungen, die den Vertragspartnern auferlegt werden. Auch hier greifen das Wettbewerbsrecht und die Grundfreiheiten ergänzend ineinander. Es müssen dabei teilweise die gleichen Prinzipien gelten wie für die öffentliche Auftragsvergabe, soweit sie aus den Grundfreiheiten hergeleitet werden. Dies als „Ausweitung des Vergaberechts auf private Unternehmen" zu titulieren verschiebt allerdings die Zusammenhänge etwas. Nicht das Vergaberecht ist Ursprung der Vorgaben Nichtdiskriminierung, Transparenz und Wettbewerbsoffenheit, sondern die Grundfreiheiten. Deren Anwendbarkeit auf staatliche und uU. auch auf private Auftragsvergaben macht nur deutlich, dass die Vorschriften zur Herstellung des Binnenmarktes für alle Bereiche gleichlaufende Vorgaben machen. Dies wiederum bestätigt die These, dass auch Vergabe- und Beihilfenrecht als sich ergänzende Teilbereiche des Wettbewerbsrechts als eines Strangs

559 BVerfGE 87, 181, 200f.; 90, 60, 92f.; 91, 125, 135.

560 EuGH, Urt. v. 06.06.2000, Rs. C-281/98, Slg. 2000, S. I-4139 Rn. 30ff. – Angonese; Urt. v. 08.06.1971, Rs. C-78/70, Slg. 1971, 487 Rn. 13 – Deutsche Grammophon; Urt. v. 19.02.2002, Rs. C-309/99, Slg. 2002, S. I-1577 Rn. 120 - Wouters.

zur Verwirklichung des Binnenmarktes gesehen werden müssen und nicht künstliche gegeneinander abgegrenzt werden dürfen.

3. Stellungnahme

Für die Qualifizierung einer Stelle als öffentlicher Auftraggeber, die nicht schon organisatorisch in die öffentliche Verwaltung eingebunden ist, ist entscheidend, ob sie überwiegend staatliche finanziert wird.[561] Eine solche staatliche Finanzierung liegt vor, wenn die finanziellen Mittel durch staatlichen Akt eingeführt, durch den Staat garantiert und mittels hoheitlicher Befugnisse eingezogen werden.

III. Ergebnis

Entscheidend für die staatliche Zurechnung ist sowohl im Beihilfen- als auch im Vergaberecht, dass die finanziellen Mittel durch staatlichen Akt eingeführt, durch den Staat garantiert und mittels hoheitlicher Befugnisse eingezogen werden.

Diese Parallelität der Rechtsanwendung ist für das Ausgangsproblem sehr erfreulich, aber ebenso erstaunlich. Der Generalanwalt in dem Fall *Bayrischer Rundfunk*, dem der EuGH in seiner Begründung gefolgt ist, hat nämlich in der Vorbemerkung seines Schlussantrages ausdrücklich eine Analogie des beihilfen- und des vergaberechtlichen Tatbestandsmerkmals abgelehnt. Er führte wörtlich aus[562]:

> „Ich glaube allerdings, wie auch die Kommission zutreffend ausgeführt hat, dass weder die unterschiedliche Natur der beiden Regelungen noch der mit ihnen verfolgte Zweck einen derart gewagten Vergleich rechtfertigen, denn während der Vertrag im Fall der Beihilfen darauf abzielt, jede ungerechtfertigte, durch den Einsatz öffentlicher Gelder hervorgerufene Wettbewerbsverzerrung in einem konkreten Markt zu verhindern, geht es bei Ausschreibungen um die Subsumtion einer Einrichtung unter den Begriff „öffentlicher Auftraggeber“, um zu bestimmen, ob sie den Ausschreibungsverfahren unterliegt. Somit fehlt es an der „Identität des Gesetzeszwecks“ dieser beiden Rechtsgebiete, so dass eine Analogie nicht in Betracht kommt.“

Spannend wäre es gewesen, zu erfahren, welchen Zweck die Bestimmung des Vergaberechts nach Ansicht des Generalanwalts hat.

---

561 ...oder von einer staatlichen Stelle genauso kontrolliert wird wie eine eigene Stelle; diese Qualifizierung durch Leitungshoheit soll hier allerdings außer Betracht bleiben.

562 EuGH, Schlussanträge des Generalanwalts v. 06.09.2007, Rs. C-337/06; Slg. 2007, I-11173 Rn. 36 – Bayerischer Rundfunk.

Auch wenn die Rechtsprechung die für das Beihilfenrecht entwickelten Kriterien zur Feststellung der staatlichen Zurechnung nicht ausdrücklich übernommen hat, werden wie oben gezeigt richtigerweise die gleichen Überlegungen angestellt. Eine genaue Analyse und Interpretation der Rechtsprechung zeigt, dass hinsichtlich der staatlichen Zurechnung Beihilfen- und Vergaberecht einheitlich ausgelegt werden.

D. Die Ausschreibung – Entscheidungsfreiheit des Staates?

Da der Anwedungsbereich des Vergaberechts auf den ersten Blick nur die eigentliche Auftragsvergabe erfasst, könnte man annehmen, der Staat könne frei entscheiden, welche Güter (oder Dienstleistungen) er zur Erfüllung seiner Aufgaben benötige, wie genau der Auftrag auszuführen sei und wann die Bedarfsdeckung stattfinde. Auch die Frage, ob eine Aufgabe selbst erfüllt oder ausgelagert wird, ist vom Vergaberecht auf den ersten Blick nicht erfasst.

Immerhin führte auch der EuGH in anderem Zusammenhang aus, dass den Gebietskörperschaften nicht die Möglichkeit genommen werden dürfe, ihre im allgemeinen Interesse liegenden Aufgaben mit ihren eigenen administrativen, technischen und sonstigen Mitteln zu erfüllen.[563] Davon umfasst sei auch die Entscheidung über die Zusammenarbeit mit anderen öffentlichen Stellen.

Im Folgenden wird gezeigt, dass dies aufgrund der Bindungen des Staates durch die Vorgaben des Primärrechts und des Beihilfenrechts diese Freiheit nicht in der zu vermutenden Weite besteht.

I. Vergaberechtliche Anforderungen

1. Die Entscheidung, ob eine Aufgabe ausgelagert oder selbst erfüllt wird

Das deutsche Landesorganisationsrecht stellt den Gemeinden verschiedene Möglichkeiten zur Verfügung, ihre Aufgaben im Zusammenwirken mit anderen Gemeinden zu erfüllen (z.B. Arbeitsgemeinschaften, Zweckverbände und öffentlich-rechtliche Vereinbarungen). Zweck dieser Zusammenarbeitsformen ist, die kommunale Verwaltung zu stärken, Kräfte zu bündeln und eine Verlagerung von Aufgaben auf die Kreis- oder Bezirksebene unnötig zu machen.

563 EuGH, Urt. v. 11.01. 2005, Rs. C-26/03, Slg. 2005, S. I-1 Rn. 48 – Stadt Halle.

a) Möglichkeit der Anwendung des Vergaberechts auf die interkommunale Zusammenarbeit

Eine Anwendung des Vergaberechts auf solche Kooperationen ist auf den ersten Blick eher fernliegend. Schließlich sind nach der Definition des öffentlichen Auftrags in Art. 1 Abs. 2 lit. a) RL VKR[564] öffentliche Aufträge nur solche zwischen einem oder mehreren Wirtschaftsteilnehmern und einem oder mehreren öffentlichen Auftraggebern. Schon nach dem Wortlaut der VKR sind demnach Absprachen zwischen Stellen der öffentlichen Hand, die in ihrer Eigenschaft als Träger der öffentlichen Gewalt handeln, nicht erfasst. Auch die Grundfreiheiten (das sogenannten Primärvergaberecht) können in diesen Fällen nicht beeinträchtigt werden, weil es keine potenziellen Auftragnehmer im EU-Ausland gibt, die am Markteintritt gehindert werden könnten. Die Entscheidung für die Gründung eines Zweckverbandes oder die Übernahme einer solchen Aufgabe durch eine von mehreren Gemeinden oder auch durch den Kreis für alle zusammen auf Grund einer öffentlich-rechtlichen Vereinbarung wird daher in der Literatur teilweise als verwaltungsinterner Vorgang und gleichzeitig als Entscheidung gegen die Privatisierung, also gerade gegen die Vergabe eines Auftrags an einen Wirtschaftsteilnehmer gesehen.[565] Der Wettbewerbsgedanke sei diesen Kooperationsformen fremd. Sie dienten ausschließlich der politischen Eigenständigkeit der Gemeinden und der Mitwirkungsmöglichkeiten der Bürger.[566]

Dem ist so nicht zuzustimmen. Schon die Vorgabe der sparsamen Haushaltsführung zwingt zur Berücksichtigung des Wettbewerbsgedankens bei allen Entscheidungen öffentlicher Einrichtungen. Ziel ist es danach schließlich, unter Einsatz von Steuermitteln die öffentlichen Aufgaben möglichst effektiv zu erfüllen. Schon hierdurch muss die öffentliche Hand verschiedene Möglichkeiten der Auftragserfüllung in Betracht ziehen und miteinander vergleichen. Dadurch wird ein Wettbewerb zwischen den verschiedenen Handlungsoptionen begründet. Allerdings ist diese Wettbewerbssituation mit der *auf einem privaten Nachfragemarkt nicht identisch. Durch die vielfältigen Bindungen des Staates und die Interessen, die er zu berücksichtigen hat, kann seine Auswahlentschei-

564 Das Urteil erging noch zu den Vorgängerrichtlinien 93/36/EWG und 93/37/EWG, die allerdings insoweit wortgleich waren (mit dem Unterschied, dass es statt „Wirtschaftsteilnehmer" „Liefranten oder Unternehmer" hieß); dieses Problem taucht im Rahmen der SKR nicht auf, da hier gerade private Auftraggeber bestimmter Sektoren erfasst sind, die wegen einer natürlichen Monopolstellung der besonderen gesetzlichen Regulierung bedürfen, vgl. hierzu RL 2004/17/EG, ABl. 2004 L 134/1, ErwGr. 3.

565 Pietzcker, NVwZ 2007, 1225, 1227.

566 Pietzcker, NVwZ 2007, 1225, 1227.

dung sich nicht nach den gleichen Kriterien richten, wie die eines privaten Martteilnehmers.[567]

b) Die Entwicklung der Rechtsprechung und Kommissionspraxis

Der EuGH äußerte sich seit dem Jahr 2005 in verschiedenen Urteilen zu der Problematik. Dabei rief das erste Urteil[568] die Befürchtung hervor, jegliche interkommunale (oder andere verwaltungsinterne) Zusammenarbeit verschiedener Einrichtungen unterfalle den strenken Vorgaben des Sekundärvergaberechts. Später hat der EuGH allerdings die Anwendbarkeit des europäischen primären und sekundären Vergaberechts auf diese Fälle sehr stark eingeschränkt. Als Durchbruch für die Zulässigkeit der interkommunalen Zusammenarbeit in Form des Zweckverbandes[569] wird das Urteil *Stadtreinigung Hamburg*[570] betrachtet, in dem der EuGH erst kürzlich die interkommunale Zusammenarbeit als nicht dem Vergaberecht unterfallend ansah, wenn bestimmte Voraussetzungen erfüllt sind. Dies mag für die Praxis ein Meilenstein zur Rechtssicherheit bei der Erfüllung öffentlicher Aufgaben sein, dogmatisch lässt das Urteil allerdings viele Fragen offen.[571] Insbesondere setzt es sich leider nicht mit der Frage auseinander, ob die Erfüllung einer öffentlichen Aufgabe an sich der Anwendung des Wettbewerbsrechts entgegensteht.

Die diesem Urteil vorausgehende Entwicklung der Rechtsprechung und Kommissionspraxis begann 2005 mit einem Urteil des EuGH. Hierin erklärte er ein spanisches Gesetz für unvereinbar mit den Vorgaben der VKR, nach welchem Kooperationsbeziehungen gleich welcher Art zwischen den Einrichtungen des öffentlichen Rechts nicht gewerblicher Art generell vom Anwendungsbereich des Vergaberechts ausgenommen waren.[572] Die Begründung des EuGH stützt sich allerdings – unter Berufung auf frühere Rechtsprechung[573] – nur darauf, dass es für die Eröffnung des persönlichen Anwendungsbereichs der Vergaberichtlinien genüge, dass der Vertrag zwischen einer Gebietskörperschaft und einer von dieser rechtlich verschiedenen Person geschlossen werde.[574] Der EuGH setzte sich in der Entscheidung also nicht damit auseinander,

---

567 Vgl. hierzu schon oben unter Hauptteil, B. III. 2.

568 EuGH, Urt. v. 13.01. 2005, Rs. C-84/03, Slg. 2005, S. I-139 – Königreich Spanien.

569 Dies war in den letzten Jahren der Hauptgegenstand der Diskussion.

570 EuGH, Urt. v. 09.06.2009, Rs. C-480/06, EuZW 2009 529 – Stadtreinigung Hamburg.

571 Kritisch auch Pielow, EuZW, 529, 531.

572 EuGH, Urt. v. 13.01.2005, Rs. C-84/03, Slg. 2005, S. I-139 Rn. 37ff. – Königreich Spanien.

573 EuGH, Urt. v. 18.11.1999, Rs. C-107/98, Slg. 1999, S. I-8121 – Teckal.

574 EuGH, Urt. v. 13.01.2005, Rs. C-84/03, Slg. 2005, S. I-139 Rn. 38 – Königreich Spanien.

ob eine andere Einrichtung des öffentlichen Rechts überhaupt ein Wirtschaftsteilnehmer im Sinne der VKR sein kann. Er beschäftigte sich auch nicht mit der Frage, ob eine solche Kooperation ein entgeltlicher Vertrag sein könne.[575]

Gerade wegen dieser merkwürdig fragmentarischen Auseinandersetzung mit der Einordnung der interkommunalen Zusammenarbeit sorgte diese Rechtsprechung in der Vergabepraxis für große Rechtsunsicherheit. Die Kommission unterschied in der Folge zwischen der delegierenden und der mandatierenden Übertragung einer öffentlichen Aufgabe. Da die delegierenden Aufgabenübertragung den ursprünglichen Aufgabenträger vollständig von seiner Aufgabenverantwortung befreie, seien diese Kooperationsformen (auch Zweckverband genannt) vom europäischen Vergaberecht befreit. Bei der mandatierenden Aufgabenübertragung wird hingegen lediglich eine Verpflichtung zur Erbringung einer bestimmten Leistung begründet. Die Zuständigkeit für die öffentliche Aufgabe wird nicht übertragen. Die Kommission wendet das Vergaberecht auf diese Kooperationsformen an, da die bloße Aufgabenerfüllung ohne Einräumung einer besonderen staatlichen Befugnis auch von einem privaten Wirtschaftsteilnehmer erbracht werden könne.[576]

Der EuGH hat in einer späteren Entscheidung zu kommunalen Zweckverbänden die Nichtanwendbarkeit der Vergaberegeln damit begründet, dass die Kontrolle der Gebietskörperschaften über die Entscheidungsgremien des Zweckverbandes der Inhouse-Konstellation entspreche.[577]

Einige deutsche Gerichte haben in der Gründung eines solchen Zweckverbands ohne Ausschreibung allerdings eine Verletzung des europäischen Vergaberechts gesehen.[578] Zumeist wurde dabei angeführt, die Inhouse-Ausnahme sei nicht einschlägig, da gerade keine Kontrolle wie über eine eigene Dienststelle existiere.

In der Entscheidung *Stadtreinigung Hamburg* hat der EuGH nun das europäische Vergaberecht für nicht einschlägig gehalten, wenn nur eine vertragliche

575 Zweifel hieran können bestehen, da in der Regel nur eine Kostenersattung ohne jegliche Gewinnmarge an den Leistungserbringer gezahlt wird, vgl. dazu Frenz, Handbuch EuropaR, Rn. 2487.

576 Vgl. zu einigen Bewertungen der Kommission dahingehend Frenz, Handbuch EuropaR, Rn. 2492ff., der allerdings die Frage des Beschaffungscharakters eines Auftrags als entscheidend erachtet. Dies erscheint aber vor dem Hintergrund, dass ein Beschaffungscharakter zur Anwendung des europäischen Vergaberechts nicht zwingend notwendig ist, bedenklich (vgl. hierzu oben Hauptteil, B. II. 1. c) aa).

577 EuGH, Urt. v. 13. 11. 2008, Rs. C-324/07, EuZW 2009, 55 Rn. 27ff. – Coditel Brabant.

578 OLG Düsseldorf, Beschl. v. 05.05.2004, VII-Verg 78-03, NZBau 2004, 398; OLG Frankfurt, Beschl. v. 07.09.2004, 11 Verg 11/04, NZBau 2004, 692.

Kooperation (ohne Gründung eines Zweckverbandes) von vier Gemeinden zur Erfüllung der öffentlichen Aufgabe der Abfallbeseitigung vorliegt.[579] Dabei stellte der EuGH ausdrücklich fest, dass die zusammenarbeitenden Gemeinden gerade keine gegenseitige Kontrolle wie über eigene Dienststellen ausübten.[580] Eine neu gegründete Institution (wie im Fall *Coditel Brabant*), über die alle Gemeinden gemeinsam die Kontrolle ausüben könnten, gab es gerade nicht. Als entscheidende Kriterien führte der EuGH an, dass die Gemeinden bei der Wahrnehmung einer ihnen allen obliegenden öffentlichen Aufgabe zusammengearbeitet hätten[581], kein Privater an der Zusammenarbeit beteiligt gewesen sei[582] und dass die Organisationsform der Zusammenarbeit (institutionalisiert oder rein vertraglich) keine Rolle spielen dürfe[583].

c) Stellungnahme

Wie oben schon angedeutet, wird das Urteil teilweise als Durchbruch für die gemeinschaftsrechtliche Zulässigkeit der interkommunalen Zusammenarbeit betrachtet.[584] Angesichts des Ergebnisses des EuGH ist dies für die Praxis der Organisation der Erfüllung öffentlicher Aufgaben auch durchaus nachvollziehbar. Allerdings bringt das Urteil die Dogmatik des Anwendungsbereichs des europäischen Vergaberechts nicht weiter.

Zum einen wird auf die Rechtsprechung im Fall *Coditel Brabant* verwiesen und ausgeführt, dass für die Nichtanwendbarkeit des Vergaberechts nicht die Organisationsform der Zusammenarbeit entscheidend sein darf.[585] In dem Urteil *Coditel Brabant* war aber das entscheidende Argument, dass die Gemeinden über den gegründeten Zweckverband eine Kontrolle ausübten, die derjenigen über eine eigene Dienststelle entsprach.[586] Der EuGH begründete die Nichtanwendbarkeit des Vergaberechts also mit dem Vorliegen eines Inhouse-Geschäfts. Im

579 EuGH, Urt. v. 09.06.2009, Rs. C-480/06, EuZW 2009, 529 Ls. – Stadtreinigung Hamburg.

580 EuGH, Urt. v. 09.06.2009, Rs. C-480/06, EuZW 2009, 529 Rn. 36 – Stadtreinigung Hamburg.

581 EuGH, Urt. v. 09.06.2009, Rs. C-480/06, EuZW 2009, 529 Rn. 37 – Stadtreinigung Hamburg.

582 EuGH, Urt. v. 09.06.2009, Rs. C-480/06, EuZW 2009, 529 Rn. 44 – Stadtreinigung Hamburg.

583 EuGH, Urt. v. 09.06.2009, Rs. C-480/06, EuZW 2009, 529 Rn. 47 – Stadtreinigung Hamburg.

584 Struve, EuZW 2009, 805, 808.

585 EuGH, Urt. v. 09.06.2009, Rs. C-480/06, EuZW 2009, 529 Rn. 47 – Stadtreinigung Hamburg.

586 EuGH, Urt. v. 13. 11. 2008, Rs. C-324/07, EuZW 2009, 55 Rn. 27ff. – Coditel Brabant.

Falle der rein vertraglichen Kooperation liegt aber gerade keine neu gegründete Institution vor, über die eine solche Kontrolle ausgeübt werden kann. Die Übertragung einer Rechtsprechung, deren Begründung gar nicht einschlägig ist, ist aber höchst bedenklich.

Darüber hinausgehende Argumente legt der EuGH praktisch nicht dar. Er stellt im Wesentlichen darauf ab, dass Vertragsgegenstand die Erfüllung einer öffentlichen Aufgabe sei. Dies kann aber kein Argument dafür sein, das Vergaberecht nicht anzuwenden. Denn öffentliche Aufträge werden gerade immer vergeben, um öffentliche Aufgaben zu erfüllen. Gäbe es nicht die Nachfragemacht des Staates, die sich unter anderem gerade dadurch ergibt, dass er besondere Aufgaben zu erfüllen hat, bedürfte es auch keiner besonderen Regulierung der Auftragsvergabe. Nur besondere Marktmacht erfordert ein regulierendes Eingreifen in das Marktgeschehen.[587]

Schließlich stellt der EuGH noch darauf ab, dass kein Privater an dem Vertrag beteiligt gewesen sei. Dieses Kriterium ist für sich genommen keines, dass über die Eröffnung des Anwendungsbereichs des Vergaberechts entscheiden kann. Das Vergaberecht soll gerade die Märkte der öffentlichen Auftragsvergabe gemeinschaftsweit öffnen. Alle Wirtschaftsteilnehmer, die an einem solchen Auftrag interessiert sein könnten, sollen gleich behandelt werden, um die gleiche Chance auf den Zuschlag zu erhalten. Nach dem funktionellen Begriff des Wirtschaftsteilnehmers können auch Einrichtungen der öffentlichen Hand darunter fallen. Ob die Gemeinde Hamburg, die von den anderen drei Gemeinden mit der Errichtung und dem Betrieb der Abfallentsorgungsanlage betraut wurde, ein solcher Wirtschaftteilnehmer ist oder nicht, hätte gerade mit Hilfe der funktionellen Auslegung bestimmt werden müssen, um den Anwendungsbereich des Vergaberechts fest zu machen.

Das Urteil des EuGH in dem Fall *Stadtreinigung Hamburg* wirkt dogmatisch eher wie ein Rückschritt. Die zuvor vom EuGH entwickelten Grundsätze zur funktionalen Auslegung des europäischen Vergaberechts werden leider nicht angewendet und weiter entwickelt. Nach diesem funktionalen und wettbewerbsorientierten Ansatz wäre hier danach zu fragen gewesen, ob der Auftragsvergabe Wettbewerbsrelevanz innewohnt. Denn nach dem Grundsatz der Wettbewerbsoffenheit des Vergabeverfahrens soll allen potenziellen Bietern der gleiche Zugang zum Wettbewerb um den Auftrag ermöglicht werden. Nach dem Sinn und Zweck des Vergaberechts muss dieses also immer dann angewendet werden, wenn auch private Wirtschaftsteilnehmer den Auftrag ausführen könnten. Das ist hier aber der Fall. Das Betreiben einer Abfallentsorgungsanlage ist keine Tätigkeit, die originär hoheitliche Befugnisse voraussetzt. Ein privates Unterneh-

587 Mestmäcker/Schweitzer, Europäisches Wettbewerbsrecht, Rn. 106.

men hätte den Vertragsgegenstand hier ebenso gut erfüllen können. Demnach hätte ein Vergabeverfahren durchgeführt werden müssen.

d) Ergebnis

Das Vergaberecht lässt den mitgliedstaatlichen Einrichtungen nicht die völlige Freiheit, ob die Erfüllung einer öffentlichen Aufgabe ausgeschrieben werden oder verwaltungsintern erfüllt werden soll. Dies gilt jedenfalls in dem Moment, in dem eine Einrichtung mit selbständiger Rechtspersönlichkeit einbezogen werden soll. Zwar kann das Urteil *Stadtreinigung Hamburg* so interpretiert werden, dass der EuGH auch die rein vertragliche Kooperation zwischen unterschiedlichen öffentlichen Einrichtungen als nicht vergaberechtsrelevant beurteilt. Dogmatisch überzeugen dieses Ergebnis und die Begründung allerdings nicht. Vielmehr muss das Vergaberecht immer dann Anwendung finden, wenn ein Auftrag vergeben wird, der auch von privaten Wirtschaftsteilnehmern erfüllt werden kann. Die beauftragte öffentliche Einrichtung handelt dann nänmlich nicht in ihrer Eigenschaft als staatliche Stelle, sondern nimmt wie andere private Anbieter auch am Marktgeschehen teil.

2. Inhalt des zu vergebenden Auftrags

Die Kommission misst schon die Ausschreibung und ihren Inhalt am Übermaßverbot. Die vom Auftraggeber gewählten Vergabemodalitäten müssen danach den Besonderheiten und der Bedeutung des jeweiligen Vergabegegenstands angemessen sein. Beispielsweise sind danach übertrieben hohe fachliche Anforderungen an die Angestellten des Bieters verboten, wenn es sich bei dem Vergabegegenstand um einfachste Tätigkeiten handelt, die ohne besondere fachliche Qualifikation ausgeführt werden können.[588] Auch sachfremde Koppelungen sind unzulässig. Die in der Ausschreibung für die Auftragsvergabe angegebenen Kriterien müssen stets noch eine Verbindung zum Vergabegegenstand aufweisen.

II. Beihilfenrechtliche Anforderungen

Dass der Staat nicht frei entscheiden kann, welche Güter er zur Erfüllung seiner Aufgaben der Daseinsvorsorge benötigt, wird schon an der oben unter B. III. 1. ausführlich analysierten Entscheidung des EuG in der Sache *BAI*[589] deutlich.

---

588 Kommission, Mitteilung zu Auslegungsfragen im Bereich Konzessionen im Gemeinschaftsrecht v. 24.09.1999, ABl. 2000 C 121, S. 2 Abschn. 3.1.3.

589 EuG, Urt. v. EuG, Urt. v. 28.1.1999, Rs. T-14/96, Slg. 1999, S. II-139 – BAI/Kommission.

Das Beihilfenrecht gibt – jedenfalls nach der Interpretation der europäischen Gerichte – vor, dass der Staat nicht mehr Güter für die Daseinsvorsorge beschaffen darf, als er tatsächlich benötigt. Wie viel er tatsächlich benötigt, darf er nicht selbst entscheiden, sondern er muss dies anhand des tatsächlichen Verbrauchs nachweisen Der Staat ist somit nicht frei in der Bestimmung, welche Güter er beschafft, sondern durch das europäische Beihilfenrecht gebunden.

III. Ergebnis

Der Staat kann nicht frei darüber entscheiden, ob er einen öffentlichen Auftrag vergibt. Denn schon die Frage, ob eine Kooperation mit anderen öffentlichen Stellen schon ein Auftrag ist oder noch ein verwaltungsinternes Handeln, wird vom europäischen Vergaberecht geregelt. Auch das Beihilfenrecht enthält Vorgaben, die der Staat bei der Entscheidung, ob überhaupt ein öffentlicher Auftrag vergeben werden soll, berücksichtigen muss.

E. Die Durchführung des Auftrags als Beihilfe

I. Anwendbarkeit von Beihilfen- und Vergaberecht

Die Vergaberichtlinien erstrecken sich nicht auf Vertragsklauseln. Die Klauseln als solche müssen mit den allgemeinen Vorschriften und Grundsätzen des Vertrages, insbesondere mit dem Diskriminierungsverbot und dem Transparenzgebot im Einklang stehen.[590] Dies beinhaltet vor allem, dass die Bedingungen und Modalitäten für die Ausführung der Verträge klar aus den Vergabeunterlagen hervorgehen müssen, damit die verschiedenen Bewerber sie gleich auslegen und bei der Ausarbeitung ihrer Angebote berücksichtigen.[591] Außerdem dürfen diese Ausführungsbedingungen und -modalitäten weder direkt noch indirekt diskriminierend wirken oder die Dienstleistungs- und die Niederlassungsfreiheit ungerechtfertigt beeinträchtigen.[592]

Auch das Beihilfenrecht findet hier vollumfänglich Anwendung.

590 KOM(2001) 274 endgültig, S. 25.

591 EuGH, Urt. v. 18.10.2001, Rs. C-19/00, Slg. 2001, S. I-7725 Rn. 41ff. – SIAC.

592 EuGH, Urt. v. 20.09.1988, Rs. 31/87, Slg. 1988, S. 4635 Rn. 29ff. – Gebroeders; vgl. auch Art. 26 der Richtlinie 2004/18/EG und Art. 38 der Richtlinie 2000/17/EG.

II. Begünstigung Dritter durch die Auftragsvergabe

Da es wie oben dargestellt für den Begünstigungscharakter einer Beihilfe nicht auf die Intention sondern nur auf die Wirkung ankommt, werden auch sogenannte mittelbare Begünstigungen von Art. 107 Abs. 1 AEUV erfasst.[593] Davon betroffen ist insbesondere die staatliche finanzielle Unterstützung von Verbrauchern zu Gunsten des Erwerbs bestimmter Produkte oder Dienstleistungen eines Unternehmens (Verkettungssystem).[594] Es geht also um die beihilfenrechtliche Bedeutung von nachfragelenkenden staatlichen Maßnahmen. Der wirtschaftliche Vorteil des begünstigten Unternehmens soll dabei in der größeren Nachfrage an Beteiligungen an diesem Unternehmen, dessen Umsätze gesteigert wurden, liegen.[595] Dogmatisch würde dies bedeuten, dass Empfänger der staatlichen oder aus staatlichen Mitteln finanzierten Zuwendung und Begünstigter nicht personenidentisch sein müssen. Oder man betrachtet von vornherein das am Ende begünstigte Unternehmen als Zuwendungsempfänger. Die Zuwendung wurde dann eben nicht direkt gewährt, sondern über den Umweg über den Verbraucher. Diese dogmatische Konstruktion wird mit einer Begründung über die Formulierung im Tatbestand des Art. 107 Abs. 1 AEUV „Beihilfen gleich welcher Art" vertreten.[596] Dabei wird aber verkannt, dass dann die gewährte und die empfangene Begünstigung nicht mehr übereinstimmen. Gewährt wurde eine finanzielle Unterstützung, der Vorteil, auf den die Beihilfeneigenschaft gestützt wird, liegt in einer erhöhten Nachfrage an einer Beteiligung am betreffenden Unternehmen. Zuzustimmen ist der Auslegung unabhängig von der dogmatischen Konstruktion allerdings unter Berücksichtigung der Ausrichtung des Beihilfenverbots an der Wirkungsanalyse, also am objektiven Beihilfenbegriff. Bestimmt man die Beihilfe nach ihrer ökonomischen Wirkung, so kann es grundsätzlich nicht darauf ankommen, ob der geldwerte Vorteil auf Seiten des Unternehmens durch eine unmittelbare oder eine mittelbare Begünstigung entsteht. Es spielt dabei auch keine Rolle, ob das Unternehmen - gegebenenfalls über einen zwischengeschalteten Verbraucher - staatliche Mittel erhält oder ob die staatlichen Mittel einge-

593 EuGH, Urt. v. 15.07.1964, Rs. 6/64, Slg. 1964, S. 1253, 1272 – COSTA/ENEL; Urt. v. 13.06.2002, Rs. C-382/99, Slg. 2002, S. I-5163 Rn. 62f. – Niederlande/Komm (Mineralölsteuer); von der Groeben/Schwarze/Mederer, Art. 87 EG Rn. 7; Grabitz/Hilf/v. Wallenberg, Art. 87 EG Rn. 14.

594 Kommission, Entsch. v. 15.05.2002, K(2002) 1866, ABl. 2003 L 94/1 Rn. 267 – Förderung von Biokraftstoffen; Koenig/Sander, EuR 2000, 743, 747ff.

595 Kommission, Entsch. v. 21.01.1998, K(1998) 231, ABl. 1998 L 212/50, 53.

596 So Koenig/Sander, EuR 2000, 743, 749; von der Groeben/Schwarze/Mederer, Art. 87 Rn. 7.

setzt werden, um Verbraucherströme zugunsten eines Unternehmens zu beeinflussen.[597]

Nicht vom Begünstigungsbegriff umfasst sind allerdings bloß positive wirtschaftliche Reflexe, die durch die Zuwendung an den Beihilfenmittler verursacht werden. Die Abgrenzung ist im Einzelfall aufgrund von Wertungen zu treffen und mitunter sehr schwierig. So kam die Kommission zum Beispiel in ihrer Entscheidung *Thüringer Konsolidierungsprogramm* zu dem Ergebnis, dass die Sanierung eines Unternehmens durch staatliche Zuwendungen keine mittelbare Begünstigung zu Gunsten der Gläubiger des Unternehmens darstelle. Der Umstand allein, dass eine Stabilisierung eines Unternehmens in Schwierigkeiten für alle Gläubiger vorteilhaft ist, sei eine anerkannte Folge der den Unternehmen gewährten Beihilfe und stelle daher für sich genommen keine Beihilfe gegenüber den Gläubigern gemäß Art. 107 Abs. 1 AEUV dar.[598] Von einem Teil der Literatur wird in diesem Zusammenhang die These vertreten, der Fall sein anders zu bewerten, wenn der Staat die finanziellen Zuschüsse zur Sanierung des Unternehmens gerade leiste, um den Gläubigern zur Beitreibung ihrer Forderungen zu verhelfen. Dann bestehe kaum ein Unterschied zu einer staatlichen Schuldübernahme, die zweifellos eine Beihilfe darstelle.[599] Dagegen ist jedoch einzuwenden, dass der Begriff der Begünstigung im Sinne des Art. 107 Abs. 1 AEUV gerade objektiv, also nur nach seiner Wirkung auszulegen ist. Die Wirkung einer Sanierung eines Unternehmens unterscheidet sich aber von der Wirkung einer Schuldübernahme. Der Staat steht in ersterer Konstellation nicht für die Schulden des Unternehmens gegenüber einem bestimmten Gläubiger ein. Es stellt dem Unternehmen selbst Mittel zur Verfügung, die dieses nach seinen Entscheidungsmustern einsetzt. Ob diese Mittel zur Tilgung einer bestimmten Schuld benutzt werden, hängt demnach von der Entscheidung des zuständigen Organs oder des Insolvenzverwalters ab.

F. Beihilfenrechtliche Ausschreibungspflicht

I. Einführung

Dieser Abschnitt wird zunächst der Frage nachgehen, ob die Auftragsvergabe nach dem europäischen Vergaberegime geeignet ist, den Beihilfetatbestand zu

597 So auch Koenig/Sander, EuR 2000, 743, 749.

598 Kommission, Entsch. v. 27.11.2002, K(2002) 4357, ABl. 2004 L 61/1 Rn. 69 – Thüringer Konsolidierungsprogramm.

599 Koenig/Kühling/Ritter, EG-Beihilfenrecht, Rn. 70 Fn. 14.

neutralisieren, in einem zweiten Schritt untersuchen, ob es eine beihilfenrechtliche Ausschreibungspflicht gibt und in einem dritten Schritt schließlich danach fragen, ob eine beihilfenrechtliche Ausschreibungspflicht auch zur Anwendung der vergaberechtlichen Rechtsschutzvorschriften führen würde und welche Konsequenzen das hätte.

Teilweise wird die Vergabe von Begünstigungen im offenen Wettbewerb als wichtigstes Instrument zur Neutralisierung des Beihilfenrechts angesehen. Nach *Bultman* neutralisiert die Vergabe von staatlichen Mitteln im Wettbewerb nur in zwei Fallgruppen das Beihilfenrecht, nämlich bei der Veräußerung staatlichen Eigentums an Private und beim Gütererwerb von Privaten.[600] Im ersten Fall könne der Beihilfentatbestand – unabhängig von einer Ausschreibungspflicht im Vergaberecht – nur durch eine Ausschreibung ausgeschlossen werden. Andernfalls sei nicht sichergestellt, dass die öffentliche Hand den bestmöglichen Preis erhalten habe (Private Investor Test). Darüber hinaus ließe sich eine Behauptung der Verwaltung, sie habe das beste Angebot realisiert, kaum nachprüfen.[601] Auch beim Gütererwerb von Privaten diene die Vergabe von staatlichen Mitteln im fairen Wettbewerb als Beleg für marktgemäßes Handeln. Insofern sorge grundsätzlich bereits das Vergaberecht für ein beihilfenkonformes Handeln öffentlicher Stellen. Lediglich sofern die Auftragsvergabe nicht im offenen Wettbewerb erfolge oder wenn überhaupt keine Ausschreibungspflicht bestehe, werde die beihilfenrechtliche Wirkung der Ausschreibung relevant.[602]

Bultman lehnt es dabei ab, von einer beihilfenrechtlichen Ausschreibungspflicht zu sprechen. Dass die Ausschreibung den Beihilfentatbestand ausschließe, führe nicht zu einer solchen Pflicht.[603]

1. Lösung über die Figur des Anscheinsbeweises

Lipka nimmt bei fehlender Durchführung eines Vergabeverfahrens eine Beihilfenvermutung an.[604] Er leitet sie daraus her, dass die de-facto-Vergabe eines öffentlichen Auftrags die Gefahr einer Überkompensation ganz erheblich steigere.[605] Die Überkompensation wird als typischer Geschehensablauf einer Vergabe ohne Ausschreibung gesehen und daran die Folge des Anscheinsbeweises geknüpft. Die Folge der Anwendung dieser Beweisregel aus dem deutschen Prozessrecht wäre, dass der Kommission eine Beweiserleichterung zugute kommt,

---

600 Bultmann, Beihilfenrecht und Vergaberecht, S. 31ff.

601 Bultmann, Beihilfenrecht und Vergaberecht, S. 31f.; Berger, ZfBR 2002, 134, 137f.

602 Bultmann, Beihilfenrecht und Vergaberecht, 2004, S. 32.

603 Bultmann, Beihilfenrecht und Vergaberecht, 2004, S. 32.

604 Lipka, Beihilfenrechtliche Anforderungen an Vergabeverfahren, S. 131.

605 Lipka, Beihilfenrechtliche Anforderungen an Vergabeverfahren, S. 129.

die aber von dem betroffenen Mitgliedstaat entkräftet werden kann, indem Tatsachen behauptet und bewiesen werden, aus denen sich die ernsthafte Möglichkeit eines abweichenden (atypischen) Kausalverlaufs ergibt.[606] Problematisch ist aber, ob das europäische Verfahrensrecht, dass größtenteils dem französischen Prozessrecht nachgebildet ist, überhaupt einen Anscheinsbeweis kennt. Das von *Lipka* angeführte EuGH-Urteil[607] äußert sich zu dieser Frage gar nicht. Zwar führt der EuGH hierin aus, die Klägerin habe bestimmte statistische Daten vorgelegt, um zu beweisen, dass sie den aus dem Verlust der abgeschafften Erstattungen entstandenen Nachteil nicht auf ihre Verkaufspreise abgewälzt habe. Da die beklagten Organe keinen Gesichtspunkt vorgetragen hätten, der diese Zahlen und die von der Klägerin daraus gezogenen Schlussfolgerungen in Frage stellen könnte, könne ihr Einwand nicht berücksichtigt werden.[608] Damit ist aber weder etwas über die Beweislastverteilung noch über die Anerkennung eines Anscheinsbeweises gesagt.

Auch dem Urteil *Gröditzer Stadtwerke*[609] lassen sich nicht die dogmatischen Ansätze für einen Anscheinsbeweis entnehmen. Hierin geht es vielmehr zunächst nur um den Umfang der Begründungspflicht der Kommission im Rahmen einer Beihilfenentscheidung.[610] Der EuGH führte hierzu aus, dass sich in bestimmten Fällen bereits aus den Umständen, unter denen die Beihilfe gewährt worden ist, ergeben kann, dass sie den Handel zwischen Mitgliedstaaten beeinträchtigt und den Wettbewerb verfälscht oder zu verfälschen droht; jedoch hat die Kommission diese Umstände in der Begründung ihrer Entscheidung zumindest anzugeben[611]. Darüber hinaus befasst sich das Urteil mit der Beweislast für einen Spillover-Effekt (Gefahr der Zweckentfremdung) bzw. dessen Nichtvorliegen.[612] Dabei handelte es sich aber nur um eine Voraussetzung für die Anwendbarkeit der Beihilfevorschriften. Es sollte nicht die Frage beantwortet werden, ob ein Vorteil vorliegt. Hierfür sah der EuGH es als ausreichend an, dass die Kommission dargelegt hatte, dass die Gefahr einer solchen Zweckentfrem-

606 Vgl. nur Musielak/Foerste, ZPO, § 286 Rn. 23.

607 EuGH, Urt. v. 18.05.1983, Rs. C-256/81, Slg. 1983, 1707 - Pauls Agriculture.

608 EuGH, Urt. v. 18.05.1983, Rs. C-256/81, Slg. 1983, 1707, Rn. 10 - Pauls Agriculture.

609 EuGH, Urt. v. 28.01.2003, Rs. C-334/99, Slg. 2003, I-1139 - Gröditzer Stahlwerke.

610 EuGH, Urt. v. 28.01.2003, Rs. C-334/99, Slg. 2003, I-1139, Rn. 59f. - Gröditzer Stahlwerke.

611 Vgl. hierzu auch EuGH, Urt. v. 13.03.1985, Rs. 296/82 u. 318/82, Slg. 1985, S. 809 Rn. 24 - Niederlande und Leeuwarder Papierwarenfabriek/Kommission; Urt. v. 24.10.1996, verb. Rs. C-329/93, C-62/95 und C-63/95, Slg. 1996, S. I-5151 Rn. 51f. – Deutschland u. a./Kommission.

612 EuGH, Urt. v. 28.01.2003, Rs. C-334/99, Slg. 2003, I-1139, Rn. 86 - Gröditzer Stahlwerke.

dung wegen fehlender buchhalterischer Trennung der Stahlindustrie von den anderen Unternehmensteilen bestehe. Hierbei wurde also in der Tat durch den Vortrag bestimmter Tatsachen (keine buchhalterische Trennung) auf das Vorliegen einer Anwendungsvoraussetzung (Gefahr der Zweckentfremdung) geschlossen.

Die Vergabe von gemeinwirtschaftlichen Leistungen wird oft als Sonderfall der Ausschreibung von öffentlichen Aufträgen dargestellt, ebenso wie im Beihilfenrecht. Das Typische für diese Arten von Verträgen ist, dass der Auftraggeber dem Auftragnehmer bestimmte Auflagen macht, die kostensteigernd sind. Dadurch wird die Übernahme des Auftrags nur dann wirtschaftlich profitabel, wenn der öffentliche Auftraggeber eine Ausgleichszahlung leistet, die diese erhöhten Kosten deckt. Bei staatlichen Zuwendungen außerhalb synallagmatischer Austauschverträge entfällt die Begünstigung nicht allein, weil die Zuwendung nach einem Teilnahmewettbewerb gewährt wurde. Die Förderung eines Forschungsprojekts fällt grundsätzlich auch dann unter den Beihilfenbegriff, wenn aus einer Reihe von Forschungsprojekten nur „das Beste“ ausgewählt wird. Außerhalb vertraglicher Beziehungen sind auch staatliche Ausgleichszahlungen für gemeinnützige Belastungen, etwa Sozialversicherungsbeiträge, oder für den Erhalt oder die Schaffung von Arbeitsplätzen, grundsätzlich Beihilfen. Es handelt sich eben nicht um eine marktmäßige Gegenleistung. Allerdings kann der Umstand, dass die Zuwendung dem Ausgleich für kostenverursachende gemeinnützige Leistungen dient, Auswirkungen auf die Gefahr der Wettbewerbsverfälschung haben.[613] Diese Voraussetzung für das Vorliegen einer AEUV-rechtswidrigen Beihilfe verlangt nämlich eine gewisse Spürbarkeit der (zu befürchtenden) Wettbewerbsbeeinträchtigung. An dieser fehlt es jedoch, wenn die staatlichen Zahlungen die Kosten, die durch die gemeinnützige Tätigkeit entstehen, nicht übersteigen („marktmäßige Staatshilfen“). Zu berücksichtigen ist hierbei allerdings, ob die Zahlungen tatsächlich nur Nachteile ausgleichen, oder ob das begünstigte Unternehmen durch die Zahlungen zusätzlich seine Marktposition verbessern kann.[614] Nach den Altmark-Trans-Kriterien muss die Höhe der Ausgleichszahlungen angemessen sein. Ob das der Fall ist, kann wiederum nur durch eine Ausschreibung oder ein objektives Gutachten festgestellt werden.[615]

Aus der Kommissionspraxis und der europäischen Rechtsprechung lassen sich keine Hinweise für die Vermutung einer Beihilfe bei fehlendem Vergabeverfahren entnehmen.[616]

---

613 Bultmann, Beihilfenrecht und Vergaberecht, S. 33.

614 Bultmann, Beihilfenrecht und Vergaberecht, S. 37.

615 Bultmann, Beihilfenrecht und Vergaberecht, S. 38.

616 So auch EuG, Urt. v. 16.09.2004, Rs. T-274/01 Rn. 45 – Valmont Nederland BV/Komm. (in dem Urteil setzt sich das EuG ausführlich mit dem Marktpreis auseinander, ohne auf eine fehlende Ausschreibung einzugehen).

Auch *Zeiss* nimmt an, dass ein Verstoß gegen das Vergaberecht (konkret: das Bestbieterprinzip) einen Beihilfenverdacht indiziere.[617] Er führt aus, dass die verschiedenen Methoden zum Nachweis eines kongruenten Leistungs-/Gegenleistungsverhältnisses zwar voll austauschbare Methoden seien, jedoch nicht in gleicher Weise Rechtssicherheit herbeiführen könnten. Insbesondere die Kommission und der EuGH würden nicht alle Methoden gleich anerkennen.[618] Er will für die Auswahl der passenden mitgliedstaatlichen Preisermittlungsregelung nach den Vergabeobjekten und dem Störungsgrad des relevanten Marktes unterscheiden.[619]

Nach seiner Ansicht ist der Entscheidungspraxis der Kommission zu entnehmen, dass nur die Durchführung eines bedingungsfreien und nichtdiskriminierenden Bietverfahrens die Gefahr der Manipulation und der Gewährung einer Überkompensation ausschließe.[620] Auch der EuGH bevorzuge das Ausschreibungsverfahren als Methode der Äquivalenzermittlung. Dieses übernehme die Rolle eines eines formalisierten Verfahrens zur Durchführung des Private Investor Tests.[621] Die vom Rechtsanwender gewünschte Sicherheit folge dabei gerade aus der Beachtung der Formvorschriften des Ausschreibungsverfahrens.[622] Im Umkehrschluss unterliege die Annahme des Angebots eines Bieters, der nicht das wirtschaftlich günstigste Angebot abgegeben habe, dem Verdacht, eine unzulässige Beihilfe darzustellen.[623] Dem ist – jedenfalls nach dem Altmark-Trans-Urteil – nicht zuzustimmen. Hierin hat der EuGH ausdrücklich auch andere Möglichkeiten zum Nachweis einer Kompensation, die die notwendigen Ausgaben nicht übersteigt, anerkannt.[624] Darüber hinaus kann aber auch die Durchführung eines Vergabeverfahrens den Beihilfentatbestand nicht zwingend neutralisieren, wie sogleich zu zeigen ist. Das Urteil, dass *Zeiss* zur Belegung seiner These in erster Linie heranzieht, betraf die Veräußerung (zuvor staatlicher) britischer Bergbaugesellschaften, die mit einer Vergabe knapper Ressourcen, nämlich der Zuteilung von Förderrechten) verbunden war. Hieraus

---

617 Zeiss, EWS 2003, 114, 116.

618 Zeiss, EWS 2003, 114, 117.

619 Zeiss, EWS 2003, 114, 120.

620 Zeiss, EWS 2003, 114, 118 unter Hinweis auf KOM, Entsch. v. 22.4.1999 – Beihilfe NN 70/98 – Kinderkanal/Phoenix; KOM Daseinsvorsorgemitteilung, Rn. 17ff.

621 Zeiss, EWS 2003, 114, 118 unter Hinweis auf EuGH, Urt. v. 20.9.2001, Rs. C-390/98, Rn. 77f. – H.J. Banks & Co Ltd./The Coal Authority; EuG, Urt. v. 28.1.1999, Rs. T-14/96, Slg. 1999, S. II-139, Rn. 80ff. – BAI/Kommission; KOM, Entsch. v. 8.9.1999, KOM 2000/513/EG, Rn. 62 – Stardust Marine.

622 Zeiss, EWS 2003, 114, 118.

623 Zeiss, EWS 2003, 114, 118.

624 Vgl. hierzu Hauptteil B. III. 3. e).

können keine allgemeinen Regeln für die Neutralisierung des Beihilfentatbestandes hergeleitet werden. Die Kommission hat sogar ausdrücklich anerkannt, dass die Mitgliedstaaten beihilfenrechtlich nicht verpflichtet seien, ein Vergabeverfahren durchzuführen.[625]

2. Unterscheidung zwischen Austauschgeschäften und Beauftragung mit gemeinwirtschaftlichen Pflichten

Koenig/Kühling[626] wollen für die neutralisierende Wirkung eines qualifizierten Ausschreibungsverfahrens[627] zwischen marktüblichen Austauschgeschäften und der Beauftragung mit gemeinwirtschaftlichen Pflichten unterscheiden.[628] Für Austauschgeschäfte mit marktüblichen Leistungen soll das Ausschreibungsverfahren den Beihilfentatbestand ausschließen, da es durch die Schaffung eines Wettbewerbs um das angebotene Produkt die Angemessenheit des Verhältnisses zwischen Leistung und Gegenleistung sicherstelle und dadurch eine Begünstigung des Unternehmens ausschließe.[629] Ob dem gefolgt werden kann, ist fraglich. Denn durch die Ausschreibung entsteht ein eigener Nachfragemarkt. Dieser kann nicht mit dem allgemeinen Nachfragemarkt verglichen werden. Jedenfalls muss der günstigste Preis auf dem durch die Ausschreibung begründeten Beschaffungsmarkt nicht mit dem auf dem allgemeinen Beschaffungsmarkt übereinstimmen. Für Austauschgeschäfte über marktübliche Leistungen gibt es allerdings schon einen Vergleichswert, der die Angemessenheit des Leistungs-Gegenleistungs-Verhältnisses vorgibt, nämlich der Preis auf dem allgemeinen Beschaffungsmarkt. Für den Fall des Austauschgeschäfts über marktübliche Leistungen ist also ein Ausschreibungsverfahren nicht nur entbehrlich, da der marktübliche Preis auch so ermittelt werden kann, sondern es kann sogar ein verfälschtes Bild liefern.[630]

Für den Bereich der Gewährung einer Kompensation für die Erfüllung von gemeinwirtschaftlichen Pflichten sehen *Koenig/Kühling* das anders. Hier gebe es keine privaten Vergleichsmärkte auf der Nachfrageseite. Die Autoren halten die Frage der Neutralisierungswirkung für verknüpft mit der dogmatischen Einord-

---

625 Kommission, XXX. Wettbewerbsbericht (2000) Tz. 318.

626 Koenig/Kühling, DVBl. 2003, 289.

627 Hierunter verstehen die Autoren nicht eine Ausschreibung nach Vergabevorschriften (S. 292), dazu später mehr, vorerst kommt es auf die Unterscheidung nicht an.

628 Koenig/Kühling, DVBl. 2003, 289, 292.

629 Koenig/Kühling, DVBl. 2003, 289, 292.

630 Gegen die Annahme eines eigenen temporären Marktes durch Ausschreibung auch Opitz, WuW 2003, 37, 45; Dittmer, Öffentliche Unternehmen und der Begriff des öffentlichen Auftraggebers, S. 45.

nung der Kompensationszahlungen für Gemeinwohldienste. Wie oben dargestellt lassen sich dabei zwei Ansichten unterscheiden. *Koenig/Kühling* plädieren für den vermittelnden Ansatz von Generalanwalt Jacobs im Fall GEMO und betonen, dass die Erfüllung des Beihilfentatbestands, insbesondere des Merkmals der Begünstigung, jedenfalls durch teleologische Auslegung unter Berücksichtigung des Zwecks des europäischen Beihilfenrechts, nämlich Wettbewerbsverzerrungen umfassend zu unterbinden, geprüft werden müsse.[631]

Cremer führt aus, dass die Anwendung des Private Investor Tests dort keine Schwierigkeiten bereite, wo ein allgemeiner oder anerkannter Börsen- oder Marktwert existiere. Hier müsse also kein Ausschreibungsverfahren durchgeführt werden. Anders sei dies in Bereichen, in denen ein solcher Marktpreis nicht existiere. Dort bleibe nur die Durchführung eines Biet- oder Vergabeverfahrens oder die Einholung eines unabhängigen Sachverständigengutachtens. Dabei stelle das Bietverfahren, das für die im Gegenseitigkeitsverhältnis stehenden Leistungen künstlich einen Markt zur Bestimmung eines Marktwertes eröffne, nach Auffassung der Kommission die „beste Möglichkeit" dar, die Marktgerechtigkeit zu ermitteln.[632] Dieser Annahme liegt aber ein logischer Fehler zu Grunde. Dort, wo es bereits einen Marktwert gibt, braucht der Private Investor Test gar nicht angewendet zu werden. Denn dann steht die Marktüblichkeit oder -unüblichkeit ja bereits fest. Der Private Investor Test selbst ist schon der Schritt zur Ermittlung der Marktüblichkeit, wenn diese nicht anhand eines bereits existierenden Marktpreises ermittelt werden kann.[633]

II. Die Pflicht zur Erteilung des Auftrags an das wirtschaftlichste Angebot im Vergaberecht

Das europäische Vergaberecht schreibt dem Auftraggeber vor, dem wirtschaftlich günstigsten Angebot den Zuschlag zu erteilen. Um herauszufinden, ob sich dieses Kriterium mit dem des „einseitigen Vorteils" deckt, stellt sich daher die Frage, ob auch hierbei darauf abzustellen ist, dass der geforderte Preis für die angebotene Leistung den normalen Marktbedingungen entspricht. Dies wäre jedenfalls dann der Fall, wenn der Begriff „wirtschaftlich günstigstes Angebot" impliziert, dass jedes einzelne Zuschlagskriterium mit einem wirtschaftlichen Vorteil für den Auftraggeber verbunden sein muss. Dann würde die Vergütung für den Auftragnehmer keinen über die marktübliche Gegenleistung hinausge-

631 Koenig/Kühling, DVBl. 2003, 289, 292.

632 Calliess/Ruffert/Cremer, EGV Art. 87 Rn. 11.

633 So wohl auch Heidenhain/Heidenhain, § 4 Rn. 9.

henden Vorteil bringen. Für die Erfüllung des Kriteriums „wirtschaftlichstes Angebot" könnte jedoch auch genügen, dass jedes einzelne Zuschlagskriterium in wirtschaftlichen Größen messbar ist, jedoch keinen unmittelbaren wirtschaftlichen Vorteil für den Auftraggeber mit sich bringt.

Kriterien, die der öffentliche Auftraggeber zur Ermittlung des wirtschaftlichsten Angebots heranziehen darf, sind zunächst in Art. 53 Abs. 1 lit. a) Rl 2004/18/EG aufgeführt. Allerdings findet sich dort nach dem Wortlaut der Vorschrift nur eine beispielhafte Aufzählung. Der Gerichtshof der Europäischen Gemeinschaften musste sich in der Sache Concordia Bus Finland[634] damit beschäftigen, welche Kriterien der öffentliche Auftraggeber zur Bestimmung des wirtschaftlichsten Angebotes heranziehen darf.

Hierbei hatte der EuGH in einem Vorabentscheidungsverfahren über die Vereinbarkeit einer Auftragsvergabe der Stadt Helsinki betreffend den Betrieb des innerstädtischen Busverkehrs in der Stadt Helsinki mit den Vorgaben der Vergaberichtlinien zu entscheiden. Die Stadt Helsinki hatte den Auftrag im Amtsblatt ausgeschrieben. Aus der Ausschreibung ging hervor, dass das Unternehmen den Zuschlag erhalten sollte, das das für die Stadt gesamtwirtschaftlich günstigste Angebot machen würde. Bei dieser Beurteilung sollten drei Gruppen von Kriterien berücksichtigt werden, nämlich der für den Betrieb geforderte Gesamtpreis, die Qualität des Fuhrparks (Busse) und das Qualitäts- und Umweltkonzept des Verkehrsunternehmers.[635] Das gesamtwirtschaftlichste Angebot wurde dabei nach einem Punktesystem ermittelt, bei dem unter anderem Punkte für das Unterschreiten einer bestimmten Stickoxidemission und eines bestimmten Lärmpegels verteilt wurden.[636] Den Zuschlag erhielt ein Unternehmen (HKL), dass nur wegen der für das Unterschreiten der beiden Grenzwerte erhaltenen Punkte am Ende mehr Punkte hatte als ein konkurrierender Bieter (Concordia). Hiergegen wandte sich der Konkurrent vor dem nationalen Gericht mit der Begründung, es hätten für besonders geringe Stickoxidemissionen und Lärmpegel keine Punkte verteilt werden dürfen, da kein Zusammenhang mit dem Auftragsgegenstand bestünde und zudem eine Diskriminierung vorliege, weil nur HKL so stickoxidarme Busse habe.[637] Es stellte sich hier also die Frage, ob die Berücksichtigung von Umweltaspekten als Kriterium zur Bestimmung des wirtschaftlichsten Angebots herangezogen werden dürfen. In der damaligen

634 EuGH, Urt. v. 17.09.2002, Rs. C-513/99, Slg. 2002, S. I-7213 – Concordia Bus Finland.

635 EuGH, Urt. v. 17.09.2002, Rs. C-513/99, Slg. 2002, S. I-7213 Rn. 21 – Concordia Bus Finland.

636 EuGH, Urt. v. 17.09.2002, Rs. C-513/99, Slg. 2002, S. I-7213 Rn. 22ff. – Concordia Bus Finland.

637 EuGH, Urt. v. 17.09.2002, Rs. C-513/99, Slg. 2002, S. I-7213 Rn. 30 – Concordia Bus Finland.

RL 92/50/EWG waren Umwelteigenschaften noch nicht beispielhaft als Zuschlagskriterium aufgeführt. Der EuGH bejahte die Europarechtskonformität, da der öffentliche Auftraggeber, wenn er beschließe, einen Auftrag an den Bieter zu vergeben, der das wirtschaftlich günstigste Angebot gemäß Art. 53 Abs. 1 lit. a) RL 2004/18/EG abgegeben hat, Umweltschutzkriterien berücksichtigen dürfe, sofern diese Kriterien (1) mit dem Gegenstand des Auftrags zusammenhingen, (2) dem Auftraggeber keine uneingeschränkte Entscheidungsfreiheit einräumten, (3) im Leistungsverzeichnis oder in der Bekanntmachung des Auftrags ausdrücklich genannt seien und (4) bei ihnen alle wesentlichen Grundsätze des Gemeinschaftsrechts, vor allem das Diskriminierungsverbot, beachtet würden.[638] Hieraus lassen sich jedoch nicht vier Kriterien zur näheren Bestimmung der im Rahmen der Auswahl des wirtschaftlichsten Angebots zulässigen Erwägungen abstrahieren. Denn dass Umweltaskpekte überhaupt als zulässige Zuschlagskriterien in Betracht kommen, leitet der EuGH aus einer systematischen Zusammenschau der einschlägigen gemeinschaftsrechtlichen Vorschriften her. Zunächst geht er von Sinn und Zweck der Vergaberichtlinien aus, nämlich durch die Koordinierung der Verfahren zur Vergabe öffentlicher Aufträge auf Gemeinschaftsebene die Hemmnisse für den freien Dienstleistungs- und Warenverkehr zu beseitigen.[639] Nur weil Art. 11 AEUV die Berücksichtigung der Erfordnernisse des Umweltschutzes bei der Herbeiführung der Ziele des Art. 3 AEUV (also auch der gemeinsame Markt) vorschreibt, zieht der EuGH die Umweltaspekte überhaupt als zulässige Kriterien in Erwägung.[640] Verallgemeinerbar ist aber die Auslegung des Art. 53 Abs. 1 lit. a) RL 2004/18/EG durch den EuGH dahingehend, dass nicht jedes Vergabekriterium, das der Auftraggeber festgelegt habe, um das wirtschaftlich günstigste Angebot zu ermitteln, notwendigerweise rein wirtschaftlicher Art sein müsse. Es könne nämlich nicht ausgeschlossen werden, dass Faktoren, die nicht rein wirtschaftlich seien, sich auf den Wert eines Angebots für diesen Auftraggeber auswirken können.[641]

Unter Berücksichtigung der eben herausgearbeiteten Konkretisierung der Anforderungen an die Auswahl des wirtschaftlichsten Angebots im Sinnde des. Art. 53 Abs. 1 lit. a) RL 2004/18/EG erstaunt ein Urteil des EuGH, indem es

---

638 EuGH, Urt. v. 17.09.2002, Rs. C-513/99, Slg. 2002, S. I-7213 Rn. 64 – Concordia Bus Finland.

639 EuGH, Urt. v. 17.09.2002, Rs. C-513/99, Slg. 2002, S. I-7213 Rn. 56 – Concordia Bus Finland; vgl. hierzu auch EuGH, Urt. v. 18.10.2001, Rs. C-19/00, Slg. 2001, S. I-7725 Rn. 32 – SIAC Construction.

640 EuGH, Urt. v. 17.09.2002, Rs. C-513/99, Slg. 2002, S. I-7213 Rn. 57 – Concordia Bus Finland.

641 EuGH, Urt. v. 17.09.2002, Rs. C-513/99, Slg. 2002, S. I-7213 Rn. 57 – Concordia Bus Finland.

wiederum in einem Vorabentscheidungsverfahren um sehr ähnliche Probleme geht, die vom EuGH aber völlig anders gelöst wurden. In der Rechtssache Rüffert[642] musste der EuGH sich nämlich mit der Frage auseinandersetzen, ob ein nach Durchführung eines Vergabeverfahrens geschlossener Vertrag über Bauleistungen nichtig ist, weil das zugrundeliegende nationale Vergabegesetz vorschreibt, dass Aufträge für Bauleistungen nur an solche Unternehmen zu vergeben sind, die sich bei der Angebotsabgabe schriftlich verpflichten, ihren Arbeitnehmern bei der Ausführung dieser Leistungen mindestens das am Ort ihrer Ausführung tarifvertraglich vorgesehene Entgelt zu zahlen, ohne dass der betreffende Tarifvertrag als allgemein verbindlich eingestuft werden kann. Der EuGH prüft hier nur die Frage der europarechtskonformität eines solchen Gesetzes anhand der Richtlinie 96/71/EG (Arbeitnehmerentsenderichtlinie) und der Dienssleistungfreiheit im Sinne des. Art. 56 AEUV.[643] Hier wäre eine Prüfung der Übereinstimmung der Auftragsvergabe mit den Vergaberichtlinien näher liegend gewesen. Nach dem in dem Urteil Concordia Bus Finland entwickelten Muster des EuGH hätte danach gefragt werden müssen, ob die Einhaltung der Tariftreue ein zulässiges Zuschlagskriterium ist. Dafür hätte zunächst danach differenziert werden müssen, ob der Auftrag nach dem Kriterium des wirtschaftlichsten Angebots oder ausschließlich nach dem Kriterium des niedrigsten Preises vergeben werden sollte (hier besteht gemäß Art. 53 Abs. 1 RL 2004/18/EG ein Wahlrecht des öffentlichen Auftraggebers). Um die Parallelität zum Concordia Bus-Finland-Urteil zu erhalten, soll hier davon ausgegangen werden, der Auftrag wurde nach dem wirtschaftlichsten Angebot vergeben. Dann wäre danach zu fragen, ob die Einhaltung der Tariftreue ein hierbei zulässiges Kriterium ist. Die Tariftreue, oder allgemeiner die Einhaltung bestimmter arbeitsrechtlicher Vorschriften, ist nicht in Art. 53 Abs. 1 lit. a) RL 2004/18/EG aufgeführt. Wie der EuGH im Urteil Concordia Bus Finland ausgeführt hat, muss dies aber nicht automatisch zur Unzulässigkeit des Kriteriums führen. Vielmehr kann es andere Kriterien geben, die bei dem Streben nach dem Ziel des gemeinsamen Binnenmarktes auch berücksichtigt werden müssen. Seit dem Inkrafttreten des Vertrages von Lissabon werden soziale und beschäftigungspolitische Interessen gemeinsam mit dem Schutz der Umwelt als Ziele der Europäischen Union in Art. 3 Abs. 3 EUV genannt. Somit müsste die Frage der Tariftreue wohl ein grundsätzlich mögliches Kriterium zur Auswahl des wirtschaftslichsten Angebots sein, das an den weiteren vom EuGH auggestellten Kriterien gemessen werden kann. Es wäre nunmehr nach den oben dargestellten Kriterien zu prüfen, ob das Erfordernis der Tariftreue (1) mit dem Gegenstand des Auftrags zusammenhängt, (2)

642 EuGH, Urt. v. 03.04.2008, Rs. C-346/06. Slg. 2008, S. I-1989 – Rüffert.

643 EuGH, Urt. v. 03.04.2008, Rs. C-346/06. Slg. 2008, S. I-1989 Rn. 17ff. – Rüffert.

dem Auftraggeber keine uneingeschränkte Entscheidungsfreiheit eingeräumt wird, (3) es im Leistungsverzeichnis oder in der Bekanntmachung des Auftrags ausdrücklich genannt war und (4) alle wesentlichen Grundsätze des Gemeinschaftsrechts, vor allem das Diskriminierungsverbot, beachtet wurden. Spätestens bei der Prüfung der 4. Voraussetzung wäre dann wohl auf eine eventuelle positive Aussage über die Zulässigkeit der Tariftreue nach der Arbeitnehmerentsenderichtlinie einzugehen, die der EuGH bei der Prüfung eines Verstoßes gegen die Dienstleistungsfreiheit ebenfalls berücksichtigt hat. In der Dogmatik der Grundfreiheiten sind diese nämlich nicht mehr unmittelbar anwendbar, wenn ein Sekundärrechtsakt den Sachverhalt regelt und eine bestimmte nationale Maßnahme ausdrücklich erlaubt. Ob die Anwendbarkeit der Richtlinie auch in dem vergaberechtlichen Prüfungsablauf eine solch eindeutige Rolle und Auswirkung hat, ist fraglich, kann aber für die Fortführung des Beispiels dahingestellt bleiben. Denn die Arbeitnehmerentsenderichtlinie ist hier nicht anwendbar, da der Tarifvertrag, der eingehalten werden sollte, keine für allgemeinverbindlich erklärte Lohnvorschrift ist.[644]

Der EuGH hat das deutsche Gesetz, das eine Auftragsvergabe nur an solche Bieter vorschreibt, die den Tarifvertrag einhalten, als eine Beschränkung der Dienstleistungsfreiheit eingestuft, da die Verpflichtung, das Tarifvertrags-Mindestentgelt zu zahlen, den Leistungserbringern, die in einem anderen Mitgliedstaat mit niedrigeren Mindestlohnsätzen niedergelassen sind, eine zusätzliche wirtschaftliche Belastung auferlege, die geeignet sei, die Erbringung ihrer Dienstleistungen im Aufnahmemitgliedstaat zu unterbinden, zu behindern oder weniger attraktiv zu machen.[645] Hier kommt es nun wirklich zu einem Unterschied gegenüber der Prüfung anhand der europarechtlichen Vergabevorschriften. Nach den Ausführungen des EuGH im Urteil Concordia Bus Finland ist ein Zuschlagskriterium nämlich schon dann zulässig (vorausgesetzt, es erfüllt die Bedingungen (1)-(3)), wenn es nicht gegen wesentliche Grundsätze des Gemeinschaftsrechts, vor allem das Diskriminierungsverbot verstößt. Hierfür ist aber eine tatsächliche Diskriminierung aufgrund der Staatsangehörigkeit notwendig, eine bloße Beschränkung genügt nicht. Demnach würde die bloße Beschränkung der Dienstleistungsfreiheit nicht zur Unzulässigkeit eines Kriteriums im Rahmen der Auswahl des wirtschaftlichsten Angebotes führen. Ebenso hätte der Rüffert-Fall auch anhand des Beihilfenrechts geprüft werden können. Es hat wohl ausschließlich verfahrensrechtliche Gründe, dass sich die Konkurrenten im nationalen Rechtsstreit ausschließlich auf die Grundfreiheiten berufen haben. Obwohl wie oben dargestellt auch das Durchführungsverbot des Art. 108 Abs. 3 AEUV

644 EuGH, Urt. v. 03.04.2008, Rs. C-346/06. Slg. 2008, S. I-1989 Rn. 26. – Rüffert.
645 EuGH, Urt. v. 03.04.2008, Rs. C-346/06. Slg. 2008, S. I-1989 Rn. 37. – Rüffert.

unmittelbar anwendbar ist und daher auch von den nationalen Gerichten geprüft werden muss.

Das Erfordernis der Auswahl des wirtschaftlichsten Angebots nach dem sogenannten Bestbieterprinzip gilt nach der Rechtsprechung des EuGH jedenfalls für solche Vergaben, die unter die Vergaberichtlinien fallen.[646] Es kann jedoch auch auch auf diejenigen Vergaben übertragen werden, die nicht unter die Richtlinien fallen.[647] Denn nur so kann der Grundsatz der Wettbewerbsoffenheit erfüllt und ein Verstoß gegen die Grundfreiheiten vermieden werden.

III. Analyse der Kommissionpraxis zu den Anforderungen an das beihilfenausschließende Ausschreibungsverfahren

Die Kommission und auch die europäischen Gerichte haben mehrfach ausgeführt, dass die Durchführung eines diskriminierungsfreien, transparenten und wettbewerbsoffenen Bietverfahrens eine Begünstigung im Sinne des Beihilfenrechts ausschließen kann, da es den marktgerechten Preis ermittelt.[648] Für die Kommission scheint die Durchführung eines transparenten, wettbewerbsoffenen und nichtdiskriminierenden Ausschreibungsverfahrens allerdings nicht immer zu genügen, um die Beihilfeneigenschaft einer Auftragsvergabe auszuschließen. Sie prüfte in einigen Fällen trotzdem den Sachverhalt auf Verstöße gegen das gemeinschaftsrechtliche Beihilfenrecht.[649]

Entgegen einiger Interpretationen in der Literatur[650] verlangt die Kommission aber kein Vergabeverfahren. Ohne ein solches entstehen nur Beweisprobleme rund um das Tatbestandsmerkmal der Begünstigung.

---

646 EuGH, Urt. v. 27.10.2005, Rs. C-234/03, Slg. 2005, S. I-9315 Rn. 47ff. – Contse; Zirbes, VergabeR 2006, 71, 72.

647 So auch Egger, Europäisches Vergaberecht, Rn. 273.

648 EuGH, Urt. v. 20.09.2001, Rs. C-390/98, Slg. 2001, S. I-6117 Rn. 48 – H.J.Banks & Co; Kommission, XXIII. Bericht über die Wettbewerbspolitik 1993, Tz. 403; Mitteilung betreffend Elemente staatlicher Beihilfen bei Verkäufen von Bauten oder Grundstücken durch die öffentliche Hand vom 10.07.1997 (Grundstücksmitteilung), ABl. 1997 C 209/3, II.1.; Gemeinschaftsrahmen für Forschungs- und Entwicklungsbeihilfen, ABl. 1996 C 45/5, Tz. 2.5; Leitlinien für staatlichen Beihilfen im Seeverkehr, ABl. 1997 C 205/5, 13; vgl. auch Calliess/Ruffert/Cremer, EGV Art. 87 RdNr. 11; Immenga/Mestmäcker/Ehricke, Art. 87 Abs. 1 EG Rn. 47; Koenig/Kühling NVwZ 2003, 779, 780.

649 Vgl. Komm., Entsch. v. 16.11.2004, N 307/2004, ABl. 2005 C 126/16 Rn. 23ff. – United Kingdom Broadband in Scotland remote and rural areas.

650 MünchKommWEttbR Band III/Ehricke, Einl. Rn. 6 (im Erscheinen).

Die Kommission stellt im Beihilfenrecht regelmäßig auf das Kriterium der „Bedingungsfreiheit“ ab. Konkretere Hinweise für die inhaltliche Ausgestaltung eines weiter gefassten Gebots der Diskriminierungsfreiheit sind in der beihilfenrechtlichen Kommissionspraxis bislang nicht ersichtlich. Nach Nr. II 1 lit. b S. 1 der Grundstücksmitteilung ist ein Bietverfahren dann *bedingungsfrei*, wenn für alle Branchen gleichermaßen eine Nutzung des Verkaufsobjekts möglich ist. Nr. II 1 lit. b S. 2 der Grundstücksmitteilung gesteht allerdings zu, dass „Einschränkungen aus Gründen des Nachbar- oder Umweltschutzes oder zur Vermeidung rein spekulativer Gebote sowie raumordnungsrechtliche Einschränkungen für den Eigentümer eines Grundstücks nach nationalem Recht [...] nicht die Bedingungsfreiheit eines Angebots“ beeinträchtigen. Die Bedingungsfreiheit entfällt nach Nr. II 1 lit. c der Grundstücksmitteilung jedoch, wenn Verkaufsbedingungen außerhalb des allgemeinen nationalen Rechts, der planerischen Vorgaben oder Umwelt- und Gesundheitsschutzverpflichtungen, nicht branchenübergreifend von jedem potenziellen Erwerber erfüllt werden können.

Im Bereich der Unternehmensverkäufe wendet die Kommission das Kriterium der Bedingungsfreiheit bisher sehr streng an. So verneinte die Brüsseler Behörde in einem Fall die Bedingungsfreiheit, in dem der Verkauf eines Unternehmens an den Erhalt von Arbeitsplätzen und die Durchführung eines Unternehmensplans geknüpft sowie mit der Verpflichtung verbunden wurde, einen Großteil der Rohstoffe bei örtlichen Erzeugern zu erwerben und den Produktionsstandort für mindestens fünf Jahre beizubehalten.[651] Dabei genügt nach der Argumentation der Kommission auch schon eine Bedingung, um eine weitergehende Beihilfenprüfung auszulösen. Die Erbringung einer marktgerechten Gegenleistung könne nämlich nicht angenommen werden, wenn der Erwerber nur deshalb einen niedrigeren Preis für das Unternehmen bezahle, weil er zugleich einzig im öffentlichen Interesse liegende Pflichten übernehme.[652]

Auch in der Entscheidung in der Sache *Gröditzer Stahlwerke*[653] qualifizierte die Kommission die Bindung des Angebots an die Verpflichtung zur Schaffung bzw. Erhaltung von Arbeitsplätzen, zu künftigen Investitionen und zur Finanzierung als nicht bedingungsfrei. Dabei hatte die Kommission nicht überprüft, ob - wie in der Grundstücksmitteilung vorgesehen - die Bedingungsfreiheit deswegen als gegeben angesehen werden muss, weil die Bedingungen von jedem potenziellen Erwerber hätten erfüllt werden können. Daraus könnte geschlossen wer-

651 Kommission, Entsch. v. 11. 04. 2000, ABl. 2000 L 265/15 – Centrale del Latte di Roma.

652 Kommission, Entsch. v. 11. 04. 2000, ABl. 2000 L 265/15 Rn. 82 – Centrale del Latte di Roma.

653 Kommission, Entsch. v. 08.07.1999, K(1999) 2264, Abl. 1999 L 292/27 – Gröditzer Stahlwerke.

den, dass die Kommission für den Unternehmensverkauf strengere Maßstäbe an die Bedingungsfreiheit anlegt als im Rahmen der Grundstücksgeschäfte.[654]

Koenig/Kühling halten die für Unternehmensverkäufe herauskristallisierten Anforderungen an das Ausschreibungsverfahren nicht für übertragbar auf Infrastrukturförderung. Hier seien Bedingungen in der Ausschreibung notwendig, da besondere Ziele erreicht werden sollen. Hintergrund des Erfordernisses der Bedingungsfreiheit sei aber nur der Ausschluss von Diskriminierungen. Das Erfordernis der absoluten Bedingungsfreiheit sei also nur dort zu rechtfertigen, wo es in dem allgemeinen Diskriminierungsverbot aufgehe.[655] Für den Bereich der Infrastrukturförderung müsse es daher vielmehr darum gehen, diskriminierende Bedingung auszuschalten, die eine bewusste Fokussierung auf einen bestimmten Bewerber oder Bewerberkreis bewirkten.[656] Hierbei ist aber wiederum die Schwierigkeit zu berücksichtigen, dass das Beihilfenrecht eine staatliche Maßnahme ausschließlich nach seiner Wirkung beurteilt, nicht nach seiner Intention. Die Frage nach der Fokussierung auf einen Bewerber schwebt Gefahr, nach den Intentionen des Auftraggebers zu forschen. Auch muss darauf geachtet werden, dass kein Zirkelschluss entsteht. Wenn *Koenig/Kühling* einerseits zu dem Ergebnis kommen, die Ausschreibung begründe einen eigenen Markt, speziell für die nachgefragte Dienstleistung und sei damit geeignet, den marktübliche Preis hervorzubringen, andererseits aber von einer Verzerrung dieses Marktes sprechen, wenn „durch diskriminierende Kriterien bestimmte Bieter nicht zu diesem Markt zugelassen werden“[657], dann fragt sich, was sollen solche diskriminierenden Kriterien sein, woran erkennt man sie? *Koenig/Kühling* selbst führen als diskriminierende Kriterien das Erfordernis eines bestimmten Niederlassungsorts, bestimmter Sprachkenntnisse oder die Begünstigung dritter Unternehmen an, die zur Auftragserfüllung nicht notwendig sind.[658] Die ersten beiden Beispiele sind dabei klare Fälle, da ein eindeutiger Verstoß gegen die Grundfreiheiten vorliegt. Die Beurteilung des dritten Beispiels ist jedoch nicht so eindeutig wie von *Koenig/Kühling* dargestellt. Es geht hierbei ja um die Diskriminierung der Bewerber in einem Ausschreibungsverfahren, nicht um die der Zulieferer für das zu veräußernde Unternehmen.

---

654 Koenig/Kühling, NVwZ 2003, 780, 782.
655 Koenig/Kühling, NVwZ 2003, 780, 782.
656 Koenig/Kühling, NVwZ 2003, 780, 782.
657 Koenig/Kühling, NVwZ 2003, 780, 782.
658 Koenig/Kühling, NVwZ 2003, 780, 782.

IV. Neutralisierung der Beihilfe nach den Altmark-Trans-Kriterien

Seitdem es das oben dargestellte Urteil des EuGH in der Sache Altmark-Trans gibt, ist verbreitete Meinung im Schrifttum, dass das „vom EuGH entwickelten Kriterium, wonach eine Beihilfe nicht vorliegt, wenn der ganze Vorgang ausgeschrieben würde" zu einer vergaberechtlichen Betrachtung führte.[659] Dass dies bei genauer Betrachtung des Urteils nicht zwingend ist, soll im Folgenden dargestellt werden.[660]

Für den Bereich des Rundfunks stellt *Frenz* fest, dass für die privaten Konkurrenten der öffentlich-rechtlichen Fernsehanstalten und damit für die durch das Beihilfenverbot gewährleistete Wettbewerbsfreiheit die Auftragsdefinition im Hinblick darauf von großer Tragweite sei, auf welchen Feldern sie überhaupt zulässigerweise mit dem finanzstarken öffentlich-rechtlichen Rundfunk im Wettbewerb stehen und wo dieser das Feld den Privaten überlassen muss oder zumindest unter allgemeinen Marktbedingungen zu agieren hat.[661] Auch hier fragt sich wieder, ob Auftragsdefinition im Sinne der klaren Definition des Auftrags aus beihilfenrechtlicher „Altmark-Trans"-Sicht und die Leistungsbeschreibung im Vergaberecht deckungsgleich sind.

V. Stellungnahme

Die obige Analyse zeigt, dass nicht nur das Vergabeverfahren nach den europäischen Vergaberichtlinien zeigen kann, dass der Private bei dem Geschäft mit dem Staat keinen einseitigen Vorteil erlangt hat.[662] Vielmehr noch, das Vergabeverfahren ist angesichts seiner Aufwändigkeit und Unflexibilität oftmals gar nicht geeignet, diesen Nachweis zu erbringen. Dies zeigt sich insbesondere an der vergaberechtlich geforderten Höchstlaufzeit von vertraglichen Beziehungen. Diese allein ist kein Nachweis für mangelnde Überkompensation. Es muss eine Bewertung der Auswirkungen auf die Berufsfreiheit und auf wettbewerbliche Elemente über das einzelne Vergabeverfahren hinaus die Einbettung in das gesamte Regelsystem in den Blick nehmen. Die Vergabe unter Verleihung einer

659 Pietzcker, NVwZ 2007, 1225, 1232 m. w. N.

660 Wie hier auch Koenig, BB 2003, 2185, 2188, der ein Modell zur Kostenanalyse darlegt, nach dem die Kosten eines „durchschnittlichen, gut geführten Unternehmens" berechnet werden können.

661 Frenz, WRP 2007, 264, 266.

662 So wohl auch Huber, Kommunale Förderung von Pflegeeinrichtungen, NVwZ 2010, 1169, 1171.

nur zeitlich begrenzten Ausschließlichkeitsposition muss nicht die wettbewerbsfreundlichste Vorgehensweise sein.[663]

Auch ein Beispiel aus dem Universitätsbereich kann die Grenzen des Wettbewerbsgedankens aufzeigen. Lehraufträge werden üblicherweise nicht nach öffentlicher Ausschreibung, sondern in einem überhaupt nicht näher geregelten Verfahren vergeben. Gewiss könnte man sich eine öffentliche Ausschreibung vorstellen. Sie würde aber kaum den zahlreichen Funktionen der Vergabe eines Lehrauftrags - die nicht alle, aber doch überwiegend sehr berechtigt sind - gerecht werden können.[664]

VI. Anwendung der gesamten Vergaberechtsvorschriften?

Wenn sich die öffentliche Hand entschließt, ein Vergabeverfahren im Sinnde des Vergaberechts durchzuführen, stellt sich die Frage, ob dadurch der Anwendungsbereich des gesamten Vergaberechtsregimes, insbesondere der Rechtsschutzvorschriften, eröffnet wird.

Eine Ansicht verneint dies.[665] Sie stützt sich dabei auf ein BGH-Urteil[666], in dem es um einen Grundstücksverkauf der öffentlichen Hand ging. Nachdem ein von ihr beauftragter Makler ein Expose erstellt und an mehrere Interessenten verschickt hatte, entschied der Bezirksausschuss, dass das Grunstück an "an die meistbietende Firma über dem geforderten Mindestkaufpreis von 8.900.000 EUR" veräußert werden solle. Ein Interessent hatte nach eigener Kalkulation ein verbindliches Angebot unterhalb dieser Grenze abgegeben, aber darum gebeten, auf jeden Fall nochmals mit ihm zu reden, falls das Angebot zu niedrig sei. Da es auch ein höheres Angebot gab, wurde ihm allerdings nur mitgeteilt, dass sein Angebot nicht mehr berücksichtigt werde, da es zu niedrig sei. Verhandelt wurde dann mit einem anderen Interessenten. Es stellte sich dann heraus, dass das zu verkaufende Grundstück Bodenbelastungen aufwies, die vor einem etwaigen Baubeginn beseitigt werden müssen. Dadurch würde sich die Bebauung des Grundstücks verzögern. Dem an den Verhandlungen beteiligten Bieter gelang es, den Kaufpreis noch unter das Angebot des zuvor ausgeschiedenen Bieters zu drücken, obwohl die öffentliche Hand sich bereit erklärte, die Kosten der Bodensanierung zu tragen. Gegen diesen Vertrag geht der zuvor ausgeschiedene

663 Pietzcker, NVwZ 2007, 1225, 1228.
664 Pietzcker, NVwZ 2007, 1225, 1228.
665 MünchKommWettbR Band III/Ehricke, Einl. Rn. ... (im Erscheinen).
666 BGH, Urt. v. 22.02.2008, V ZR 56/07, VergabeR 2008, 649.

Interessent nun gerichtlich vor mit der Begründung, das Grundstück hätte an ihn veräußert werden müssen, da er das meistbietende Angebot abgegeben habe. Jedenfalls hätte der Auftrag neu ausgeschrieben werden müssen, nachdem die Bodenkontaminierung festgestellt worden war. Er macht daher Schadensersatzansprüche aus culpa in contrahendo geltend.[667] Der BGH verneint hier den Schadensersatzanspruch und begründet dies damit, dass die öffentliche Hand im Rahmen eines solchen „Bieterverfahrens" nicht die gleichen Verpflichtungen treffe wie im klassischen Vergabeverfahren.[668] Er beschäftigt sich dabei mit den allgemeinen Vergabegrundsätzen Transparenz, Gleichbehandlung, Wettbewerbsoffenheit, wie sie wegen ihrer Herleitung aus dem europäischen Primärrecht für jede Auftragsvergabe gelten. Bei genauerer Analyse des Urteils wird jedoch deutlich, dass das Ergebnis des BGH nur durch mangelnde Berücksichtigung der europarechtlichen Bedeutung, insbesondere der beihilfenrechtlichen Bedeutung des Bieterverfahrens erlangt wurde. Obwohl der Sachverhalt in dieser Hinsicht etwas unklar ist, muss davon ausgegangen werden, dass es sich bei diesem Bieterverfahren nicht um ein solches handelte, das die Begünstigung im Sinne des Beihilfenrechts hätte entfallen lassen sollen oder können.

So beschreibt der BGH als vornehmlichen Zweck eines solchen Bietverfahrens die Feststellung der Ernsthaftigkeit des bekundeten Interesses einzelner Bieter und die Begrenzung der Zahl der Verhandlungspartner des Verkäufers.[669] Es geht für den BGH bei dem Bieterverfahren also nicht darum, einen marktgerechten Preis für das Grundstück zu ermitteln. Darüber hinaus sieht der BGH das Bieterverfahren als mit Auswahl des meistbietenden Interessenten abgeschlossen an. Die Bodenkontaminierung sei aber erst nach der Auswahl eines Interessenten festgestellt worden. Die während der Verhandlungen zu klärenden Fragen, wer die Kosten der Bondensanierung trägt, hätten sich in dem Bieterverfahren gar nicht gestellt.[670] Auch eine Verpflichtung zur Neuausschreibung des Grundstücksverkaufs habe nicht bestanden, da die Durchführung eines Bieterverfahrens nicht die Verpflichtung mit sich bringe, bei veränderten Umständen ein neues Verfahren durchzuführen oder alle schon vorher ausgeschiedenen Bieter erneut mit einzubeziehen.[671]

Diese schuldrechtsdogmatische Erklärung lässt sich nur vor dem Hintergrund verstehen, dass das Bietverfahren hier eben nicht dazu dienen sollte, den marktgerechten Preis für das Grundstück zu ermitteln. Es gibt – wie oben darge-

---

667 BGH, Urt. v. 22.02.2008, V ZR 56/07, VergabeR 2008, 649, 650.
668 BGH, Urt. v. 22.02.2008, V ZR 56/07, VergabeR 2008, 649, 650.
669 BGH, Urt. v. 22.02.2008, V ZR 56/07, VergabeR 2008, 649, 650.
670 BGH, Urt. v. 22.02.2008, V ZR 56/07, VergabeR 2008, 649, 651.
671 BGH, Urt. v. 22.02.2008, V ZR 56/07, VergabeR 2008, 649, 651.

stellt – eben keine „beihilfenrechtliche Ausschreibungspflicht“, und auch keine schuldrechtliche, wie der BGH hier herleitet. Allerdings kann aus dem Urteil nicht der Schluss gezogen werden, auf das zur Neutralisierung des Beihilfentatbestands durchgeführte Ausschreibungsverfahren (oder Bieterverfahren) fänden die vergaberechtlichen Vorschriften keine Anwendung. Die Ausführungen des BGH lassen sich nur dahin deuten, dass die Durchführung eines Bieterverfahrens für einen Kaufgegenstand die öffentliche Hand nicht verpflichtet, auch für einen anderen Kaufgegenstand ein Bieterverfahren durchzuführen. Es gibt also keine Regel „Einmal Bieterverfahren – immer Bieterverfahren“. In dem entschiedenen Fall wurde nur ein beihilfeneutralisierendes Bieterverfahren für ein nicht kontaminiertes Grundstück durchgeführt. Für die Veräußerung des kontaminierten Grundstücks ist die öffentliche Hand seiner Obliegenheit, den marktgerechten Preis durch ein Ausschreibungsverfahren zu ermitteln nicht nachgekommen. Sie kann sich daher nicht auf die Vermutung stützen, dass dieser Grundstücksverkauf keine Beihilfe darstelle. Im Gegenteil, die Tatsache, dass sie selbst die Bodensanierung übernimmt und trotzdem unter dem Verkaufspreis eines nicht kontamininierten Grundstücks veräußert, führt eventuell sogar zu einem Beihilfenverdacht.

Im Umkehrschluss wird hieraus deutlich, dass für die Vermutung der Marktüblichkeit der Gegenleistung des „Begünstigten“ gerade die Einhaltung aller Vergabegrundsätze notwendig ist. Denn nur bei gleicher Information aller Interessenten über die Umstände des anvisierten Vertragsschlusses ist die Ermittlung eines marktüblichen Preises für ein und denselben Kaufgegenstand möglich.

Allerdings sind die Nachprüfungsvorschriften des Vergaberechts auf ein solches Bieterverfahren nicht anwendbar. Die Zuständigkeit der Vergabekammern folgt aus § 102 GWB. Hierin heißt es, die Vergabe öffentlicher Aufträge unterliegt der Nachprüfung durch die Vergabekammern. Der Begriff des öffentlichen Auftrags ist in § 99 GWB legaldefiniert. Durch die Entscheidung der öffentlichen Hand, ein Bieterverfahren zur Ermittlung des marktgerechten Preises durchzuführen wird der Vertragsgegenstand nicht automatisch zum öffentlichen Auftrag. Es ist auch nicht erforderlich, eine solche Nachprüfungskompetenz der Vergabekammern zu schaffen. Denn wie oben dargestellt bedarf es für die Neutralisierung des Beihilfentatbestands nicht der Einhaltung aller detaillierten Vorgaben an ein Vergabeverfahren, sondern lediglich der Vergaberechtsgrundsätze.

VII. Ergebnis

Die Durchführung eines Vergabeverfahrens nach den Regeln des Vergaberechts führt also dazu, dass das Beihilfenelement „Begünstigung" entfällt. Eine Pflicht der öffentlichen Hand zur Ausschreibung nach den Vergabevorschriften gibt es allerdings nicht. Es handelt sich vielmehr um eine Obliegenheit. Die Durchführung eines solchen Verfahrens führt zur Vermutung der marktgerechten Gegenleistung. Eine umgekehrte Vermutung, ein Anscheinsbeweis dahingehend, dass es sich um eine Begünstigung handelt, wenn kein Vergabeverfahren durchgeführt wurde, gibt es allerdings nicht. Der einzige Fall, in dem die Kommission feststellte, dass wegen fehlendem Bietverfahren eine Beihilfengewährung vermutet werden, betraf eine besondere Konstellation. Es ging hierbei nämlich um den Verkauf eines öffentlichen Unternehmens, das zuvor gemeinschaftsrechtswidrige Beihilfen in großem Umfang erhalten hatte.[672] Die Frage, ob der Rechtsnachfolger eines Empfängers rechtswidriger Beihilfen auch Beihilfenempfänger ist, wirft allerdings eine Reihe von Sonderproblemen auf, die mit dem eigentlichen Verkauf des Unternehmens gar nicht unmittelbar zusammen hängen.[673] So liegt die von der Kommission angenommene und vom EuGH nicht beanstandete Vermutung[674] darin, dass der Erwerber eines solchen Unterehmens noch von den Vorteilen der an das verkaufte Unternehmen gewährten Beihilfen profitiere. Diese Möglichkeit wird anderen Wettbewerbern ohne ausreichende Transparenz hinsichtlich des zu veräußernden Unternehmens vollständig vorenthalten.

Wenn allerdings die öffentliche Hand ein Vergabeverfahren durchführt, um den Verdacht der Beihilfe von vornherein auszuräumen, dann muss sie auch alle Vergaberechtsgrundsätze einhalten.

672 Kommission, Entsch. v. 08.07.1999, K(1999) 2264, Abl. 1999 L 292/27 Rn. 10ff. – Gröditzer Stahlwerke.

673 So wohl auch Bartosch, 39 CMLR (2002), 551, 559; Bauer, EuZW 2001, 748.

674 EuGH, Urt. v. 28.01.2003, Rs. C-334/99, Slg. 2003, S. I-1139 Rn. 135ff. – Gröditzer Stahlwerke. Der EuGH bestätigt hierin aber nur, dass die Entscheidung das Unternehmen überhaupt zu verkaufen die gegenüber einer Insolvenz wirtschaftlich schlechtere Handlung war und daher nicht dem Verhalten eines privaten Kapitalgebers entsprach, mit der Frage, ob das für den Verkauf durchgeführte Verfahren ein offenes, transparentes und diskriminierungsfreies war, beschäftigt er sich in der Konsequenz nicht mehr; vgl. auch Schlussanträge des Generalanwalts v. 24.01.2002, Rs. C-334/99, Slg. 2003, S. I-1139 Rn. 68ff. – BRD/Kommission, der allerdings auf die Zulässigkeit der Vermutung nicht direkt eingeht, sondern nur die Ansicht der Kommission stützt, dass das zur Veräußerung des Unternehmens durchgeführte Verfahren jedenfalls kein transparentes, offenes und diskriminierungsfreies war.

G. Berücksichtigung von Beihilfenempfängern im Ausschreibungsverfahren

Bei der Frage, inwieweit das Beihilfenrecht auf das Vergaberecht Einfluss nehmen kann, ist zunächst abzugrenzen, in welchem Abschnitt des Vergabeverfahrens das Beihilfenrecht überhaupt anwendbar ist. Dabei ist zu berücksichtigen, dass das Beihilfenrecht europäisches Recht ist. Nach *Schima* fällt der Bereich der Ausschreibung aus dem Anwendungsbereich heraus. Der öffentliche Auftraggeber hat zu definieren, was er benötigt. Er ist in der Umschreibung des Auftragsgegenstands weitestgehend frei. Das Gemeinschaftsrecht kommt lediglich in Gestalt der Grundfreiheiten des Binnenmarkts - hauptsächlich wohl des freien Warenverkehrs und der Dienstleistungsfreiheit - zur Anwendung und verbietet es, die Einfuhr von Waren aus anderen Mitgliedstaaten oder die Tätigkeit von Anbietern aus anderen Mitgliedstaaten zu behindern.[675]

Die Kommission führt hierzu aus: „Möglichkeiten für eine umweltbewusste Gestaltung der Beschaffungspolitik ergeben sich in erster Linie zu Beginn eines Vergabeverfahrens, namentlich bei der Entscheidung über den Auftragsgegenstand. Diese Entscheidung unterliegt nicht den Vergaberichtlinien, muss jedoch den Vorschriften und Grundsätzen des EG-Vertrages über den freien Waren- und Dienstleistungsverkehr entsprechen, insbesondere den Grundfreiheiten, dem Diskriminierungsverbot und dem Grundsatz der Verhältnismäßigkeit."[676]

Bei der Frage, inwieweit solche Bieter im Vergabeverfahren berücksichtigt werden dürfen, die Beihilfeempfänger sind, ist in zweierlei Hinsicht zu differenzieren. Zunächst sind die beihilfenrechtlichen und die vergaberechtlichen Anforderungen getrennt zu behandeln (um dann wiederum Harmonisierungsansätze aufzuzeigen). Innerhalb der jeweiligen Untersuchung muss dann zwischen rechtmäßigen und rechtswidrigen Beihilfen unterschieden werden, um den Einfluss des Art. 108 Abs. 3 AEUV deutlich machen zu können.

---

675 Schima, NZBau 2002, 1; in diesem Sinne auch z.B. Kommission, Interpretierende Mitteilung über das auf das Öffentliche Auftragswesen anwendbare Gemeinschaftsrecht und die Möglichkeiten zur Berücksichtigung von Umweltbelangen bei der Vergabe öffentlicher Aufträge, ABl. C 333/12 (S. 8).

676 KOM(2001) 274 endgültig, S. 3, 9.

I. Die Beihilfenrechtlichen Anforderungen

Das Beihilfenrecht selbst enthält keine Vorgaben zum Umgang mit einem Behilfenempfänger als Bieter im Vergabeverfahren. Es erfasst nach seinem Tatbestand nur die Gewährung einer Begünstigung an ein bestimmtes Unternehmen. Ob die Vergabe eines öffentlichen Auftrags diese Voraussetzung erfüllt, ist nach den unter entwickelten Grundsätzen zu prüfen. Es folgt aber keine Besonderheit aus der Tatsache, dass ein Bieter Beihilfenempfänger ist. Vielmehr kommt es nur darauf an, ob einem Bieter eine Chance eingeräumt wurde, die er unter normalen Marktbedingungen nicht erhalten hätte.[677]

II. Vergaberechtliche Anforderungen

Zunächst ist zu berücksichtigen, dass es sich bei der Auftragsvergabe an einen Beihilfenempfänger häufig gar nicht um einen dem Vergaberecht unterliegenden Vorgang handelt. Oft fallen Finanzierung und Kontrolle durch den Staat zusammen. Die Auftragsvergabe an solche Einrichtungen, die nicht nur vom Staat subventioniert, sondern auch noch kontrolliert werden, unterliegt nach der Inhouse-Ausnahme gar nicht dem Vergaberegime.[678]

Das europäische Vergaberecht enthält inzwischen ausdrückliche Regelungen zur Berücksichtigung von Beihilfenempfängern im Vergabeverfahren in Art. 55 RL 2004/18/EG. Diese Vorgaben entsprechen einer schon vorher existierenden Pflicht ungewöhnlich niedrige Angebote zu prüfen und vor deren Ablehnung dem jeweiligen Bieter Gelegenheit zur Darlegung zu geben.[679] Ein Bieter, der ein ungewöhnlich niedriges Angebot abgegeben hat, ohne dies nachvollziehbar erklären zu können, muss zur Gewährleistung der Einhaltung des Wettbewerbsgrundsatzes vom Verfahren ausgeschlossen werden.[680] In diesen Kontext wurden mit der RL 2004/18/EG Vorgaben zur Behandlung von ungewöhnlich niedrigen Angeboten eingefügt, die von einem Beihilfenempfänger abgegeben wurden. Diese Vorschriften differenzieren danach, ob es sich um eine rechtmäßige oder eine rechtswidrige Beihilfe handelt.

677 So im Ergebnis auch Koenig/Hentschel, NZBau 2006, 289.

678 EuGH, Schlussanträge v. 15.06.2000, Rs. C-94/99, Slg. 2000, S. I-11037 Rn. 106 – ARGE Gewässerschutz.

679 Vgl. schon RL 71/305/EWG über die Koordinierung der Verfahren zur Vergabe öffentlicher Bauaufträge; im deutschen Recht § 25 Nr. 2 Abs. 2 VOL/A, § 25 Nr. 3 VOB/A.

680 EuGH, Urt. v. 27.11.2001, Slg. 2001, S. I-9233 Rn. 57 – Impresa Lombardini SpA; Urt. v. 15.05.2008, verb. Rs. C-147/06 und C-148/06, NVwZ 2008, 766 Rn. 27ff. – SECAP SpA für Unterschwellenvergaben.

Diese Sonderregelgungen erfassen aber nicht alle Fälle der Beiteiligung eines Beihilfenempfängers am Bietverfahren. Es muss sich üerhaupt erstmal um ein ungewöhnlich niedriges Angebot handeln. Dieser Begriff wird in der Richtlinie nicht eindeutig definiert. Art. 55 Abs. 1 Hs. 1 RL 2004/18/EG heißt im Wortlaut: „Erwecken im Fall eines bestimmten Auftrags Angebote den Eindruck, im Verhältnis zur Leistung ungewöhnlich niedrig zu sein, ...“. Hieraus lässt sich also nur entnehmen, dass das Angebot ins Verhältnis zu den anderen Angeboten gesetzt werden muss.

Nun kann es aber auch Fälle geben, in denen ein Beihilfenempfänger das niedrigste Angebot abgibt, dieses aber im Verhältnis zu den anderen Angeboten nicht *ungewöhnlich* niedrig ist. Auch hier kann aber die Fähigkeit zur Abgabe des niedrigsten Angebots durch den Erhalt der Beihilfe entstanden sein. Dann wäre die Einhaltung des Wettbewerbsprinzips in Frage gestellt, denn den Auftrag erhielte nicht das Unternehmen, das im freien Markt das wirtschaftlichste Angebot abgeben kann. Vielmehr erhielte den Auftrag ein Unternehmen, das durch staatliche Unterstützung einen Wettbewerbsvorteil erlangt. Daher sind auch die Vorgaben des europäischen Vergaberechts außerhalb der Richtlinie zu berücksichtigen.

1. Rechtmäßige Beihilfen

a) Ungewöhnlich niedriges Angebot

Gemäß Art. 55 Abs. 3 RL 2004/18/EG darf der öffentliche Auftraggeber ein ungewöhnlich niedriges Angebot eines Beihilfenempfängers nicht ablehnen, wenn dieser nachweisen kann, dass die Beihilfe rechtmäßig gewährt wurde. Daraus folgt, dass bei Gewährung einer rechtmäßigen Beihilfe der Bieter nicht vom Vergabeverfahren ausgeschlossen darf. Dies erscheint vor dem Hintergrund eines harmonischen europäischen Wettbewerbsrechts auch sinnvoll, denn die Zulässigkeit der Beihilfengewährung unter wettbewerbsrechtlichen Gesichtspunkten muss dazu führen, dass der Begünstigte wie jeder andere Teilnehmer auch am Marktgeschehen teilnehmen darf. Der Generalanwalt im Verfahren ARGE führt hierzu sehr anschaulich aus:

„Wenn das Gemeinschaftsrecht bestimmte staatliche Beihilfen zulässt, billigt es den begünstigten Wirtschaftsteilnehmern meiner Meinung nach zu, ohne weiteres wie andere tätig zu sein. Wozu diente es, den Unternehmen rechtmäßigerweise zu helfen, wenn ihnen gleichzeitig verboten würde, eine normale wirtschaftliche Tätigkeit auszuüben oder sogar einfach, bestimmte Verträge zu schließen, unter dem Vorwand, diese seien reglementiert? Eine solche Auslegung wäre zudem kaum mit dem Ausgleichsgedanken vereinbar, der bestimmte

Beihilfen rechtfertigt, da die Beihilfe in Form einer Zuwendung oder Sachleistung schnell durch die andauernden Tätigkeitsbeschränkungen aufgewogen würde. Die Zulässigkeit staatlicher Beihilfen steht somit der uneingeschränkten Teilnahme der rechtmäßigerweise unterstützten Einrichtungen am Marktgeschehen nicht entgegen. Da dieses sich nicht auf nicht reglementierte vertragliche Beziehungen beschränkt, sondern auch die öffentlichen Aufträge umfasst, besteht kein Grund, diese Wirtschaftsteilnehmer von Verfahren zur Vergabe öffentlicher Aufträge auszuschließen."[681]

b) Kein ungewöhnlich niedriges Angebot

Das oben Gesagte muss in einem Erst-Recht-Schluss auch gelten, wenn der Empfänger einer rechtmäßigen Beihilfe das niedrigste Angebot abgibt, dieses aber nicht *ungewöhnlich* niedrig ist.

Dieses Ergebnis wird auch von den sonstigen vergaberechtlichen Grundsätzen des Gemeinschaftsrechts bestätigt. Der Wettbewerbsgrundsatz wird durch die Berücksichtigung eines Bieters, der Empfänger einer rechtmäßigen Beihilfe ist, nicht beeinträchtigt. Wie oben dargestellt, soll die Vergabe öffentlicher Aufträge in einem System des Wettbewerbs der Bieter sicherstellen, dass auch für den Bereich der öffentlichen Auftragsvergabe die Märkte EU-weit geöffnet werden. Es soll eine Bevorzugung einzelner Unternehmer, die sich im Wettbewerb nicht durchsetzen könnten, verhindert werden. Hat nun aber die Kommission schon entschieden, dass die Gewährung eines einseitigen Vorteils an ein Unternehmen im Wettbewerbssystem des Binnenmarktes ausnahmsweise zulässig ist, weil die grundsätzliche Wertentscheidung des Vertrages anderen als rein wettbewerblichen Erwägungen in diesem Falle Vorrang gewährt, so ist dies eine Entscheidung für das gesamte Wettbewerbssystem des Vertrages. Der Beihilfenempfänger muss demnach wie jeder andere Wirtschaftsteilnehmer behandelt werden. Es wäre widersprüchlich, die Beihilfengewährung an einen Marktteilnehmer zunächst als mit dem Gemeinsamen Markt vereinbar zu erklären, ihn dann aber von einem Großteil der Tätigkeit am Markt auszuschließen.[682]

2. Rechtswidrige Beihilfen

Wie oben dargestellt, sind Beihilfen schon dann formell rechtswidrig, wenn sie nicht gemäß Art. 108 III S. 1 AEUV vor der Gewährung an die Kommission no-

---

681 EuGH, Schlussanträge v. 15.06.2000, Rs. C-94/99, Slg. 2000, I-11037 Rn. 103f. – ARGE Gewässerschutz.

682 EuGH, Schlussanträge v. 15.06.2000, Rs. C-94/99, Slg. 2000, S. I-11037 Rn. 29 – ARGE Gewässerschutz; Koenig/Hentschel, NZBau 2006, 289, 290.

tifiziert wurden. Davon zu unterscheiden ist die materielle Rechtswidrigkeit, die erst dann feststeht, wenn die Kommission die Beihilfe für unvereinbar mit dem Gemeinsamen Markt erklärt hat.

Die Berücksichtigung der Beihilfengewährung an einen Bieter kommt in zwei verschiedenen Phasen des Vergabeverfahrens in Betracht. Die Beihilfengewährung kann dazu führen, dass ein Bieter schon bei der Eignungsprüfung wegen mangelnder finanzieller Leistungsfähigkeit vom Vergabeverfahren ausgeschlossen wird. Die Beihilfengewährung kann aber auch dazu führen, dass der Bieter bei der Angebotsauswahl nach den sogenannten Zuschlagskriterien nicht berücksichtigt wird. Die Behandlung von Beihilfenempfängern wird für beide Phasen jeweils für materiell rechtswidrige und formell rechtswidrige Beihilfen dargestellt.

Der Generalanwalt im Fall *ARGE Gewässerschutz* hat dem öffentlichen Auftraggeber noch die Kompetenz abgesprochen, die Rechtmäßigkeit einer einem Bieter gewährten Beihilfe zu überprüfen und sich dabei auf eine fehlende Vorschrift in der damaligen Richtlinie und die eindeutige Kompetenzzuweisung an die Kommission in Art. 108 Abs. 3 AEUV berufen.[683] Dieses Argument kann heute nicht mehr aufrechterhalten werden. Vielmehr ist angesichts des Art. 55 Rl 2004/18/EG eine Prüfpflicht des öffentlichen Auftraggebers anzunehmen.

a) Materiell rechtswidrige Beihilfen

aa) Eignungsprüfung

Der EuGH führte im Urteil *ARGE Gewässerschutz* aus, dass die Gewährung „nicht vertragskonformer“ Beihilfen an einen Bieter im Vergabeverfahren Berücksichtigung finden könne.[684] Er schließt sich hier der Argumentation der Kommission an, die darlegt, dass die Verpflichtung zur Rückzahlung einer nicht vertragskonformen Beihilfe die finanzielle Leistungsfähigkeit des Bieters gefährde, da dieser nicht die notwendige finanziellen und wirtschaftlichen Sicherheiten biete.[685] Damit wird die Berücksichtigung der Beihilfengewährung an einen Bieter in die Phase der Prüfung der sogenannten Eignungskriterien integriert. Gemäß Art. 44 Abs. 1 RL 2004/18/EG prüft der öffentliche Auftraggeber zunächst die Eignung aller sich für den Auftrag interessierenden Bieter nach den in Art. 47ff. RL 2004/18/EG aufgeführten Kriterien. Dazu gehört gemäß Art.

683 EuGH, Schlussanträge v. 15.06.2000, Rs. C-94/99, Slg. 2000, S. I-11037 Rn. 123ff. – ARGE Gewässerschutz.

684 EuGH, Urt. v. 07.09.2000, Rs. C-94/99, Slg. 2000, S. I-11037 Rn. 30 – ARGE Gewässerschutz.

685 EuGH, Urt. v. 07.09.2000, Rs. C-94/99, Slg. 2000, S. I-11037 Rn. 30 – ARGE Gewässerschutz.

47ff Rl 2004/18/EG auch die finanzielle Leistungsfähigkeit. Diese liegt vor, wenn der Bieter nachweist, dass ihm die zur Auftragserfüllung erforderlichen Mittel zur Verfügung stehen.[686] Ein Bieter, der nicht vertragskonforme, rückzahlungspflichtige Beihilfen erhält, soll nach Ansicht des EuGH diese Voraussetzungen nicht erfüllen, wenn die Rückzahlung der Beihilfen seine finanzielle Leistungsfähigkeit gefährde.[687] Daraus folgt aber, dass nicht generell jeder Empfänger rechtswidriger Beihilfen die Voraussetzung der finanziellen Leistungsfähigkeit nicht erfüllt. Der Ausschluss vom Vergabeverfahren wegen mangelnder finanzieller Leistungsfähigkeit hat damit auch keinen Sanktionscharakter gegenüber dem Unternehmer, der nicht darauf geachtet hat, ob die ihm gewährte Beihilfe vorher bei der Kommission notifiziert wurde.[688]

bb) Zuschlagsprüfung

Ein Ausschluss des Bieters, der Empfänger einer rechtswidrigen Beihilfe ist, aus wettbewerblichen Gründen kommt wiederum über Art. 55 AEUV in Betracht. Dieser gehört zu den sogenannten Zuschlagskriterien, die vorgeben, wie unter den Angeboten der Bieter, die zur Erfüllung des Auftrags grundsätzlich geeignet sind, dasjenige ausgewählt wird, das den Zuschlag erhält. Das heißt, die Berücksichtigung der Eigenschaft als Beihilfenempfänger findet erst in einem späteren Stadium des Vergabeverfahrens statt. Art. 55 Abs. 3 RL 2004/18/EG ist dabei die Vorschrift, die vor Wettbewerbsverzerrungen im Vergabeverfahren aufgrund rechtswidrig gewährter Beihilfen schützen soll.[689] Es kommt also darauf an, ob die Gewährung der rechtswidrigen Beihilfe zu einem Angebot führt, dass den Ausschreibungswettbewerb verfälscht. Dies ist zweifellos zu bejahen für die materiell rechtswidrige Beihilfe. Sie selbst stellt gemäß Art. 107 Abs. 1 AEUV eine mit dem gemeinsamen Markt unvereinbare Maßnahme dar, weil sie den Wettbewerb verfälscht oder zu verfälschen droht. Erhielte nun ein Bieter den Zuschlag nur, weil er aufgrund dieser wettbewerbswidrigen Bevorteilung das günstigste oder wirtschaftlichste Angebot abgeben kann, so würde die Wettbewerbsverzerrung vertieft.

---

686 Immenga/Mestmäcker/Dreher GWB § 97 Rn. 171; vgl. auch die Formulierung in Art. 47 Abs. 2 S. 2 RL 2004/18/EG.

687 EuGH, Urt. v. 07.09.2000, Rs. C-94/99, Slg. 2000, S. I-11037 Rn. 30 – ARGE Gewässerschutz.

688 Diese Pflicht legt der EuGH dem Beihilfenempfänger im Zusammenhang mit einem etwaigen Vertrauensschutz gegenüber der späteren Rückforderung der Beihilfe auf, vgl. nur EuGH, Urt. v. 20.03.1997, Rs. C-24/05, Slg. 1997, S. I-1591 Rn. 41 – Alcan Deutschland.

689 Vgl. RL 2004/18/EG, ABl. 2004 L 134/114, ErwGr. 46.

b) Formell rechtswidrige Beihilfen

aa) Eignungsprüfung

Unklar blieb im Urteil *ARGE Gewässerschutz*, ob die aufgezeigte Möglichkeit der Berücksichtigung der rechtswidrigen Beihilfengewährung im Vergabeverfahren nur für materiell rechtswidirge Beihilfen gelten solle oder auch für nur formell rechtswidrige Beihilfen. Von der Literatur wird teilweise aus der Wortwahl des EuGH („nicht vertragskonforme Beihilfe") herausgelesen, dass hiermit nur materiell rechtswidrige Beihilfen gemeint seien, da der EuGH sonst „rechtswidrige Beihilfen" formuliert hätte.[690] Dafür spricht insbesondere, dass die Rückforderung in Art. 14 VerfVO nur für materiell rechtswidrige Beihilfen der Kommission zwingend vorgeschrieben ist. Darüber hinaus entfaltet nur eine materiell rechtswidrige Beihilfe wettbewerbsverzerrende Wirkung. In der Literatur gibt es aber auch Ansätze, die die nur formell rechtswidrige Beihilfe in ihrem Einfluss auf die Eignung des Bieters zur Auftragserfüllung ebenso berücksichtigen wollen wie die materiell rechtswidrige Beihilfe.[691] Sie verweisen zur Begründung auf die Möglichkeit der vorläufigen Rückforderung von formell rechtswidrigen Beihilfen gemäß Art. 11 VerfVO und auf die ständige Rechtsprechung des BGH[692], wonach schon Verträge zwischen Beihilfenempfänger und öffentlicher Hand über die Beihilfengewährung, die nicht notifiziert wurde und daher nur formell rechtswidrig ist, gemäß § 134 BGB nichtig sind. Es wird dann auf die erheblichen finanziellen Nachteile, die sich für den Beihilfenempfänger daraus ergeben und seine finanzielle Leistungsfähigkeit bis hin zur Insolvenz beeinträchtigen können, verwiesen.[693] Dem ist insoweit zuzustimmen, dass über jeder nicht notifizierten Beihilfe die Gefahr der Rückforderung schwebt. Beides birgt die gleiche Gefahr für die finanzielle Leistungsfähigkeit eines Unternehmens, wenn die Rücklagen nicht ausreichen, um die Beihilfe unter Umständen zurück zu zahlen. Damit wird aber auch deutlich, dass insoweit nicht die wettbewerbsverzerrende Wirkung der Beihilfe zum Ausschluss vom Vergabeverfahren führt, sondern nur die Auswirkungen einer eventuellen Rückforderung auf die finanzielle Leistungsfähigkeit des Bieters. Damit handelt es sich nicht um eine Schnittstelle der Rechtsgebiete, bei der der Gleichlauf der wettbewerbsrechtlichen Erwägungen zu prüfen und anzustreben ist. Die Gefahr der Rückforderung einer rechtswidrigen Beihilfe wird bei der buchhalterischen Prüfung der

---

690 Koenig/Hentschel, NZBau 2006, 289, 290, die im Ergebnis aber dazu kommen, dass auch formell rechtswidrige Beihilfen so zu behandeln seien.

691 Koenig/Hentschel, NZBau 2006, 289, 291.

692 BGH, Urt. v. 20.01.2004, XI ZR 53/03, EuZW 2004, 252, 253; Urt. v. 04.04.2003, V ZR 314/02, EuZW 2003, 444, 445f.

693 Koenig/Hentschel, NZBau 2006, 289, 291.

finanziellen Leistungsfähigkeit so behandelt wie jede andere Forderung, der der Bieter ausgesetzt ist.

Unter wettbewerbsrechtlichem Blickwinkel wäre eine Gleichbehandlung von formell und materiell rechtswidrigen Beihilfen nicht gerechtfertigt. Würde man den Bieter, der zugleich Beihifleempfänger ist, wegen des Grundsatzes der Wettbewerbsoffenheit des Vergabeverfahrens ausschließen, so dürfte ein Ausschluss nur für solche Bieter erfolgen, die materiell rechtswidrige Beihilfen erhalten. Nur deren Angebote entfalten eine wettbewerbsverzerrende Wirkung.

bb) Zuschlagsprüfung

Möglicherweise kann ein ungewöhnlich niedriges Angebot eines Empfängers einer nur formell rechtswidrigen Beihilfe auch über Art. 55 RL 2004/18/EG ausgeschlossen werden. Zunächst stellt sich hierbei die Frage, ob dafür überhaupt ein Anwendungsbereich verbleibt, wenn doch die formell rechtswidrige Beihilfe schon im Rahmen der Prüfung des Art. 47 RL 2004/18/EG berücksichtigt wird. Diese Frage ist zu bejahen, da über die mangelnde finanzielle Leistungsfähigkeit nur die Angebote solcher Bieter ausgeschlossen werden können, die die Rückzahlung der Beihilfe nicht ohne Schwierigkeiten aus ihren Rücklagen bestreiten können.

Eine Ablehnung des Angebots über Art. 55 RL 2004/18/EG wäre nach obigen Ausführungen zum Ausschluss des Angebots gemäß Art. 44, 47 RL 2004/18/EG jedenfalls dann möglich, wenn Art. 55 RL 2004/18/EG auch den öffentlichen Auftraggeber vor einer Zuschlagserteilung an einen Bieter schützt, der sich nachträglich wegen der Rückforderung einer rechtswidrigen Beihilfe als ungeeignet wegen fehlender finanzieller Leistungsfähigkeit erweist.[694] Einer solchen Auslegung der Norm ist aber nicht zuzustimmen. Diesen Schutzzweck haben die Vorschriften über die Eignungskriterien (Art. 44ff. RL 2004/18/EG).[695] Die Eignungsprüfung findet in jedem Vergabeverfahren vor der Zuschlagserteilung statt, wenn auch je nach gewähltem Vergabeverfahen zu unterschiedlichen Zeitpunkten.[696] Hat ein Bieter die Eignungsprüfung bestanden, so greift bei der Zuschlagserteilung nur noch die Pflicht des öffentlichen Auf-

694 So Koenig/Hentschel, NZBau 2006, 289, 294.

695 Vgl. RL 2004/18/EG, ABl. 2004 L 134/117, ErwG. 39, der durch seine Formulierung sogar den Schluss zulässt, dass der Schutz der öffentlichen Auftraggeber eigentlich nicht Zweck dieser Richtlinie ist, der Schutzmechanismus der Eignungsprüfung aber zugelassen wird, solange Transparenz und Nichtdiskriminierung gewährleistet sind. Die Richtlinie selbst hält einen Ausschluss von Bietern nur im Falle der Begehung bestimmter Straftaten für notwendig, vgl. ErwGr. 43 und entsprechend Art. 45.

696 Vgl. hierzu eingehend Beck'scher VOB-Komm./Prieß, § 8a Teilnehmer am Wettbewerb Rn. 3ff.

traggebers, ungewöhnlich niedrige Angebote zu überprüfen und ggf. nicht zu berücksichtigen. Art. 55 Abs. 3 RL 2004/18/EG gibt lediglich vor, dass der öffentliche Auftraggeber ein ungewöhnlich niedriges Angebot nicht ausschließlich wegen einer Beihilfengewährung ablehnen darf, wenn der Bieter nachweisen kann, dass die Beihilfe rechtmäßig gewährt wurde. Ob im Falle einer rechtswidrigen Beihilfe die formelle Rechtswidrigkeit ebenso wie die materielle Rechtswidrigkeit zu behandeln ist, wird nicht geregelt. Es ist also jeweils danach zu fragen, ob die Beihilfe selbst den Ausschreibungswettbewerb verfälscht. Dies ist bei nur formell rechtswidrige Beihilfen nicht automatisch anzunehmen. Sie wurden gewährt unter Verstoß gegen die Notifizierungspflicht des Art. 108 Abs. 3 AEUV. Sinn und Zweck des Art. 108 Abs. 3 AEUV ist es, eine Einführung nicht von der Kommission gerpüfter Beihilfen zu verhindern, um eine eventuellen Gefährdung des Wettbewerbs schon in einem frühen Stadium entgegenzuwirken. Der Verstoß gegen Art. 108 Abs. 3 AEUV hat aber keine Indizwirkung dafür, ob eine Beihilfe tatsächlich den Wettbewerb gefährdet. Es wird für die Feststellung eines Verstoßes gegen Art. 108 Abs. 3 AEUV vielmehr überhaupt erst geprüft, ob es sich bei einer Maßnahme um eine Beihilfe handelt. Ob die Beihilfe mit dem gemeinsamen Markt vereinbar ist, ist für den Verstoß gegen Art. 108 Abs. 3 AEUV nicht relevant. Aus der Zusammenschau der europäischen Beihilfevorschriften ergibt sich, dass die bloß formelle Rechtswidrigkeit der Beihilfe nicht die gleichen Rechtsfolgen hat wie die materielle Rechtswidrigkeit. Im Sinne eines kohärenten Wettbewerbsrechts muss das auch für diejenigen Vorschriften des Vergaberechts gelten, die dem Schutz des Wettbewerbs dienen. In diesem Zusammenhang ist allerdings zu berücksichtigen, dass bei der formell rechtswidrigen Beihilfe durchaus die Möglichkeit besteht, dass sie *auch* materiell rechtswidrig ist. Um festzustellen, ob die Beihilfe tatsächlich zu einem den Wettbewerb verzerrenden Angebot führt, ist ihre materielle Rechtmäßigkeit also vor der Zuschlagserteilung zu erklären. Die alleinige Prüfungskompetenz bezüglich der Vereinbarkeit einer Beihilfe mit dem gemeinsamen Markt liegt bei der Kommission.[697] Daher darf der öffentliche Auftraggeber die materielle Rechtmäßigkeit der Beihilfe nicht selbst prüfen. Es muss eine Kommissionsentscheidung herbeigeführt werden, das heißt, die Beihilfe muss notifiziert werden. Dies führt zu einer weiteren Komplikation des Vergabeverfahrens. Allein dieser administrative Mehraufwand rechtfertigt aber nicht, schon jede formell rechtswidrige Beihilfe über Art. 55 Abs. 3 RL 2004/18/EG für eine Ablehnung des Angebots genügen zu lassen. Art. 55 Abs. 1 S. 1 Rl 2004/18/EG stellt auch keine Beweislastumkehr dergestalt dar, dass der Bieter die Rechtmäßigkeit der ihm Gewährten Beihilfe nachweisen muss, um sicherzustellen, dass sein Angebot nicht

697 Vgl. Hauptteil A. I. 3. d).

abgelehnt werden muss. Es handelt sich vielmehr nur um eine Privilegierung des Bieters, der diesen Nachweis erbringen kann.

Da Art. 55 Abs. 3 RL 2004/18/EG das Wettbewerbsprinzip bei der öffentlichen Auftragsvergabe durchsetzen soll, stellt sich die Frage nach einem weiteren Differenzierungsansatz. Es gibt Beihilfen, die mit dem gemeinsamen Markt vereinbar sind, weil sie den Wettbewerb im Binnenmarkt nicht verfälschen oder zu verfälschen drohen. Es gibt aber auch Beihilfen, die dieses Tatbestandsmerkmal erfüllen und nur deshalb mit dem gemeinsamen Markt vereinbar sind, weil sie gemäß Art. 107 Abs. 2 AEUV erlaubt oder gemäß Art. 107 Abs. 3 AEUV genehmigungsfähig sind. Dies sind die Fälle, in denen anderen Wertentscheidungen Vorrang vor dem reinen Wettbewerb eingeräumt wird. Dennoch haben diese Maßnahmen eine wettbewerbsverfälschende Wirkung. Es stellt sich daher die Frage, ob eine Vertiefung dieser Wettbewerbsverfälschung durch einen neuen wirtschaftlichen Vorteil durch Erteilung eines öffentlichen Auftrags nach der europäischen Wettbewerbsordnung zugelassen werden soll. Für die Gleichbehandlung beider Unterfälle der mit dem gemeinsamen Markt vereinbaren Beihilfe spricht sicherlich die Rechtssicherheit. Der Unternehmer, dem eine staatliche Zuwendung gewährt wird, die von der Kommission als mit dem gemeinsamen Markt vereinbar erklärt wurde, geht davon aus, dass er nunmehr am Wettbewerb teilnehmen kann wie jeder andere Unternehmer auch. Dafür spricht auch die Einheitlichkeit der gemeinschaftsrechtlichen Wettbewerbsordnung. Die Wertentscheidung, die im Beihilfenrecht dazu führt, dass die Gewährung von Zuwendungen in Einzelfällen zulässig sein und die Verwirklichung des Wettbewerbs im Binnenmarkt zurückstehen soll, muss sich im Vergaberecht fortsetzen. Dafür spricht auch der Worlaut von Art. 55 Abs. 3 S. 1 RL 2004/18/EG. Hierin wird eindeutig festgelegt, dass ein Bieter, der ein ungewöhnlich niedriges Angebot abgegeben hat, nicht allein deshalb vom Verfahren ausgeschlossen werden darf, weil er Empfänger einer Beihilfe ist, wenn er deren Rechtmäßigkeit nachweisen kann. Rechtmäßig sind aber alle von der Kommssion als mit dem gemeinsamen Markt vereinbar erklärten Beihilfen, unabhängig davon, ob sie schon nicht geeignet sind, den Wettbewerb zu verfälschen oder nur ausnahmsweise trotzdem zulässig sein sollen.

3. Ergebnis

Für die vergaberechtliche Behandlung von Beihilfenempfängern im Vergabeverfahren ist jedenfalls zwischen rechtswidrigen und rechtmäßigen Beihilfen zu differenzieren. Rechtmäßige Beihilfen sind mit dem gemeinsamen Markt und daher mit dem gemeinschaftsrechtlichen Wettbewerbssystem vereinbar. Sie führen nicht zu einer Verzerrung des Wettbewerbs im Vergabeverfahren.

Rechtswidrige Beihilfen können in zwei Phasen des Vergabeverfahrens zum Ausschluss des Angebots des Beihilfenempfängers führen. Zum einen kommt eine Berücksichtigung im Rahmen der Prüfung der finanziellen Leistungsfähigkeit in Betracht. Die dauernde Gefahr der Rückzahlungspflicht bezüglich der rechtswidrigen Beihilfe schließt diese aus, wenn der Bieter nicht in der Lage ist, die Rückzahlung aus seinen Rücklagen zu leisten. Das gilt sowohl für formell als auch für materiell rechtswidrige Beihilfen gleichermaßen. Darüber hinaus können rechtswidrige Beihilfen in der Phase der Auswahl des Angebotes, das den Zuschlag erhalten soll, berücksichtigt werden. Hier trifft den öffentlichen Auftraggeber die Pflicht, ungewöhnlich niedrige Angebote zu überprüfen und eventuell auszuschließen. Im Rahmen dieser Prüfung ist Raum für den Ausschluss von Angeboten aus wettbewerblichen Erwägungen. Ausdrücklich ist es dem öffentlichen Auftraggeber verboten, ein Angebot nur deshalb nicht zu berücksichtigen, weil der Bieter Empfänger einer Beihilfe ist, wenn er deren Rechtmäßigkeit nachweisen kann. Im Falle rechtswidriger Beihilfen ist hier zwischen formell und materiell rechtswidrigen Beihilfen zu unterscheiden, da nur materiell rechtswidrige Beihilfen dazu führen, dass der Bieter eine Besserstellung gegenüber anderen Wettbewerbern genießt, die dazu führt, dass sein Angebot den Wettbewerb verzerrt.

Als Rechtsfolge sieht die RL 2004/18/EG keine Pflicht zum Ausschluss oder zur Ablehnung des Angebots vor. Eine solche Pflicht kann sich aber aus dem ergänzend heranzuziehenden Primärrecht ergeben.[698]

H. Blick auf die Rechtsfolgen – Notwendigkeit der Trennung beider Rechtsgebiete?

Zum Abschluss soll noch ein Blick auf die Rechtsfolgen von Beihilfe- und Vergaberecht geworfen werden. Häufig wird als Begründung für die Notwendigkeit der klaren Abgrenzung des Anwendungsbereichs beider Rechtsgebiete nämlich auf die unterschiedlichen, sich widersprechenden Rechtsfolgen verwiesen. Hierfür wird im Folgenden zwischen den Vorgaben des Gemeinschaftsrechts und den deutschen Rechts unterschieden.

698 Die Anwendung des Primärrechts ist durch speziellere Richtlinien nur hinsichtlich der Bereiche ausgeschlossen, die in der Richtlinie abschließend und vollumfänglich geregelt werden, das ist hier hinsichtlich der Rechtsfolgen aber nicht der Fall.

I. Rechtsfolgen eines Verstoßes gegen Beihilfevorschriften

1. Vorgaben des Gemeinschaftsrechts

Wie bereits oben dargestellt, ist im europäischen Beihilfenrecht zwischen formeller und materieller Rechtswidrigkeit zu unterscheiden. Da oben (A.I.3.d) bereits eine ausführliche Darstellung der gemeinschaftsrechtlich angeordneten Rechtsfolgen eines Verstoßes gegen das Beihilfenrecht erfolgt ist, soll hier nur noch einmal kurz zusammengefasst werden. Nur im Falle einer gemäß Art. 107 Abs. 1 AEUV mit dem gemeinsamen Markt unvereinbaren Beihilfe ordnet die Kommission die Rückforderung der Beihilfe gemäß Art. 14 VerfVO an. Im Falle eines Verstoßes gegen das Stillhaltegebot des Art. 108 Abs. 3 AEUV darf sie gemäß Art. 11 Abs. 2 VerfVO die vorläufige Rückforderung nur in eng begrenzten Ausnahmefällen anordnen.[699]

Nach der ständigen Rechtsprechung des EuGH ist das Stillhaltegebot des Art. 108 Abs. 3 AEUV im Gegensatz zum Beihilfenverbot des Art. 107 Abs. 1 AEUV in den Mitgliedstaaten unmittelbar anwendbar.[700] Damit müssen die nationalen Gerichte es auch anwenden und ihm zu effektiver Wirksamkeit verhelfen.[701]

2. Vorgaben des deutschen Rechts

In Deutschland gibt es keine gesetzlichen Vorgaben über die Rechtsfolgen eines Verstoßes gegen das Beihilfenrecht.

Hinsichtlich der Rechtsprechung ist zu unterscheiden, ob die vermeintliche Beihilfe durch Vertrag oder durch einseitgen Rechtsakt der öffentlichen Hand gewährt wurde. Im Fall der Beihilfengewährung durch Vertrag legt die Rechtsprechung Art. 108 Abs. 3 AEUV als Verbotsgesetz im Sinnde des § 134 BGB

---

699 Vgl. hierzu Grabitz/Hilf/v. Wallenberg, Art. 88 EGV Rn. 83ff.

700 EuGH, Urt. v. 15.07.1964, Rs. 06/64, Slg. 11964, S. 1253, 1273 – Costa/ENEL; Urt. v. 11.12.1973, Rs. 120/73, Slg. 1973, S. 1472 Rn. 8 – Gebrüder Lorenz.

701 EuGH, Urt. v. 11.07.1996, Rs. C-39/94, Slg. 1996, S. I-3547 Rn. 39f. – SFEI.

aus.[702] Damit ist ein Vertrag, der unter Verstoß gegen das Stillhaltegebot zustande gekommen ist, ex tunc nichtig.[703]

Im Falle der Beihilfengewährung durch einseitigen Rechtsakt der öffentlichen Hand sind immer die Verwaltungsgerichte zuständig. Ein Verwaltungsakt, durch den eine Beihilfe ohne Einhaltung der Stillhaltefrist gewährt wurde, ist rechtswidrig und aufzuheben.[704] Anschließend müssen die nunmehr rechtsgrundlos gezahlten Zuwendungen zurückgezahlt werden.[705] Nimmt die Behörde den Verwaltungsakt nicht gemäß § 48 VwVfG zurück, so wird dieser auf die Anfechtungsklage eines in seinen Rechten verletzten Dritten (in der Regel des Konkurrenten) vom Verwaltungsgericht aufgehoben.[706]

3. Stellungnahme

Schon der Verstoß gegen das Stillhaltegebot des Art. 108 Abs. 3 AEUV führt im deutschen Recht zur Nichtigkeit des zugrundeliegenden Vertrages oder zur zwingenden Beseitigung des die Beihilfe gewährenden Verwaltungsakts und damit zur Rückzahlungspflicht für den Beihilfenempfänger. Das Gemeinschaftsrecht gibt hingegen nur vor, dass im Falle einer mit dem gemeinsamen Markt nicht vereinbaren Beihilfe diese zwingend zurückgefordert werden muss. Gerade in neuerer Zeit hat der EuGH mehrfach entschieden, dass im Falle eines Verstoßes gegen Art. 108 Abs. 3 AEUV die Beihilfe nicht zurück gefordert werden muss.[707] Besondere Umstände des Einzelfalles sind hierfür nicht erforderlich.[708] Begründet wird dies mit der bloßen Sicherungsfunktion des Art. 108 Abs. 3 AEUV. Im Falle einer mit dem gemeinsamen Markt vereinbaren Beihilfe wird der Konkurrent nur vor einem vorzeitigen finanziellen Vorteil des Beihilfen-

---

702 BGH, Urt. v. 04.04.2003, V ZR 314/02, EuZW 2003, 444, 445; Urt. v. 24.10.2003, V ZR 48/03, EuZW 2004, 254, 255; Urt. v. 20.01.2004, XI ZR 53/03, EuZW 2004, 252, 253. vgl. auch VG Gelsenkirchen v. 19.12.2008, 14 K 2147/07 Rn. 53, 106ff.

703 BGH, Urt. v. 04.04.2003, V ZR 314/02, EuZW 2003, 444, 445; Urt. v. 24.10.2003, V ZR 48/03, EuZW 2004, 254, 255; Urt. v. 20.01.2004, XI ZR 53/03, EuZW 2004, 252, 253. vgl. auch VG Gelsenkirchen v. 19.12.2008, 14 K 2147/07 Rn. 53, 148ff.

704 Das Ermessen der Verwaltung ist insoweit durch gemeinschaftsrechtskonforme Auslegung auf null reduziert, vgl. EuGH, Urt. v. 11.07.1996, Rs. C-39/94, Slg. 1996, S. I-3547 Rn. 67, 68 - SFEI; EuGH, Urt. v. 21.11.1991, Rs. C-354/90, Slg. 1990, S. I-5505 Rn. 12 – FNCE; BVerwGE 92, 81 Rn. 15ff.

705 Heidenhain/Jestaedt/Loest, § 52 Rn. 5.

706 Schoch/Schmidt-Aßmann/Pietzner/Gerhardt, § 113 Rn. 5ff.

707 EuGH, Urt. v. 05.10.2006, Rs. C-368/04, Slg. 2006, S. I-9957 Rn. 56 – Transalpine Ölleitung Österreich; Urt. v. 12.02.2008, Rs. C-199/06, Slg. 2008, S. I-469 Rn. 45ff. – CELF/SIDE;

708 EuGH, Urt. v. 12.02.2008, Rs. C-199/06, Slg. 2008, S. I-469 Rn. 46 – CELF/SIDE.

empfängers geschützt, nicht vor dem finanziellen Vorteil durch die Beihilfengewährung überhaupt.[709] Zur Korrektur des Wettbewerbsvorteils, der durch Art. 108 Abs. 3 AEUV verhindert werden soll, genügt also die Verpflichtung des Beihilfenempfängers zur Zahlung marktüblicher Zinsen für den Zeitraum bis zur Genehmigung der Beihilfe durch die Kommission.[710]

Daher scheint die Anwendung des § 134 BGB bzw. die Aufhebung eines gegen Art. 108 Abs. 3 AEUV verstoßenden Verwaltungsakts als Übererfüllung der europarechtlichen Vorgaben, die einen Standortnachteil für deutsche Unternehmen bedeutet.[711] Für die Behandlung von Verträgen, die eine Beihilfengewährung enthalten bietet es sich vielmehr an, eine schwebende Unwirksamkeit gemäß § 152 Abs. 1 BGB anzunehmen[712] oder eine Rückzahlungspflicht direkt aus dem unmittelbar anwendbaren Art. 108 Abs. 3 AEUV herzuleiten[713].

Die Nichtigkeit des Vertrages gemäß § 134 BGB kann auch nicht mit dem Sanktionscharakter der Rückforderung einer mit dem gemeinsamen Markt nicht vereinbaren Beihilfe begründet werden. Ein solcher Sanktionscharakter haftet der Beihilfenrückforderung nämlich gerade nicht an.[714]

Letztere dogmatische Lösung würde auch tatsächlich einen Anspruch des Konkurrenten auf vorläufige Sicherung seiner Rechte (ggf. durch Rückzahlung der empfangenen Zuwendung durch den Beihilfenempfänger) bieten. Der EuGH verlangt, dass dem Konkurrenten vollumfänglich zur Geltendmachung seiner Rechte verholfen wird.[715] Wie das Recht eines Dritten, eine Rückabwicklung eines nach § 134 BGB nichtigen Vertrages zu verlangen, in der deutschen Zivilrechtsdogmatik hergeleitet werden soll, bleibt jedoch unklar. Mit diesem Aspekt hatten sich die deutschen Gerichte noch nicht zu beschäftigen. Es bleibt abzuwarten, ob auch dann an der Lösung über § 134 BGB festgehalten werden wird.

Auch im Verwaltungsprozess bietet es sich an, das Verfahren auszusetzen, bis eine endgültige Entscheidung der Kommission vorliegt. Der EuGH hat bisher das Erfordernis der Rückforderung nur formell rechtswidriger Beihilfen nur

---

709 EuGH, Urt. v. 12.02.2008, Rs. C-199/06, Slg. 2008, S. I-469 Rn. 46 – CELF/SIDE

710 A. A. Sinnaeve, EuZW 1998, 268, 271, die die Forderung von Zinsen wegen eines Verfahrensverstoßes als Sanktion sieht, für die Art. 115 AEUV keine Ermächtigungsgrundlage biete.

711 So auch Heidenhain, EuZW 2005, 135, 136; Quard/Nielandt, EuZW 2004, 201, 202f.; a. A. Schmidt-Räntsch, NJW 2005, 106, 108; Pechstein, EuZW 2003, 444, 447.

712 So z. B. Quard/Nielandt, EuZW 2004, 201, 204.

713 Heidenhain, EuZW 2005, 135, 138.

714 EuGH, Urt. v. 04.04.1995, Rs. C-350/93, Slg. 1995, S. I-699 Rn. 22 – Kommission/Italien; Heidenhain/Quardt, § 50 Rn. 5; König/Kühling/Ritter, EG-Beihilfenrecht, S. 216.

715 EuGH, Urt. v. 11.07.1996, Rs. C-39/94, Slg. 1996, S. I-3547 Rn. 39f. – SFEI.

für solche Fälle verneint, in denen vor Urteilserlass im nationalen Rechtsstreit die endgültige Entscheidung der Kommission schon vorlag, die eine Beihilfe für mit dem gemeinsamen Markt vereinbar erklärte. Auf den Zeitpunkt der Entscheidung kann es allerdings für diese dogmatische Frage der Rechtsfolgen eines Verstoßes gegen Art. 108 Abs. 3 AEUV nicht ankommen.[716]

II. Rechtsfolgen eines Verstoßes gegen Vergabevorschriften

1. Vorgaben des Gemeinschaftsrechts

a) Primärrecht

Wie oben dargestellt, wird das Vergabeprimärrecht aus den Grundfreiheiten hergeleitet. Die Rechtsfolgen eines Verstoßes richten sich also nach der Dogamtik der Grundfreiheiten. Hier hat der EuGH in seiner ständigen Rechtsprechung entschieden, dass der Mitgliedstaat verpflichtet ist, alle rechtswidrigen Folgen eines Verstoßes zu beseitigen.

b) Sekundärrecht

Die RL 89/665 (RechtmittelRL) regelt eigentlich nicht die Rechtsfolgen eines Verstoßes gegen das Vergabesekundärrecht, sondern gemäß ihrem Art. 1 den von den Mitgliedstaaten zu gewährenden Rechtsschutz gegenüber rechtswidrigen Vergabeentscheidungen. In Art. 2 Abs. 1 RechtmittelRL werden die Mitgliedstaaten aber verpflichtet, die erforderlichen Befugnisse vorzusehen, um eine Verhinderung des Vertragsschlusses, eine Aufhebung rechtwidriger Entscheidungen und die Zuerkennung von Schadensersatz zu ermöglichen. Damit macht die Richtlinie auch Vorgaben hinsichtlich der Rechtsfolgen eines Vergaberechtsverstoßes. Zu berücksichtigen ist in diesem Zusammenhang allerdings, dass die RechtsmitelRl nur für die Auftragsvergaben der VKR gilt. Ausdrücklich wird die Aufhebung rechtwidriger Entscheidungen verlangt. Das bedeutet, dass auch ein bereits geschlossener Vertrag uU. aus der Welt geschafft werden muss.[717] Dies führt zu einer Übereinstimmung mit den Rechtsfolgen des Ver-

---

716 Vgl. zum Einfluss des Zeitpunkts der Kommissionsentscheidung auf das nationale Verfahren wegen eines Verstoßes gegen Art. 108 Abs. 3 AEUV EuGH, Urt. v. 05.10.2006, Rs. C-368/04, Slg. 2006, S. I-9957 Rn. 55 – Transalpine Ölleitung Österreich.

717 Die frühere Ausnahmeregelung des Art. 2 Abs. 6 S. 2, wonach den Mitgliedstaaten gestattet wurde, Primärrechtsschutz auf die Zeit vor Vertragsschluss zu beschränken und nach diesem Zeitpunkt nur noch Schadensersatzansprüche zu gewähren, die zu Unklar-

tragsverletzungsverfahrens gemäß Art. 258 AEUV, durch das die Kommission eine Überprüfung der Auftragsvergabe durch die Mitgliedstaaten herbeiführen kann. Im Vertragsverletzungsverfahren stellt der EuGH den Rechtsverstoß des Mitgliedstaates fest. Hierdurch ist der Mitgliedstaat verpflichtet, den Verstoß abzustellen. Ein Verstoß gegen das Vergaberecht kann aber nur durch Beseitigung des rechtswidrigen Vertrages abgestellt werden.[718] Unklar ist bisher, ob das auch eine Pflicht zur Rückabwicklung des rechtswidrigen Vergabevertrages bedeutet. Dies würde zu einer Übereinstimmung der Rechtsfolgen des Beihilfen- und Vergaberechts führen, da im Beihilfenrecht auch die komplette Rückforderung einer materiell rechtswidrigen Beihilfe erfoderlich ist. Aus der Dogmatik des Vertragsverletzungsverfahrens ließe sich beides herleiten. Einerseits gilt für den vom EuGH beurteilten Sachverhalt der Zeitpunkt des Fristablaufs aus der begründeten Stellungnahme der Kommission im Vorverfahren gemäß Art. 258 Abs. 1 AEUV.[719] Für einen bereits geschlossenen Vertrag, der zu diesem Zeitpunkt keinerlei Wirkung mehr entfaltet, bedeutet dies, dass der EuGH keinen Gemeinschaftsrechtsverstoß mehr feststellen kann.[720] Für teilweise bereits erfüllte Verträge würde dies bedeuten, dass sie nur ab dem Zeitpunkt des Fristablaufs überhaupt justiziabel sind. Andererseits hat der EuGH aus Art. 4 Abs. 3 EUV die Pflicht der Mitgliedstaaten hergeleitet, alle rechtswidrigen Folgen eines Verstoßes gegen Gemeinschaftsrecht zu beseitigen.[721] Der EuGH hat sich zu einer etwaigen Rückabwicklungspflicht im Vergaberecht noch nicht geäußert. Im einzigen Vertragsverletzungsverfahren, in dem das Unterlassen der Rückabwicklung von der Kommission gerügt wurde, hielt der EuGH diese Rüge für unzulässig, da sie in der begründeten Stellungnahme im Vorverfahren nicht ausdrücklich erwähnt gewesen sei.[722] Andererseits stützt er die Zulässigkeit der Rüge des Verstoßes gegen gemeinschaftsrechtliche Vergabevorschriften bei der Auftragsvergabe darauf, dass zwar die Vergabeverfahren im Zeitpunkt des Frist-

heiten über die Pflicht zur Beseitigung eines vergaberechtswidrigen Vertrages geführt hat, wurde mit der Änderung durch Art. 1 RL 2007/66/EG mit Wirkung zum 09.01.2008 gestrichen.

718 Vgl. hierzu näher Storr, SächsVBl 2008, 60, 62.

719 EuGH, Urt. v. 18.05.1994, Rs. C-118/92, Slg. 1994, S. I-1891, Rn. 7 – Kommission/Luxemburg; Urt. v. 13.04.1994, Rs. C-313/93, Slg. 1994, S. I-1279 Rn. 10 – Kommission/Luxemburg; Grabitz/Hilf/P. Karpenstein/U. Karpenstein, Art. 226 EGV Rn. 17.

720 Storr, SächsVBl 2008, 60, 62.

721 EuGH, Urt. v. 16.12.1960, Rs. 06/60, Slg. 1960, S. 1163, 1185 – Humblet; Urt. v. 19.11.1991, verb. Rs. C-06/90 und 09/90, Slg. 1991, S. I-5357 Rn. 36 – Francovich; Urt. v. 07.01.2004, Rs. C-201/02, Slg. 2004, S. I-723 Rn. 64 – Wells.

722 EuGH, Urt. v. 28.10.1999, Rs. C-328/96, Slg. 1999, S. I-7479 Rn.. 35ff. – Komm/Österreich.

ablaufs bereits abgeschlossen und auf spätere Verfahren gemeinschaftsrechtskonforme nationale Regelungen angewendet worden seien, gemeinschaftsrechtswidrige Auswirkungen bereits abgeschlossener Verfahren aber fortbestanden hätten.[723] Diese noch fortbestehende Auswirkung des gemeinschaftsrechtwidrigen Verfahrens kann aber nur die Durchführung des vergaberechtswidrig zustande gekommenen Vertrages sein. Wenn nun der EuGH in dieser Fortwirkung einen Verstoß gegen das Gemeinschaftsrecht sieht[724], so ist die einzige Möglichkeit des Mitgliedstaates, diesen Verstoß zu beseitigen, den Vertrag rückabzuwickeln. An dieser Stelle der Urteilsbegründung geht der EuGH dann auch trotz der zuvor festgestellten Unzulässigkeit der Rückabwicklungsrüge noch einmal auf die mögliche Rückabwicklung ein. Er führt aus, dass die „Vergabe der Aufträge, die in der Zeit vor dem [Fristablauf] vergeben worden, [...] jedoch noch nicht erfüllt oder in zumutbarer Weise rückabwickelbar waren"[725] einen Verstoß gegen das Gemeinschaftsrecht begründeten. Damit scheint der EuGH von einer Rückabwicklungspflicht auszugehen. Deren genauer Inhalt bleibt durch die Beschränkung auf „in zumutbarer Weise" unklar. In Anlehnung an die Rechtsprechung zum Beihilfenrecht sind hier allerdings strenge Maßstäbe zu erwarten. Einschränkend wirkt aber wohl jedenfalls der Verhältnismäßigkeitsgrundsatz des Art. 5 Abs. 3 AEUV. Der EuGH scheint auch, anders als der Generalanwalt in diesem Fall, für die Pflicht zur Rückabwicklung nicht einen qualifizierten Verstoß gegen das Gemeinschaftsrecht zu verlangen.[726]

2. Vorgaben des deutschen Rechts

Die deutsche Legislative und Judikative sind gemäß Art. 4 Abs. 3 EUV verpflichtet, die oben dargestellten Anforderungen des Europarechts im deutschen Recht umzusetzen. Das Erfordernis der (auch rückwirkenden) Beseitigung vergaberechtswidrig zustande gekommener Verträge lässt aber einigen Gestaltungsspielraum und das deutsche Recht gibt mehrere Möglichkeiten.

Auch im Rahmen der sog. „kartellrechtlichen Lösung" versuchte der deutsche Gesetzgeber zunächst, eine praktisch unüberwindbare Hürde für die Nachprüfung einer Vergabeentscheidung auf Initiative eines unterlegenen Konkurren-

---

723 EuGH, Urt. v. 28.10.1999, Rs. C-328/96, Slg. 1999, S. I-7479 Rn. 44 – Komm/Österreich.

724 EuGH, Urt. v. 28.10.1999, Rs. C-328/96, Slg. 1999, S. I-7479 Rn. 79 – Komm/Österreich.

725 EuGH, Urt. v. 28.10.1999, Rs. C-328/96, Slg. 1999, S. I-7479 Rn. 79 – Komm/Österreich.

726 Vgl. hierzu EuGH, Schlussanträge v. 19.01.1999, Rs. C-328/96, Slg. 1999, S. I-7479 Rn. 72ff. – Komm/Österreich.

ten einzubauen. Gemäß § 113 Abs. 2 S. 1 GWB kann ein bereits erteilter Zuschlag nicht wieder aufgehoben werden. Kombiniert mit der Konstruktion, dass durch den Zuschlag das Vergabeverfahren beendet und zugleich der Vertrag zwischen Auftraggeber und Auftragnehmer geschlossen wird, machte dies jeden Primärrechtsschutz unmöglich. Der deutsche Gesetzgeber hielt dies jedoch für mit dem Gemeinschaftsrecht vereinbar und stützte sich dafür auf Art. 2 Abs. 6 S. 2 RL 89/665. Hierin hieß es bis zum 08.01.2008, dass es den Mitgliedstaaten freihstehe, die Nachprüfungsinstanz darauf zu beschränken, nach dem Vertragsschluss einer durch einen Rechtsverstoß geschädigten Person Schadenersatz zuzubilligen. Der EuGH entschied jedoch im Urteil Alcatel[727], dass die dem Vertragsschluss vorangehende Entscheidung des öffentlichen Auftraggebers über den Zuschlag dem Nachprüfungsverfahren zugänglich zu machen ist. Demgemäß müssen nunmehr gemäß § 101a Abs. 1 S. 1 GWB alle unterlegenen Bieter über den ausgewählten Bieter und den frühestmöglichen Zeitpukt des Vertragsschlusses informiert werden. Der Vertrag darf gemäß § 101a Abs. 1 S. 3 GWB erst 15 Kalendertage nach Absendung dieser Informationen geschlossen werden. Somit ist Primärrechtsschutz möglich, der einen Vertragsschluss von vornherein verhindert. Bei einem Verstoß gegen die Informations- und Wartepflicht ordnet § 101b Abs. 1 Nr. 1 GWB die ex tunc-Nichtigkeit des Vertrages an.

Eine nachträgliche Aufhebung des Vertrages durch nur eine Partei oder ein Nachprüfungsorgan ist im deutschen Recht allerdings ausgeschlossen.[728] Der Verrtag kommt mit dem Zuschlag zustande. Gemäß §114 Abs. 2 S. 1 GWB hat die Nachprüfungsbehörde keine Möglichkeit, den einmal erteilten Zuschlag wieder aufzuheben. Eine ex tunc-Nichtigkeit kommt jenseits des § 101b Abs. 1 GWB nur über § 138 oder § 134 BGB in Betracht.

Die Nichtigkeit gemäß § 138 BGB wegen Sittenwidrigkeit wird sehr eng ausgelegt. Sittenwidrig können nach der Rechtsprechung des BGH zwar auch Geschäfte sein, durch die Dritte gefährdet oder geschädigt werden oder die im Falle einer Beteiligung der öffentlichen Hand in krassem Widerspruch zum Gemeinwohl stehen.[729] Voraussetzung hierfür ist aber kollusives Zusammenwirken von Auftraggeber und Auftragnehmer.[730]

727 EuGH, Urt. v. 28.08.1999, Rs. C-81/98, Slg. 1999, S. I-7671 Rn. 3 – Alcatel.

728 Das von sehr strengen Voraussetzungen abhängige Kündigungs- oder Rücktrittsrecht des § 313 Abs. 3 BGB beendet den Vertrag nur ex nunc; einen Anfechtungsgrund gibt der Verstoß gegen das Vergaberecht nicht.

729 Vgl. z. B. BGH, Urt. v. 16.12.1989, NJW 1990, 567, 568; Urt. v. 23.02.2005, NJW 2005, 1490, 1491.

730 BGH, Urt. v. 26.01.2005, NZBau 2006, 590, 591; OLG Naumburg, Beschl. v. 25.09.2006, ZfBR 2007, 183, 185; KG, Beschl. v. 11.11.2004, NZBau 2005, 538, 543.

Ein Verstoß gegen ein Verbotsgesetz wurde von der Rechtsprechung bisher ebenfalls abgelehnt. Das in § 97 Abs. 1 GWB geregelte Gebot zur Durchführung einer Ausschreibung soll nicht als Verbot der De-Facto-Vergabe ausgelegt werden können. Aus § 115 Abs. 1 GWB ergebe sich nämlich, dass der deutsche Gesetzgeber das Zuschlagsverbot von der Stellung eines Nachprüfungsantrags abhängig gemacht hat. Daher solle der Verstoß gegen Vergaberegeln allein nicht zu einem Verstoß gegen ein gesetzliches Verbot gemäß § 134 BGB führen.[731] Hierbei ist zu berücksichtigen, dass die Argumentation seit Änderung der RechtsmittelRL mit Wirkung zum 09.01.2008 wohl nicht mehr trägt.[732] Der Verweis auf den Willen des Gesetzgebers, der durch § 115 Abs. 1 GWB deutlich werde, wurde wegen des früheren Art. 2 Abs. 6 S. 2 RechtmittelRL für europarechtskonform gehalten. Die Regelung besteht allerdings im jetzigen Art. 2 Abs. 7 RechtsmittelRL nur noch eingeschränkt fort. Art. 2d RechtmittelRL sieht nunmehr einige Konstellationen vor, in denen die Mitgliedstaaten verpflichtet sind, für die Unwirksamkeit des Vertrages Sorge zu tragen. Hierzu gehört gemäß Art. 2d Abs. 1 lit. a) die fehlende europaweite Ausschreibung, sowie gemäß Art. 2d Abs. 2 lit. b) und c) die Nichtberücksichtigung der Stillhaltefristen im Falle eines Nachprüfungsantrages eines Konkurrenten. Im Falle der de facto-Vergabe schreibt das Gemeinschaftsrecht nun also die Unwirksamkeit des geschlossenen Vertrages vor.

Es muss also nach den Grundsätzen der richtlinienkonformen Auslegung des nationalen Rechts unabhängig vom historischen Willen des Gesetzgebers ausgelegt werden. Da die Beseitigung des vergaberechtswidrigen Vertrages unabhängig vom Willen der vertragsschließenden Parteien nur durch die Konstruktion der Nichtigkeit möglich ist, muss der Verstoß gegen europäisches Sekundärrecht als Verstoß gegen ein Verbotsgesetz im Sinnde des § 134 BGB gewertet werden. Dies wäre auch im Sinne des Grundsatzes der einheitlichen Rechtsordnung wünschenswert. Die deutsche Rechtsprechung nimmt nämlich in anderen Bereichen bei einem Verstoß gegen das Gemeinschaftsrecht einen Verstoß gegen ein

731 OLG Düsseldorf, Beschl. v. 3.12.2003, NZBau 2004, 113, 114; offen gelassen von KG, Beschl. v. 11.11.2004, NZBau 2005, 538, 542; zum Streit in der Literatur vgl. Heuvels/Kaiser, NZBau 2001, 479, 480; Kaiser, NZBau 2005, 311, 313f. (bejahend); v. Gehlen, NZBau 2005, 503, 505; Bitterich, NJW 2006, 1845, 1846 (ablehnend).

732 Zwar läuft die Umsetzungsfrist gemäß Art. 3 Abs. 1 RL 2007/66/EG erst am 20.12.2009 ab, jedoch entfaltet die Richtlinie eine Vorwirkung, die es den Mitgliedstaaten schon vor Ablauf der Frist verbietet, Maßnahmen zu ergreifen, die der Wirksamkeit der Richtlinie entgegenstehen (Frustrationsverbot), vgl. hierzu EuGH, Urt. v. 18.12.1997, Slg. 1997, S. I-7411 Rn. 44f. – Inter-Environment Wallonie; EuGH, Urt. v. 22.11.2005, Rs. C-144/04, Slg. 2005, S. I-9981 Rn. 66ff. – Mangold.

Verbotsgesetz im Sinnde des § 134 BGB an.[733] Dabei ist zu unterscheiden zwischen gemeinschaftsrechtlichen Verordnungen, Richtlinien und dem Primärrecht. Richtlinien werden jedenfalls dann als Verbotsgesetze im Sinne des § 134 angesehen, wenn sie trotz abgelaufener Umsetzungsfrist nicht in nationales Recht umgesetzt werden und hinreichend bestimmt und unbedingt sind.[734] Nun ist die RechtsmittelRL aber in nationales Recht umgesetzt worden. Nach europäischem Staatshaftungsrecht steht die unzureichende Umsetzung einer Richtlinie der Nichtumsetzung gleich. Es kommt also in Betracht, Art. 2 Abs. 1 lit. b) RechtmittelRL unmittelbar anzuwenden und iVm § 97 Abs. 1 GWB als Verbotsgesetz zu interpretieren. Dogmatisch einfacher und daher wohl überzeugender ist es, eine Pflicht zur richtlinienkonformen Auslegung der Vergabevorschriften anzunehmen.[735] Eine Pflicht zur Aufhebung schon bestehender Verträge und damit zur Annahme der Nichtigkeit gemäß § 134 BGB wird auch durch die Dogmatik der Grundfreiheiten bestätigt.

Eine weitere Möglichkeit, den gemeinschaftsrechtswidrigen Vertrag zu beenden, stellt der Abschluss eines Aufhebungsvertrages dar. Problematisch ist hieran allerdings, dass die Parteien nicht zum Abschluss eines solchen Vertrages verurteilt werden können. Da aber eine Vertragspartei Teil der öffentlichen Hand ist, hat sie ein Interesse an der Beendigung des Verstoßes gegen Gemeinschaftsrecht und wird auf den Aufhebungsvertrag hinwirken. Problematisch bleibt aber, dass der öffentliche Auftraggeber von seinem Vertragspartner abhängig ist. Es gab Fälle in der Vergangenheit, in denen der Auftragnehmer hohe Kompensationszahlungen verlangte.[736] Dies ist nicht nur unter dem Gesichtspunkt der sparsamen Haushaltsführung bedenklich, sondern stellt uU. auch eine

---

733 Vgl. zur Übersicht MünchKommBGB/Armbrüster § 134 Rn. 37f.; diese Erwägungen führt auch KG, Bechl. v. 11.11.2004, NZBau 2005, 538, 542 an, insbesondere unter Hinweis auf die neuere Rechtsprechung des EuGH, wonach der durch Missachtung des europäischen Vergaberechts begangene Verstoß gegen das Gemeinschaftsrecht während der gesamten Dauer der Erfüllung dieser Verträge fortdauert, vgl. hierzu EuGH, Urt. v. 10.04.2003, Rs. C-20/01 u C- 28/01, Slg. 2003, S. I-3609 Rn. 36 – Abwasservertrag Bockhorn und Abfallentsorgung Braunschweig.

734 Die Voraussetzungen kommen aus der Rechtsprechung des EuGH zur unmittelbaren Anwendbarkeit von Richtlinien im nationalen Recht, vgl. hierzu EuGH, Urt. v. 19.011982, Rs. 8/81, Slg, 1982, S. 54 – Becker; Zur str. Voraussetzung eines subjektiven Rechts oder individuellen Interesses Calliess/Ruffert/Ruffert, EGV Art. 249 Rn. 94ff.

735 Da sich die Figuren der unmittelbaren Anwendbarkeit und der richtlinienkonformen Auslegung mehr und mehr annähern, ist die Unterscheidung nur noch von theoretischem Interesse, vgl. hierzu vor allem, EuGH, Urt. v. 5.10.2004, Rs. C-397 bis C-401/01, Slg. 2004, S. I-8835 – Pfeiffer.

736 ZB LG München I, Urt. v. 20.12.2005, NZBau 2006, 269, 271.

gemeinschaftsrechtswidrige Beihilfe im Sinnde des. Art. 107 Abs. 1 AEUV dar.[737]

Schließlich bleibt zur Beendigung eines vergaberechtswidrigen Vertrages noch eine Lösung über den Wegfall der Geschäftsgrundlage oder die außerordentliche Kündigung aus wichtigem Grund gemäß § 314 BGB, falls es sich um ein noch nicht vollständig erfülltes Dauerschuldverhältnis handelt.[738] Das LG München I hat dem öffentlichen Auftraggeber ein außerordentliches Kündigungsrecht im Falle der Feststellung eines Verstoßes gegen Gemeinschaftsvergaberecht zugesprochen.[739]

3. Ergebnis und Stellungnahme

Das Gemeinschaftsrecht verlangt eine Rückabwicklung vergaberechtswidriger Verträge. Für diejenigen Auftragsvergaben, die der VKR und damit auch der RechtsmittelRL unterfallen, gilt dies für alle Verträge, die ohne europaweite Ausschreibung oder ohne Einhaltung der Warte- und Stillhaltepflichten geschlossen wurden. Für alle anderen Auftragsvergaben, auf die nur das Vergabeprimärrecht anwendbar ist, verlangt die vom EuGH entwickelte Dogmtatik zu Verstößen gegen die Grundfreiheiten, dass der Mitgliedstaat alle rechtswidrigen Folgen des Verstoßes beseitigt. Es muss also der gesamte Vertrag rückabgewickelt werden. Zu berücksichtigen ist allerdings, dass im Wege des Vertragsverletzungsverfahrens nur solche Verstöße gegen Gemeinschaftsrecht justiziabel sind, die im Zeitpunkt des Ablaufs der in der begründeten Stellungnahme gesetzten Frist noch fortwirken. Verträge, die bis dahin vollständig erfüllt wurden, fallen demnach nicht darunter. Sie müssen auch nicht rückabgewickelt werden.

Die Umsetzung in deutsches Recht ist bislang unzureichend. Die Einräumung eines Rechts zur außerordentlichen Kündigung stellt die Unwirksamkeit des rechtswidrigen Vertrags nicht sicher, denn sie hängt vom Willen der Parteien ab. Gerade durch die föderale Struktur Deutschlands kann die Bundesregierung als gemäß Art. 4 Abs. 3 EUV für die Einhaltung des Gemeinschaftsrechts verantwortliche Stelle nicht immer den öffentlichen Auftraggeber dahingehend beeinflussen, das Kündigungsrecht auszuüben.[740] Das in Art. 2d Abs. 1 Rechts-

737 Vgl. hierzu Storr, SächsVBl. 2008, 60, 63; nicht berücksichtig von Prieß/Gabriel, NZBau 2006, 219, 221.

738 Vgl. hierzu ausführlich, Storr, SächsVBl 2008, 60, 64; für diese Lösung spricht sich Bitterich, NJW 2006, 1845, 1847f. aus.

739 LG München I, Urt. v. 20.12.2005, NZBau 2006, 269.

740 So kommt es oftmals überhaupt zum Vertragsverletzungsverfahren, vgl. EuGH, Urt. v. 10.04.2003, Rs. C-20/01 und 28/01, Slg. 2003, S. I-3609 Rn. 10 – Abwasservertrag Bockhorn und Abfallentsorgung Braunschweig.

mittelRL genannte Erfordernis lautet aber: „Die Mitgliedstaaten tragen in folgenden Fällen dafür Sorge, dass ein Vertrag durch eine vom öffentlichen Auftraggeber unabhängige Nachprüfungsstelle für unwirksam erklärt wird oder dass sich eine Unwirksamkeit aus der Entscheidung einer solchen Stelle ergibt." Diesem Erfordernis genügt es nicht, ein außerordentliches Künsigungsrecht einzuräumen. Da die Vergabekammer gemäß § 114 Abs. 2 S. 1 GWB einen wirksamen Zuschlag nicht aufheben kann, muss die Unwirksamkeit über eine gesetzliche Regelung hergeleitet werden. Hierfür bleibt nur die Nichtigkeit gemäß § 134 BGB oder die schwebende Unwirksamkeit gemäß § 152 Abs. 1 BGB. Die Lösung über § 134 BGB würde zu einem Gleichlauf von Beihilfen- und Vergaberecht führen. Allerdings würden sich dann die gleichen Kritikpunkte wie oben für das Beihilfenrecht dargestellt ergeben. Soll schon die Missachtung der Warte- und Stillhaltepflichten zur Nichtigkeit führen? Dies scheint auch hier verfrüht, weil die endgültige Vergaberechtswidrigkeit noch gar nicht feststeht. Allerdings gibt es für das Vergaberecht schon das europäische Recht so vor. Demnach müssen alle Mitgliedstaaten eine solche Unwirksamkeit in ihrem nationalen Recht vorsehen. Deutschland würde hier kein Standortnachteil durch Übererfüllung des Gemeinschaftsrechts entstehen.

Zusammenfassung der Ergebnisse

1. Beihilfenrecht und Grundfreiheiten sind nebeneinander anwendbar. Die gleichzeitige Anwendung ist erforderlich, um das Hauptziel der europäischen Verträge, die Herstellung und Aufrechterhaltung des Binnenmarktes, erreichen zu können. Das Beihilfenrecht ist Ausprägung und Konkretisierung der Wertung der Grundfreiheiten. Im Beihilfenrecht kommt es zwar anders als bei den Grundfreiheiten nicht auf die Diskriminierung gerade von EU-Ausländern an. Die Verhinderung der Gewährung von Wettbewerbsvorteilen an einzelne Unternehmen ist aber notwendiger Zwischenschritt, um die grenzüberschreitende wirtschaftliche Tätigkeit der Marktteilnehmer, und damit die Verwirklichung der Grundfreiheiten zu ermöglichen. Weder Kompetenzerwägungen noch prozessuale Vorgaben stehen der parallelen Anwendung von Beinhilfenrecht und Grundfreiheiten entgegen. Zur Förderung der kohärenten Auslegung und zur Vermeidung von zufällig angewendeten Prüfungsmaßstäben wäre im Beihilfenrecht ein Wechsel vom Anmeldesystem zum Prinzip der Legalausnahme wünschenswert. Dies ist systematisch und nach Sinn und Zweck des Gesetzes ebenso wie im Kartellrecht möglich, bedarf aber einer Änderung des AEUV. Die Anwendung des Prinzips der Legalausnahme würde eine stärkere Berücksichtigung der Wechselwirkungen zwischen Beihilfen- und Vergaberecht und damit eine einheitliche Auslegung ermöglichen.
2. Das Vergaberecht wurde in seinen Grundsätzen aus den Grundfreiheiten entwickelt. Die heute existierenden sekundärrechtlichen Vergabevorschriften sind Konkretisierung und Weiterentwicklung dieser Grundsätze und damit auch der Grundfreiheiten. Die sekundärrechtlichen Regelungen verdrängen nach der Rechtsprechung des EuGH als speziellere Vorschriften die Grundfreiheiten in der Anwendung. Die Grundfreiheiten bleiben allerdings Auslegungs- und Rechtmäßigkeitsmaßstab.
3. Die Anwendung der Art. 107ff. AEUV und der Art. 101ff. AEUV schließen sich gegenseitig aus. Dies folgt schon aus ihrer systematischen Stellung im Vertrag. Sie sind in Unterabschnitten des Abschnitts „Wettbewerbsvorschriften“ geregelt, die Art. 101ff. AEUV als solche für Unternehmen, die Art. 107ff. AEUV als solche für staatliche Beihilfen. Damit wird deutlich, dass zwei unterschiedliche Handlungen verboten werden, die den freien Wettbewerb im Binnenmarkt gefährden. Gleichzeitig ergänzen sich die Vorschriften aber dergestalt, dass dort wo das Beihilfenrecht mangels staatlicher Zurechenbarkeit der Vorteilsgewährung nicht mehr anwendbar ist, die Vorschriften der Art. 101ff. AEUV eingreifen. Insbesondere Art. 102 AEUV, der den

Missbrauch einer marktbeherrschenden Stellung verbietet, reglementiert hierbei die Macht des privaten Nachfragers, der unter Umständen wegen besonderer Staatsnähe eine besondere Marktmacht hat.

4. Art. 101ff. AEUV und das Vergaberecht regeln unterschiedliche Verhaltensweisen. Während das aus den Grundfreiheiten abgeleitete Vergaberecht sich an den Staat oder dem Staat zuzurechnende Einheiten richtet, erfassen Art. 101ff. AEUV das Verhalten von Unternehmen. Durch die zunehmende wirtschaftliche Tätigkeit des Staates und den funktionalen Unternehmensbegriff des europäischen Rechts schließt sich die Anwendung der Vorschriften aber nicht gegenseitig aus. Die staatliche Zurechnung im Vergaberecht, also die Charakterisierung einer Stelle als öffentlicher Auftraggeber, ist weiter gefasst als die staatliche Zurechnung im Beihilfenrecht. Somit kann der öffentliche Auftraggeber gleichzeitig Unternehmen im Sinne der Art. 101ff. AEUV sein. Daraus folgt zwingend, dass er auch Unternehmen im Sinne der Art. 107ff. AEUV sein kann und damit gleichzeitig öffentlicher Auftraggeber und Beihilfenempfänger.
5. Über das jeweilige Verhältnis zu den Grundfreiheiten und zum Wettbewerbsrecht kann auch das Verhältnis zwischen Beihilfen- und Vergaberecht hergeleitet werden. Beide sind nebeneinander anwendbar. Ebenso wie für das Verhältnis von Beihilfenrecht und Grundfreiheiten bedarf es auch hier keiner Abgrenzung. Vielmehr ist eine solche gar nicht eindeutig möglich. Es gibt viele Fälle, die anhand beider Regelungskomplexe untersucht werden können und nur die Zufälligkeit des Zusammenhangs, in dem rechtliche Unklarheiten auftauchen, führt dazu, dass sie in der europäischen Rechtsprechung unter dem einen oder dem anderen Aspekt geprüft werden.
6. Das Vergaberecht bietet kein umfassendes Rechtsschutzsystem, das eine beihilfenrechtliche Prüfung entbehrlich macht.
7. Die Prüfungshoheit der Kommission im Beihilfenrecht kann keine Spezialität der Art. 107ff. AEUV begründen. Sie wird durch eine gleichzeitige Anwendung von Beihilfen- und Vergaberecht nicht beeinträchtigt, da in beiden Rechtesgebieten die gleichen Beurteilungskriterien zur Anwendung kommen müssen. Auch schließt die vergaberechtliche Beurteilung einer Auftragsvergabe durch den EuGH eine spätere beihilfenrechtliche Prüfung nicht aus. Oft ist es Zufall, welcher Prüfungsansatz zuerst verfolgt wird.
8. Die Durchführung eines Vergabeverfahrens kann die Beihilfeneigenschaft der Auftragsvergabe nicht immer ausschließen. Ausgeschlossen werden kann nur der Beihilfecharakter durch Zahlung eines überhöhten Preises. Darüber hinaus kann aber auch ein aus der Auftragsvergabe erwachsender Vorteil für einen Dritten oder der Gegenstand der Auftragsvergabe beihilfenrechtliche

Relevanz haben, z. B. wenn der Beschaffung kein entsprechender Bedarf zu Grunde liegt.

9. Auch in den Fällen, in denen die Durchführung des Vergabeverfahrens zur Neutralisierung des Beihilfentatbestands führt, besteht keine beihilfenrechtliche Pflicht zur Durchführung eines Vergabeverfahrens. Die Durchführung eines transparenten und diskriminierungsfreien Bieterverfahrens kann aber eine Beweiserleichterung sein, da dann die Zahlung eines marktgerechten Preises vermutet wird. Eine Vermutung für das Vorliegen einer Beihilfe oder einen entsprechenden Anscheinsbeweis beim Fehlen eines solchen Bieterverfahrens gibt es hingegen nicht. Insbesondere ist die Rechtsprechung des EuGH zu den Dienstleistungen im allgemeinwirtschaftlichen Interesse und zu Grundstücksverkäufen nicht in diesem Sinne zu interpretieren.

10. Sowohl das Beihilfenrecht als auch das Vergaberecht müssen im Lichte der Ziele der Verträge, dem freien Wettbewerb und der Herstellung des Binnenmarktes, einheitlich ausgelegt werden.

11. In der Rechtsprechung ist eine solche gleichlaufende Auslegung hinsichtlich der staatlichen Zurechnung erkennbar. Allerdings geht diese im Vergaberecht weiter als im Beihilfenrecht. Auch der europäische Gesetzgeber trägt (z. B. durch die VO 1370/2008) zur einheitlichen Anwendung von Beihilfen- und Vergaberecht bei.

12. Ziel im Umgang mit der Zufälligkeit der Prüfung von Beihilfen- und Vergaberecht, die im System des Vertrages angelegt ist, kann nicht sein, die einen oder die anderen Vorschriften durch gezwungene rechtliche Herleitungen auszuschließen. Vielmehr muss sichergestellt werden, dass Beihilfen- und Vergaberecht zu den gleichen Ergebnissen führen. Dies kann aber nur durch Besinnung auf die gemeinsamen Ziele von Beihilfenrecht und Vergaberecht als Teile des europäischen Wettbewerbsrechts und eine dementsprechende Auslegung der Vorschriften geschehen.

Veröffentlichungen des Instituts für deutsches und europäisches Wirtschafts-, Wettbewerbs- und Regulierungsrecht der Freien Universität Berlin

Herausgegeben von Franz Jürgen Säcker

Band 1 Franz Jürgen Säcker (Hrsg.): Deutsch-russisches Energie- und Bergrecht im Vergleich. Ergebnisse einer Arbeitstagung vom 31. März / 1. April 2006. 2007.

Band 2 Franz Jürgen Säcker / Walther Busse von Colbe (Hrsg.): Wettbewerbsfördernde Anreizregulierung. Zum Anreizregulierungsbericht der Bundesnetzagentur vom 30. Juni 2006. 2007.

Band 3 Dirk Zschenderlein: Die Gleichbehandlung der Aktionäre bei der Auskunftserteilung in der Aktiengesellschaft. Zum Problem der Zulässigkeit der Weitergabe von Informationen an einzelne Aktionäre und Dritte. 2007.

Band 4 Simone Kirchhain: Die Anwendung der Vertikal-GVO auf innerstaatliche Wettbewerbsbeschränkungen nach der 7. GWB-Novelle. 2007.

Band 5 Franz Jürgen Säcker: Der Independent System Operator. Ein neues institutionelles Design für Netzbetreiber? 2007.

Band 6 Stefanie Otto: Allgemeininteressen im neuen UWG. § 1 S. 2 UWG und die wettbewerbsfunktionale Auslegung. 2007.

Band 7 Jochen Eichler: Vertragliche Dritthaftung. Eine Auseinandersetzung mit der Frage der Dritthaftung von sogenannten Experten und anderen Auskunftspersonen im Rahmen des § 311 Abs. 3 BGB. 2007.

Band 8 Markela Stamati: Die Anforderungen der operationellen Entflechtung nach den Beschleunigungsrichtlinien der Europäischen Kommission. Umsetzung in Deutschland und Griechenland. 2008.

Band 9 Franz Jürgen Säcker: The Concept of the Relevant Product Market. Between Demand-Side Substitutability and Supply-Side - Substitutability in Competition Law. 2008.

Band 10 Renate Rabensdorf: Die Durchgriffshaftung im deutschen und russischen Recht der Kapitalgesellschaften. Eine rechtsvergleichende Untersuchung. 2009.

Band 11 Franz Jürgen Säcker: Der beschleunigte Ausbau der Höchstspannungsnetze als Rechtsproblem. Erläutert am Beispiel der 380-kV-Höchstspannungsleitung Lauchstädt – Redwitz – Grafenrheinfeld mit Querung des Rennsteigs im Naturpark Thüringer Wald. 2009.

Band 12 Helen Mahne: Eigentum an Versorgungsleitungen. 2009.

Band 13 Franz Jürgen Säcker (Hrsg.): Russisches Energierecht - Gesetzessammlung. 2009.

Band 14 Franz Jürgen Säcker / Maik Wolf: Integrierte Energieversorgung in geschlossenen Verteilernetzen. Zum Gestaltungsspielraum des Gesetzgebers zur Neuregelung des § 110 EnWG im Lichte des Dritten EG-Energiepakets. 2009.

Band 15 Franz Jürgen Säcker (Hrsg.): Das Dritte Energiepaket für den Gasbereich. Deutsch-Englische Textausgabe mit einer Einführung. 2009.

Band 16 Franz Jürgen Säcker (Hrsg.): Das Dritte Energiepaket für den Elektrizitätsbereich. Deutsch-Englische Textausgabe mit einer Einführung. 2009.

Band 17 Thomas Dörmer: Die Unternehmenspacht. Rechtsstellung der Vertragsparteien unter besonderer Berücksichtigung der Pflicht des Unternehmenspächters zur ordnungsgemäßen Unternehmensführung sowie der Rechtslage bei Vertragsbeendigung. 2010.

Band 18 Klaas Bosch: Die Kontrolldichte der gerichtlichen Überprüfung von Marktregulierungsentscheidungen der Bundesnetzagentur nach dem Telekommunikationsgesetz. 2010.

Band 19 Geng-Sook Leem: Einheitliche Corporate Governance-Grundsätze für die Europäische Aktiengesellschaft (SE). Eine rechtsvergleichende Untersuchung anhand der Ausgestaltung der SE im deutschen und britischen Recht. 2010.

Band 20 Wiebke Gebhardt: Gentechnik und Koexistenz nach der Gesetzesnovelle von 2008: Zivilrechtliche Haftung im Vergleich Deutschland und USA. 2010.

Band 21 Cathrin Isenberg: Die Geruchsmarke als Gemeinschaftsmarke. Schutzfähigkeit und Einsatzmöglichkeiten. 2010.

Band 22 Franz Jürgen Säcker / Jochen Mohr / Maik Wolf: Konzessionsverträge im System des europäischen und deutschen Wettbewerbsrechts. 2011.

Band 23 Judith Antonia Loeck: Die unzumutbare Belästigung nach der UWG Novelle 2008 und dem Gesetz zur Bekämpfung unerlaubter Telefonwerbung und zur Verbesserung des Verbraucherschutzes bei besonderen Betriebsformen. 2011.

Band 24 Jörg Jaecks: Konzernverrechnungsklauseln und verwandte einseitige Verrechnungsbefugnisse im Mehrpersonenverhältnis. 2011.

Band 25 Franz Jürgen Säcker: Marktabgrenzung, Marktbeherrschung, Markttransparenz und Marktmissbrauch auf den Großhandelsmärkten für Elektrizität. 2011.

Band 26 Susanne Wende: Die einheitliche Auslegung von Beihilfen- und Vergaberecht als Teilgebiete des europäischen Wettbewerbsrechts. 2011.

www.peterlang.de

Axel Groth

Die Dienstleistungskonzession im europäischen Vergabe- und Beihilfenrecht

Frankfurt am Main, Berlin, Bern, Bruxelles, New York, Oxford, Wien, 2010. 314 S.
Öffentliches und Internationales Recht.
Herausgegeben von Udo Fink, Dieter Dörr und Rolf Schwartmann. Bd. 12
ISBN 978-3-631-61321-4 · geb. € 54,80*

Die Arbeit befasst sich mit den europarechtlichen Vorgaben, die bei der Erteilung von Dienstleistungskonzessionen zu beachten sind. Hierbei steht neben den dem europäischen Primärrecht entnommenen Vergabeprinzipien insbesondere auch die Frage der beihilferechtlichen Relevanz von Dienstleistungskonzessionen im Mittelpunkt der Untersuchungen. Letzteres sowohl bezüglich häufig anzutreffender, staatlicher Zuschüsse zum Betrieb konzessionierter Dienste als auch hinsichtlich des Vorgangs der Konzessionierung wirtschaftlich lukrativer Geschäftsfelder als solcher. In Ansehung des gemeinschaftsrechtlich anerkannten Grundsatzes effektiven Rechtsschutzes erfolgt in diesem Zusammenhang auch eine Auseinandersetzung mit dem im deutschen Rechtskreis bestehenden Konkurrenten-Rechtsschutz bezüglich der Erteilung von Dienstleistungskonzessionen an Mitbewerber.

Aus dem Inhalt: Inhalt und Anwendbarkeit des europäischen Vergabeprimär- und Beihilfenrechts auf Dienstleistungskonzessionen · Konkurrenten-Rechtsschutz gegen die Erteilung von Dienstleistungskonzessionen